리더는 목적을 먹고 산다

리더는 목적을 먹고 산다

지은이 | 존 매키, 스티브 매킨토시, 카터 핍스
옮긴이 | 김성남

이 책의 편집과 교정은 상현숙, 디자인은 아베끄, 종이는 태양기획 양순철,
출력·인쇄·제본은 도담프린팅 박황순이 진행해 주셨습니다.
이 책의 성공적인 발행을 위해 애써주신 다른 모든 분들께도 감사드립니다.
틔움출판의 발행인은 장인형입니다.

초판 1쇄 인쇄 2022년 4월 1일
초판 1쇄 발행 2022년 4월 8일

펴낸 곳   틔움출판
출판등록   제313-2010-141호
주소   서울특별시 마포구 월드컵북로4길 77, 353
전화   02-6409-9585
팩스   0505-508-0248
홈페이지   www.tiumbooks.com

ISBN 979-11-91528-09-1 03320

잘못된 책은 구입한 곳에서 바꾸실 수 있습니다.

틔움은 책을 사랑하는 독자, 콘텐츠 창조자, 제작과 유통에 참여하고 있는 모든 파트너들과 함께 성장합니다.

리더는 목적을 먹고 산다

급변하는 세상
진정한 승자를 위한
깨어있는 리더십

CONSCIOUS
LEADERSHIP

존 매키 외 지음 | 김성남 옮김

틔움

깨어있는 리더십에 눈뜨다

존 매키 John Mackey

2001년 1월 플로리다 공항. 나는 착륙하는 비행기 창 밖으로 야자나무와 햇빛 가득한 세상을 바라보며 인생의 기로에 섰음을 직감했다. 플로리다 행이 휴가길이면 좋았겠지만 실은 홀푸드Whole Foods 이사회에 참석하기 위함이었다. 도착 다음 날 곧바로 이사회 인터뷰가 있었고 그날 바로 나의 미래가 결정될 수 있는 상황이었다. 나 말고 다른 임원도 일부 호출되었고, 이사회는 인터뷰 결과에 따라 새로운 대표 이사를 선임할 예정이었다. 1978년 공동 창업 후 20년 넘게 애지중지 키워온 회사의 대표로 남을 수 있을지, 아니면 이제 한 걸음 물러나 새로운 리더를 위해 길을 내달라는 얘기를 듣게 될지 알 수 없었다.

비행기에서 내려 가방을 집어 드는 순간 온몸의 맥이 탁 풀리는 느낌이었다. 평생을 바쳐 일궈온 회사를 떠날지도 모른다는 생각이 머릿속을 가득 채웠다. 플로리다의 화사한 햇살에도 마음속 짙게 드리운 먹구름은 걷히지 않았다. '도대체 내 인생이 어쩌다 여기까지 오게된 거지?' 공항을 출발한 차 안에서 생각에 빠졌다. 이런 어려움에 이르게 한 일련의 사건이 주마등처럼 뇌리를 스치고 지나갔다.

90년대 말 인터넷 붐은 최고조에 달했다. 홀푸드도 온라인 혁명이 소매 시장에 미칠 영향에 주목했다. 아주 근본적이고 흥미로운 변화가 빠르게 일어날 것이 뚜렷했기 때문이다. '어떻게 변화의 흐름을 탈수 있을지'에 대한 고민이 컸다. 당시 많은 사업가가 그랬듯 나 역시 변화의 순간임을 인정하지 않을 수 없었고, 인터넷이 가져올 새로운 세상을 낙관적으로 보는 사람도 많았다.

홀푸드는 닷컴 혁명의 선봉에 서기 위한 계획을 신속하게 수립했다. 당시 친환경 및 유기농 식품에 대한 열성 고객층이 꾸준히 늘고 있어서, 건강과 환경의 지속가능성을 고려한 로하스LOHAS 카테고리를 추가해도 반응이 좋을 것이라 믿었다. 로하스 시장은 당시 미국에서 가장 핫한 분야 중 하나였고 홀푸드는 영향력 있는 로하스 소비층의 니즈를 충족시키는 파이프라인을 이미 가지고 있었다.

이런 상황에서 홀푸드는 중요한 결정을 했다. 콜로라도 볼더에 있는 영양보조제 우편 판매 업체 암리온Amrion를 인수하여 홀피플닷컴 WholePeople.com 서비스를 시작한 것이다. 인수를 위해 벤처캐피털에서 자금을 조달했다. 통합된 온라인 채널에서 식품, 영양 보조제, 책, 의류, 여행상품 등 목표 시장이 원하는 모든 것을 판매하기 시작했다.

홀피플닷컴 사업에 집중하기 위해 나는 볼더로 이사까지 했다. 홀푸드 경영에도 참여하고 있었지만, 관심의 대부분은 신사업을 빨리 성장시키는 데 있었다. 오랜 노력 끝에 홀푸드를 대기업으로 성장시킨 나는 새로운 창업 본능을 일깨우며 홀피플닷컴이라는 신사업에 매진했다.

하지만 실패로 끝났다. 타이밍도 좋지 않았고 초기 비용도 과도하게 들었다. 그런 와중에 닷컴 버블까지 터지기 시작하자 신사업은 예상보다 훨씬 더 길고 어두운 터널로 진입했다. 투자자들은 이 사업 자체를 탐탁지 않게 생각했고, 주식 시장의 부정적인 분위기는 주가에 그대로 반영되었다. 인터넷 거품이 완전히 꺼졌을 때쯤 나와 경영진은 홀푸드가 다시 기본으로 돌아가야 한다는 것을 깨달았다.

2000년 말 홀푸드는 홀피플닷컴의 지분을 라이프스타일 브랜드인 가이암Gaiam에 매각했고 나를 포함한 경영진도 오스틴의 홀푸드 본사로 복귀했다. 본사에서 쿠데타가 일어나고 있는 줄은 꿈에도 몰랐다. 경영진 중 내가 가장 신뢰하던 임원 한 명과 이사회 멤버 두 명이 나의 해임을 건의하면서 경영권 다툼이 벌어졌다. 내 손으로 창업한 회사에서 쫓겨날 수도 있는 상황이 된 것이다.

요즘 스타트업 회사는 창업주가 복수의결권주supervoting shares를 활용해 경영권을 방어하는 것이 일반적이지만 홀푸드에는 그런 장치가 없었다. 지분이 별로 없던 나는 이사회의 결정에 무조건 따라야만 했다. 물론 나를 지지하는 이사회 맴버도 있었고 오랜 동안 동고동락해 온 대부분의 경영진도 나에게 호의적이었다. 해임 얘기가 나온 상황 자체는 큰 충격이었지만 나는 여전히 이사회가 나를 믿고 회사를 다시 이끌 수 있는 기회를 줄 것이라 희망했다.

운명의 이사회를 하루 앞두고 딱히 준비할 게 없었다. 그럴 바에야 평소처럼 시내 매장을 둘러보며 시간을 보내기로 했다. 건강한 자연 식품이 가지런히 진열된 매대를 살피며 바쁘게 일하는 매장 직원들과 대화를 나누자, 몇 주 동안 내 마음속에 짙게 드리워졌던 먹구름이 걷히는 것 같았다.

홀푸드의 사명이 내 안에서 다시 또렷이 되살아났다. 소비자가 맛좋고 건강한 자연 식품을 마음껏 즐길 수 있도록 돕는 것이야말로 내가 열정적으로 사랑하고 소망하는 일이었고 회사를 창업한 이유였다. 그날의 경험으로 나의 목적의식은 재충전되었고, 내가 리더로서 해야 할 일이 여전히 많다는 사실을 깨달았다. 이 위대한 기업의 역사를 앞으로도 계속 써 내려가고 싶었고, 그 기회가 다시 주어지기를 간절히 소망했다.

그날 오후 늦게 이사회에 참석했다. 몸은 이사회 회의실에 있었지만 마음은 여전히 오전에 들렀던 홀푸드 매장에 있었다. 현장에서 만난 직원의 미소와 열정이 생생히 떠올랐고 앞으로 맞닥뜨리게 될 도전에 대한 불안감은 말끔히 사라졌다.

이사회는 질문 세례를 퍼부었지만 나는 마음에서 우러나오는 대로 솔직하게 대답했다. 나 자신을 변호하거나 뭔가를 입증하려 애쓰기보다 그저 홀푸드가 가진 역량과 잠재력에 대한 나의 열정과 신념을 확실히 밝히고 회사와 운명을 같이하겠다는 포부를 공유했다.

이사회는 그렇게 끝났다.

나는 오스틴으로 돌아와 이사회의 결정을 기다렸다. 기다림은 새로운 깨달음의 시간이었다. 이사회가 어떻게 결정하든, 나는 리더로서 더 성장하고 변화해야 한다는 것을 절실하게 느꼈다. 파탄 일보 직전까지 가게 된 데는 내 잘못도 있었음을 알았고, 내가 창업한 회사를 제대로 보살피기 위해서는 심기일전 이상의 무언가가 필요했다.

리더십에 대한 위협은 외부의 도전에서 비롯되기도 했지만, 나의 내면에서 시작된 것도 있었다. 홀푸드는 자신감 있는 깨어있는 리더를 필요로 했지만 나는 그런 리더의 역할을 회피해왔다. 이는 결국 리더십 공백을 초래했고 충분한 능력과 동기, 애착을 갖추지 못한 사람이 나서서 그 공백을 채웠다. 깨어있는 리더가 조직을 제대로 이끌지 못하면 권력을 원하는 사람이 그 자리를 차지한다.

홀푸드를 계속 이끌어가기 위해 나는 깨어있는 리더로서 성장하고 진화해야 했다. 네 명이 작게 시작한 홀푸드이지만, 이제는 수십억 달러에 이르는 기업 가치의 회사를 내가 오롯이 책임져야 했다. 이는 관리를 더 잘해야 했었다는 의미가 아니다. 홀푸드를 경영하면서 나는 항상 관리자보다는 기업가로서 큰 그림에 집중하려고 노력했다.

하지만 어떤 면에서 CEO의 책임과 권한을 폭넓게 받아들일 필요가 있었다는 것도 사실이었다. 나의 강점을 효과적으로 보완할 수 있는 강력한 팀을 만들고 CEO로서 해볼 수 있는 다양한 시도를 적극적으로 해야 했다.

그 후 몇 주 동안 생각하는 시간을 가졌다. 지인이나 멘토 등과 많은 대화를 솔직하게 나눴고, 매일매일 떠오르는 생각을 기록했다. 책도 많이 읽고 명상도 했다. 여러 차례 치유 세션에 참여하기도 했다. 이런 노력은 내가 앞으로 어떻게 바뀌어야 하는지를 깨닫는 데 큰 도움이 되었다. 또한 커리어의 중대 전환점에 와 있음을 명확히 인식할 수 있었다. 지난 2000년까지 홀푸드의 CEO였던 나를 버리고, 더 깊이 있고 현명하며 자신감 있고 깨어있는 리더로 거듭나야만 했다.

그날 플로리다에서의 경험은 나의 리더십 여정에 전환점이 되었다. 그 전에는 사업가로서의 재능과 열정을 발휘해서 회사를 키우는 데만 집중했지만, 그 이후에는 이미 수십억 달러의 가치를 지닌 상장회사의 미래를 책임질 수 있는 진정한 의미의 깨어있는 리더가 되어야 했다. 다른 사람들과 마찬가지로 나 역시 리더로서 강점과 약점이 모두 있음을 알았고, 깨어있는 리더에게는 차원이 다른 책임이 따른다는 사실도 깨달았다. 이런 책임을 감당하려면 의식적인 변화의 여정이 필요하며, 그것은 훨씬 더 높은 수준의 가치를 향해 나아가야 함을 의미했다.

그런 리더십의 전환점을 지나며 배운 것을 이 책에 담았다.

어두웠던 2000년의 내 모습을 돌아보면 모든 것을 잃을 것 같았고 되돌리기에는 너무 늦었다고 생각했다. 하지만 감사하게도 기회가 다시 주어졌다. 이사회가 나의 연임을 결정했다. 물론 연임 조건으로 경영진, 이사회, 조직 구조 등에 대한 중요한 변화를 요구했다. 나는 흔쾌히 받아들였다.

그러고는 당시 연 매출 10억 달러 수준의 홀푸드를 190억 달러 이상으로 크게 성장시켰다. 이런 성장은 2001년 새롭게 구성된 경영진의 리더십이 있었기에 가능했다. 홀푸드가 지난 20년 가까이 생존하고 번창할 수 있었던 것은 경영진의 변화된 의사 결정 덕분이었다. 그 결정은 시장 점유율이나 상품 전략에 관한 것이 아니었다. 리더십과 사람에 대한 결정이었다. 우리가 아끼는 회사를 밝은 미래로 이끌 사람이 누구이고, 그런 리더는 어떤 사람인지에 대한 결정이었다.

어둠이 깊어지면 새벽이 가까워진다. 이 책은 여명에 대한 찬사이고, 올바른 태도와 리더십을 갖춘 사람이 새벽을 열 수 있다는 나의 믿음이다.

책을 쓴 이유

나는 2013년에 라젠드라 시소디아^{Rajendra Sisodia}와 함께 《돈 착하게 벌 수는 없는가: 깨어있는 자본주의에서 답을 찾다^{Conscious Capitalism}》를 썼다. 그 책에서 이미 '깨어있는 리더십' 개념을 부분적으로 다루었는데, 나는 책을 통해 기업을 바라보는 사람들의 관점이 조금은 바뀌었고 자본주의가 인류의 공동선을 높이는 큰 힘이 될 수 있다는 것을 보여주었다고 믿는다. 나는 그 책이 베스트셀러가 되고 십여 개의 언어로 번역되어 전 세계의 기업가와 리더에게 영감을 준 것에 자부심을 갖고 있다.

2019년 미국 대기업 경영자 모임인 비즈니스라운드테이블^{Business Roundtable}은 10년 전만 해도 상상하기 어려운 성명을 발표했다. 기업의 최우선 목표는 주주의 이익만이 아니고 고객, 직원, 협력업체, 지역사회를 포함한 모든 이해관계자의 이익을 고려하는 것이라고 선언했다.[1] 이 선언문에는 미국 유수 기업 CEO 181명이 서명했고 이들은 전체적으로 1,500만 명의 고용과 연간 7조 달러(약 7,800조 원)의 매출을 책임지고 있다.

지난 몇 해 동안 깨어있는 자본주의와 관련된 강연을 위해 세계 여러 곳을 다니면서 나는 흥미로운 경험을 했다. 강연에 참가한 사람들 중 많은 이들이 책에서 다룬 다양한 주제 중에서 유난히 한 가지에 큰 관심을 보였다. 그것은 바로 리더십이었다. 나 역시 책 출간 이후 리더십의 중요성을 더욱 명확하게 인식했다. 기업 문화와 구성원의 행동양식을 변화시키는 데 있어서 가장 중요한 것은 깨어있는 리더였다. 조직의 잠재력은 바로 리더의 능력에 달려 있다. 기업이 깨어있는 자본주의를 실천하기 위해서는 조직을 이끌어가는 리더가 깨어있어야 한다.

실제로 많은 리더가 그런 변화에 합류하고 있다. 홀푸드에서 내가 가졌던 책임의식을 다른 산업의 리더들도 동일하게 느끼고 실천에 나서고 있다. 나는 이 책에서 그런 깨어있는 리더의 실천 사례를 충분히 담으려고 노력했다. 소매, 부동산, 제조, 의료, 기술, 벤처 캐피털 등 다양한 분야의 사례를 다루었지만 개인과 조직의 성장과 변화를 위한 리더의 열정과 헌신은 서로 다르지 않다.

리더는 늘 다양한 종류의 어려움을 극복하며 성장해왔다. 하지만 지금처럼 환경이 급변하는 상황에서 리더가 직면하게 되는 여러 가지 도전은 전례가 없을 정도로 심각하다. 하루가 멀다 하고 새로운 기술이 등장하고, 글로벌 경쟁은 더 치열해졌으며, 세대 변화는 조직 문화를 한층 힘들게 만들고 있다. 기업의 사회적 책임에 관한 인식 변화 역시 리더에게는 큰 부담이다.

오늘날 기업 CEO가 대응해야 할 이슈는 너무도 복잡하고 다양해서 워런 버핏Warren Buffett의 지혜, 윈스턴 처칠Winston Churchill의 자기 확신, 스티브 잡스Steve Jobs의 창의성, 오프라 윈프리Oprah Winfrey의 감성 지능, 넬슨 만델라Nelson Mandela의 인내심이 모두 필요할 지경이다. 물론 그런 리더는 없다. 다만 리더십은 권력을 누리는 자리에 앉아 있는

게 아니라 조직 목적을 위해 봉사하는 여정이라는 사실을 잊지 말아야 한다. 깨어있는 리더가 되는 것은 쉽지 않다. 원칙을 정하고 리더십 트렌드를 파악하는 것만으로는 충분하지 않다. '깨어있는conscious'이라는 단어에는 리더가 자신의 역할과 책임을 수행하는 데 더 사려깊고, 더 의식적이며, 더 주도적이어야 한다는 의미가 포함되어 있다. 깨어있다는 것은 개인의 성장, 영성靈性, 변화와 관련이 있으며 깨어있기 위해서는 인간 본성과 인류 문화에 대한 깊은 이해가 필요하다. 이런 이유로 새로운 책을 써야겠다고 결심했고 관련된 주제에 깊은 지식과 경험을 갖춘 존경할 만한 두 명의 공저자를 택했다.

스티브 매킨토시Steve McIntosh와 카터 핍스Carter Phipps는 지혜와 통찰력을 갖춘 독립적인 지성인으로, 나는 깨어있는 리더십에 관해 그들의 조언을 많이 받았다. 스티브와 카터는 비영리 연구단체인 문화진화연구소The Institute for Cultural Evolution를 공동 설립했다. 나는 이 연구소의 이사회 멤버로 활동하며 재정 지원도 한다. 이들의 연구는 깨어있는 자본주의와 관련한 나의 비전에 영감을 주었을 뿐 아니라 리더로서 내면을 성찰하고 도전을 극복하는데도 큰 도움을 주었다. 그들은 기업 경영을 깊이 이해하고 있고, 리더와 조직문화의 변혁이라는 주제에 깊이 천착해 왔다. 우리 셋은 조직의 문화적 진화를 돕자는 열정으로 의기투합하며 이 책을 쓰게 되었다.

깨어있는 리더십의 의미와 모습에 대해서는 사람마다 의견이 다를수 있다. 하지만 수백 명의 리더와 대화하고 함께 고민하는 과정에서 우리는 깨어있는 리더가 되려고 노력하는 사람에게서 공통적으로 발견되는 아홉 가지 특징과 행동양식을 발견했다. 효과적인 집필을 위해 이것을 세 가지 범주로 분류했다.

첫째는 비전과 미덕이다.

깨어있는 리더는 조직의 존재 목적을 우선시한다. 이익만을 추구하는 것이 아니라 사회적으로 의미 있는 가치를 위해 기여한다는 비전을 갖고 회사를 경영한다. 또한 깨어있는 리더는 사랑으로 이끈다. 비즈니스를 치열한 생존 경쟁으로 보기보다는 사회를 위해 봉사하고 인간의 가치를 고양시키는 기회로 생각한다. 그리고 항상 정직하게 행동하려 노력한다. 자신의 행동에 가장 엄격한 도덕적 기준을 적용하여 구성원과 사회의 신뢰를 얻고자 애쓴다.

둘째는 마인드와 전략이다.

깨어있는 리더는 여러 가지 도전에 직면했을 때 윈-윈-윈 솔루션을 찾으려 노력한다. 윈-윈-윈 솔루션은 통상적인 '윈-윈'을 넘어서 더 큰 공동체를 위한 긍정적 영향을 포함하는 개념이다. 깨어있는 리더는 혁신을 통해 가치를 창출하고, 구성원이 창조적으로 일할 수 있는 분위기를 만든다. 그들은 단기 성과에 집착하지 않고 장기적인 관점에서 고민하고 결정한다.

셋째는 사람과 문화다.

깨어있는 리더는 조직 문화에 깊은 관심을 기울이고 효율적인 팀 구축을 위해 끊임없이 노력한다. 최선의 결과를 내기 위해 자신과 구성원이 신체적, 정신적, 감정적 측면에서 활력을 되찾고 재충전해야 한다는 사실을 잘 알고 있다. 그리고 자신과 구성원이 일을 더 잘할 수 있도록 지속적으로 학습하고 성장해야 한다는 강한 의지를 가지고 있다.

기업뿐 아니라 정부, 비영리 단체, 교육 기관, 군대 등 모든 조직은 깨어있는 리더를 절실하게 찾고 있다. 이 책에서 다뤄진 사례는 주로 기업에서 가져온 것이지만 깨어있는 리더십의 원칙과 관행은 조직의 유형과 분야에 관계없이 적용된다.

리더가 깨어있으면 그들이 이끄는 조직 역시 목적 중심적 문화를 갖게 되고, 조직이 속한 공동체 전반에 선한 영향력이 확산된다. 인간 본성에 맞는 경영으로 사업을 발전시키고, 사업은 다시 인간 본성에 맞는 경영을 발전시키는 선순환이 이뤄진다. 이것이 우리 모두가 함께 성공하는 길이다.

| 차례 |

서문 깨어있는 리더십에 눈뜨다   4

─────── 제1부 비전과 미덕 ───────

〈1장〉 목적   21

〈2장〉 사랑   48

〈3장〉 정직   82

─────── 제2부 마인드와 전략 ───────

〈4장〉 윈-윈-윈   109

〈5장〉 혁신   137

〈6장〉 중장기 관점   171

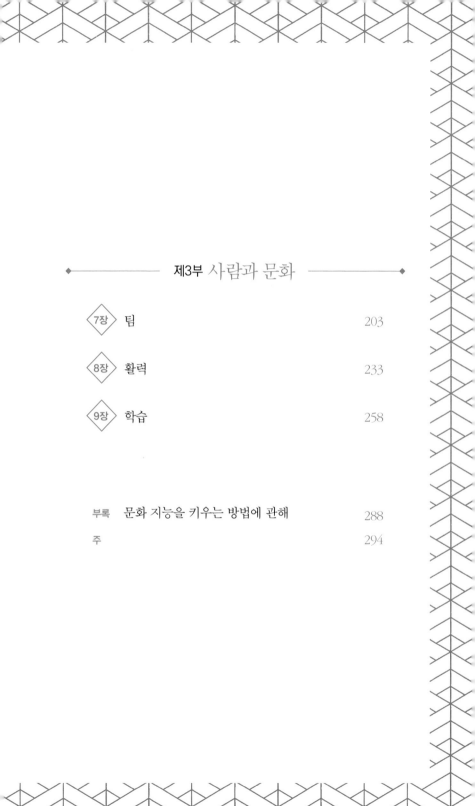

제3부 사람과 문화

7장 팀   203

8장 활력   233

9장 학습   258

부록   문화 지능을 키우는 방법에 관해   288

주   294

제1부

비전과 미덕

목적

자기 일을 사랑하는 사람은 매일 그 일을 가장 잘하려고 노력한다.
주변 사람들도 그런 열정에 금방 전염된다.

— 샘 월튼Sam Walton (월마트 창업주)

구름 한 점 없이 맑은 날이었다. 미국 펜실베이니아주 게티스버그 묘지에 수천의 인파가 운집했다. 사람들은 역사적 전투에서 전몰한 장병들이 묻힌 이 묘지에서 과연 어떤 얘기를 듣게 될지 기대하고 있었다. 전쟁의 폭력과 고통에 시달린 사람들은 전사자들의 영혼을 기리는 행사에서 실낱 같은 희망을 찾고 싶어 했다.

전쟁과 분열로 만신창이가 된 나라에 어떤 구원과 재건의 메시지가 전달될 것인가? 고통을 참고 견딘 국민을 위해 어떤 목적의식이 제시될 것인가?

수천 명이 지켜보는 가운데, 먼저 당대 최고의 웅변가로 꼽히던 정치인이 나섰다. 두 시간을 훌쩍 넘긴 연설에서 그는 전투에 관해 자세하게 설명하면서 청중의 감정과 애국심에 호소했다. 박식함이 묻어나는 힘 있는 연설은 사람들에게 영감을 주는 듯했다.

두 번째 연사가 연단에 올랐다. 앞선 연설과는 대조적으로 272단어밖에 되지 않는 짧고 단순하며 소박한 메시지를 전했다. 연설은 몇 분 만에 끝났다. 침묵에 빠진 관중을 보고 연사 본인도 자신의 연설이 최악이었다고 생각했다. 하지만 쓸데없는 걱정이었다. 그의 연설은 미국 역사상 가장 오래 기억되고 가장 많이 인용되는 문장으로 남았다.

위대한 목적은 간단명료하다.

1863년 11월의 게티스버그 연설에서 에이브러햄 링컨은 미국이 추구해야 할 목적의식을 명확히, 그것도 아주 간결하면서도 잊히지 않는 문장으로 표현했다. 짧은 연설문은 미국이 걸어온 역사와 앞으로의 미션뿐 아니라 당시 투쟁이 어떤 맥락에서 이루어진 것인지를 명확히 드러냈다.

위대한 목적의식이 항상 그렇듯, 링컨의 연설은 혼란과 분열에 빠진 사람들을 통합했고 그들에게 활력과 에너지를 불어넣었다. 앞으로 나아가야 할 길을 보여주었고 인류 공통의 가치에 대한 강한 공감을 불러일으켰다.

링컨이 가진 리더로서의 다양한 자질 중 가장 탁월했던 것은 흔들리지 않는 목적의식을 제시할 수 있는 능력이었다. 목적의식은 그의 다른 강점을 부각하는 효과도 있었다. 그는 남북전쟁을 계기로 국가의 목적의식을 모든 미국인이 받아들이고 이해할 수 있도록 정비했다. 링컨이 재정의한, 모든 국민의 자유와 평등을 수호한다는 미국의 건국 이념은 그 이후로 미국인에게 문화적 연대와 국가 정체성의 원천이 되었다.

모든 개인과 조직은, 그 사실을 알든 모르든, 숭고한 목적의식에 맞춰 사람들을 포용하고 움직이며 통합한다. 물론 모든 리더에게 에이브러햄 링컨 같은 연설 능력이 필요한 것은 아니다. 우선 뚜렷한 목적의식이 있어야 한다.

목적의식은 어느 순간 갑자기 떠오르는 경우도 있지만 시간을 두고 수립되거나 정교해지기도 한다. 어느 쪽이든 목적의식은 필수다. 목적의식은 개인에게는 삶의 방향성과 동기를 제공하고, 조직이나 단체에는 각각의 구성원을 하나로 결집시켜 생산적이고 창조적인 집단으로 기능할 수 있게 한다.

깨어있는 리더의 첫 번째 과업은 구성원의 마음에 목적의식을 심는 것이다. 복잡한 현실 속에서도 목적이 중요하게 받아들여지고 그 빛을 잃지 않도록 하며, 윤리적 또는 실천적인 의사 결정의 순간에 목적의식을 그 지침으로 삼아야 한다. 단순히 목적을 믿고 수용하게 만드는 것만으로는 부족하다. 리더는 자신의 실천으로 목적의식을 생생하게 구현하고, 누가 보더라도 흥미를 느끼도록 만들어야 한다.

분열된 미국을 단결시키기 위해 링컨이 그랬듯이, 위대한 리더는 자기만의 방식으로 목적의식에 진정성과 의미를 부여해야 한다. 그리고 매일 크고 작은 실천을 통해 목적의식을 드러내야 한다.

목적의식은 조직의 '존재 이유'를 입증하고 구체화한다. 그리고 거기서 '무엇을', '어떻게' 해야 하는지가 자연스럽게 나온다.

목적을 향한 리더의 여정

조직 이전에 개인이 있다. 파타고니아Patagonia라는 위대한 회사가 있기 전에 클라이밍과 야생 체험에 빠진 청년 이본 쉬나드Yvon Chouinard가 있었다. 그는 암벽등반을 위한 장비를 손수 만들어 쓰다가 다른 등반가들에게 팔기 시작했고, 그렇게 성장한 회사가 파타고니아였다. 디즈니Disney라는 영화 스튜디오가 생기기 전, 할리우드에는 기념품 등을 팔아 어렵게 생계를 이어가면서도 만화에 대한 열정을 불태웠던 월트Walt라는 청년 애니메이터가 있었다. 환경운동이라는 개념조차 없었던 19세기, 시에라 클럽Sierra Club을 창립하기 여러 해 전에 자연을 사랑하는 젊은 탐험가 존 뮤어John Muir는 캐나다 온타리오Ontario의 들판에서 식물 표본을 수집하고 목록을 만들었다. 홀푸드를 설립하기 훨씬 이전에 자연식과 채식주의 운동에 푹 빠진 스물세 살의 이상주의자가 있었다(저자인 존 매키 자신을 말하는 것-옮긴이).

기업의 사무실 벽이나 회사 웹사이트에는 그 회사의 목적을 적은 글이 있다. 여기에는 구성원에게 비전을 제시하고 새로운 아이디어와 접근법을 어떻게 찾아야 하는지를 알리려 했던 한 사람의 고민이 응축되어 있다.

목적의식은 어떻게 생겨났을까? 깨어있는 미래의 리더는 처음에 목적을 어떻게 발견했을까?

대부분의 사람은 자신의 관심사에 대한 열정과 호기심에서 목적의식을 찾는다. 목적을 찾아가는 과정은 의식적인 노력의 결과일 수도 있고 우연한 발견일 수도 있다.

청소년기를 벗어나는 시기에는 여전히 삶에서 무엇이 중요한지 잘모른다. 삶의 목적에 대한 탐색을 겨우 시작했을 뿐이기 때문이다. 학사 학위를 받거나 법적으로 성인이 되어서도 변하는 건 별로 없다.

아주 어려서부터 자신의 목적을 분명히 하는 사람도 일부 있지만 대부분은 그렇지 않다. 자신의 재능, 능력, 가치관, 호기심 등에 대해 좌충우돌하며 끊임없이 고민한다.

"아이들에게 커서 뭐가 되고 싶은지 묻지 마세요. 지금 좋아하는 것이 뭔지 물어보세요."

퍼포스 인스티튜트Purpose Institute 설립자 로이 스펜스Roy Spence가 자주 하는 말이다.[1] 그의 말처럼 때로는 천성을 따르면서 거기에 자신의 믿음과 헌신을 더하는 것이 목적을 찾는 출발점이 된다. 영혼을 이끄는 방향이 목적이 되기 때문이다. 그렇게 만들어진 목적의식은 우리를 예기치 못한 기회로 인도하기도 한다.

자기 발견의 여정을 따라가다 보면 삶의 목적이 뚜렷해지는 순간이 온다. 마음속에서 나를 이끌어 줄 '진북(지리상 기준에 따른 지구의 북쪽 방향)'이 뚜렷해진다.

어떤 사람은 한 번에 밝은 빛을 보고, 어떤 사람은 어둠이 점점 걷히면서 빛이 밝아지는 것을 경험한다. 어떤 경우라도 결국은 방향이 명확하게 드러나는 하나의 길을 발견하면서 목적 추구를 위한 여정을 시작한다. 깨어있는 리더는 이때부터 가슴속의 열정과 일상생활 사이의 대화를 시작한다.

이런 대화야말로 삶의 목적을 실현하고 깨어있는 리더로 거듭나기 위한 여정의 원동력이다. 그 여정은 곧게 뻗은 길일 수도 있고 여러 경로를 거치거나 중복되는 꼬불꼬불한 길일 수도 있다. 하지만 숭고한 목적을 추구하는 삶이 안전하거나 편안하거나 예측 가능한 경우는 드물다.

편안하고 확실한 안전지대를 넘어서 새로운 방식으로 세상에 나아가는 여정에는 감정적 혼란, 도전과 역경, 성장의 좌절이 기다린다. 중요한 사실은 목적을 추구하는 여정의 종착점이 종종 출발점에서 생각했던 것과는 다르다는 사실이다.

목적이 뚜렷해지기 시작하면 새로운 의문이 생긴다. '어떻게 목적을 잘 표현할 수 있을까?' '처음 가졌던 목적을 삶에서 어떻게 실천할 수 있을까?' 어떤 경우에는 해답이 명확하다. 예를 들어 '치유'에 대한 소명을 느끼는 사람은 의료 분야를, 우주의 본질을 탐구하고 싶다면 천체물리학 분야 연구를 선택하는 경우다. 하지만 쉽게 해답을 찾는 사람은 많지 않다. 자신의 궁극적인 사업 목적을 찾고 실천해 나가기까지 많은 리더는 길고 험난한 길을 걷는다.

나이키의 창업주 필 나이트Phil Knight는 스탠퍼드대학 시절 이미 자신과 같은 러닝 마니아들에게 값싸고 질 좋은 운동화를 만들어 팔고 싶었다. 하지만 세계에서 가장 유명하고 성공적인 스포츠 브랜드를 만들기까지 그렇게 많은 우여곡절을 겪을 줄 상상도 못했다.

버진그룹Virgin Group 창업주인 리처드 브랜슨Richard Branson도 마찬가지다. 비즈니스에 관심이 많았던 음악 애호가이자 히피 출신인 브랜슨은 세계에서 가장 목적 지향적인 회사를 설립하기 이전에 마술, 음악, 항공, 음료, 금융 등 온갖 잡다한 산업을 섭렵했다. 그는 특정 제품이나 서비스가 아니라 인간의 삶을 더 나아지게 하기 위해 기존 산업의 질서를 깨부수려고 했다. 브랜슨은 분명한 목적의식이 돈을 벌고자 하는 욕망보다 더 큰 의미를 갖는다고 말한다.[2]

나이트나 브랜슨과 같은 위대한 리더는 개인의 목적을 기업의 목적으로 전환시킴으로써 수백, 수천, 수백만 명의 삶에 영향을 주었다. 소박하게 시작된 한 개인의 재능과 열정 그리고 소명 의식이 어느 순간 개인을 뛰어넘는 커다란 조직의 가치로 진화했다.

에이브러햄 링컨이 정치를 시작할 때부터 노예제를 종식시키고 미국의 역사를 새롭게 쓰려고 했던 것은 아니다. 시간이 지나면서 강해진 목적의식이 결국 국가의 운명까지 좌우하게 된 것이다.

개인의 목적의식은 조직, 사회, 공동체, 심지어 국가에까지 영감을 준다. 처음에는 한 사람의 의미 탐색에서 시작되지만, 다른 사람들이 그 여정에 동참하면서 목적의식은 집단적 힘과 에너지로 이어지고 모두의 삶이 풍요로워진다.

사랑, 디자인, 가구

2018년 6월 숀 데이비드 넬슨Shawn David Nelson은 뉴욕 타임스 스퀘어의 나스닥 마켓사이트Nasdaq MarketSite에서 온라인 가구 회사 러브삭Lovesac의 IPO(기업 공개, 증시 상장)를 알리는 개장 벨을 울렸다. 회사의 목적은 평생 쓸 수 있는 가구를 판매한다는 것이었다. 러브삭은 이같은 목적에 따라 지속 가능하며 재활용 가능한 재료를 사용하고, 모듈형 디자인을 적용하여 언제든지 업그레이드할 수 있도록 가구를 만든다.

생애 주기에 따라 고쳐 쓸 수 있기 때문에 소비자는 가구를 더 오래 사용할 수 있고, 그만큼 매립지에 버려지는 수백만 톤의 쓰레기를 줄일 수 있다. 계획적 진부화planned obsolescence라 불리는 방식을 제작 단계에 적용한 것인데, 이는 제품 내구 연한을 제한하여 새로운 가구 판매를 촉진하는 기존 가구 회사들의 관행에 정면으로 맞선 것이다.

하지만 창업주 넬슨이 1990년대에 대학 기숙사에서 러브삭의 사업 계획을 세울 때만 해도 그런 열정이나 구체적인 원칙이 있었던 것은 아니었다. 모르몬 교도였던 그는 20대 초반 대만에서 2년간의 의무 선교 임무를 수행하면서 갓 창업한 회사를 운영하느라 밤낮없이 일했다.

조직 목적과 같은 고상한 주제는 눈코 뜰 새 없이 바쁜 젊은 창업자의 '할 일 목록'에서 아주 낮은 우선순위에 불과했다. 그때 그의 머릿속에는 '어떻게 하면 10대에 자신이 디자인한 세계 최대 크기의 빈백bean bag을 많이 팔아서 인생을 즐길까' 하는 생각뿐이었다. 하지만 사업이 어느 정도 궤도에 올라오기 시작하면서 넬슨은 '내가 이 일을 왜 하는가'라는 근본적인 생각을 하게 되었다.

깨어있는 리더라면 언젠가는 기업의 목적이라는 가치와 마주한다. 처음에는 아주 작은 관심으로 시작되지만 목적의식은 시간이 지나면서 진화하고, 깊어지고, 확장된다.

폭넓은 독서가인 넬슨은 생태 친화적인 디자인에 관한 빅터 파파넥 Victor Papanek의 연구를 접했다. 그 개념을 가구 디자인과 생산에 어떻게 적용할지 고민하면서 윌리엄 맥도너William McDonough와 마이클 브라운가트Michael Braungart가 공저한 《업사이클The Upcycle: Beyond Sustainability - Designing for Abundance》을 읽었다.

이 책에서 저자들은 "인류의 문제는 공해가 아니다. 진짜 문제는 디자인이다"라고 말한다.[3]

넬슨은 이 말에 영감을 받고 가슴 깊이 새겼다. 지금까지의 가구 회사와는 전혀 다른 회사를 만들겠다고 생각했다. 가구 제조 과정에서 나온 부산물과 쓰다 버린 가구가 전체 매립 쓰레기의 3분의 1을 차지한다는 사실을 알고 그는 생각했다.

'지속 가능한 경제를 위해 가구 산업의 공급망을 완전히 바꿀 수 있을까?'

경쟁이 치열한 소매 가구 업계에서 살아남기 위해 노력하면서도 넬슨은 사업에 대한 목적의식을 갈고 다듬어나갔다. 사업 목적에 대한 관점이 뚜렷해지자 회사 기반도 탄탄해졌고, 경영의 모든 원칙을 새로운 비전 중심으로 재편성하면서 회사는 점점 더 성장했다.

오늘날 러브삭은 미국에서 가장 빠르게 성장하는 가구 회사로 생태 친화적인 기업 목적을 추구하며 혁신적인 디자인으로 사업을 전개하고 있다. 모르몬교 선교사 출신의 창업주가 전통적인 거대 가구 산업에서 적용되는 게임의 법칙을 바꾼 것이다.

목적을 향한 여정은 진화한다. 이는 개인과 기업 모두에 해당한다. 명확한 방향을 찾기 위해 황무지를 걸을 때도 있고, 때로는 의외의 장소에서 새로운 목적을 발견하기도 한다. 그런 의미에서 목적의식은 살아 있다. 객관적으로 존재하면서 늘 변치 않는 대상이라기보다 삶 속에서 지속적으로 발견되고 발전한다. 깨어있는 리더에게 목적의식은 끊임없이 깊어지고 확장된다.

목적이 '저 바깥 어딘가에' 존재하며, 한순간에 발견할 수 있는 것이라는 식의 그릇된 인식은 잘못된 생각이다. 베스트셀러《마인드셋 Mindset》을 쓴 스탠퍼드대학 심리학과 캐럴 드웩Carol S. Dweck의 연구에 따르면 사람의 열정과 관심사는 거의 예외 없이 점진적으로만 발전한다.[4]

어느 순간 갑자기 뚜렷한 목적의식이 생기는 경우가 없는 것은 아니지만, 대부분의 경우 목적의식은 시간을 가지고 의도적으로 노력할 때 생긴다. 이런 특성은 리더십에도 동일하게 적용된다. 다시 말해 리더십과 목적의식은 타고날 수 없다. 그것은 평생의 실천을 통해 배양하는 것이다.

당신이 존경하는 인물은 누구인가? 당신의 목적을 상기시키는 구절은? 인생을 바꾼 책은? 당신을 행동하게 만든 스토리는? 삶의 목적을 추구하다 보면 종종 처음 영감을 받았던 때로 돌아가야 할 때가 있다. 어떤 사람은 과거에 영감을 주었던 책이나 성공 사례를 되새긴다. 좋아하는 작가의 유명한 구절을 떠올리며 명상을 하는 사람도 있고, 책이나 영화 속 위대한 역사적 인물과 교감하는 이도 있다. 어떤 이들은 《성경》, 《꾸란》, 《바가바드기타》 등을 읽는다. 존경하는 인물의 초상화를 집이나 사무실에 걸어놓기도 한다. 이 책에서도 에이브러햄 링컨을 포함하여 여러 인물의 스토리를 다뤘다. 중요한 것은 당신이 교감하는 그런 인물들을 당연하게 여기지 않는 것이다. 자신이 갖고 있는 목적의식의 뿌리를 되새기고 그것이 삶에서 차지하는 의미를 항상 기억해야 한다. 깨어있는 리더는 상황이 힘들어지고 앞으로 나아가는 길이 불투명해 보일 때마다 자신보다 먼저 같은 목적의 길을 걸어온 사람들에게서 지혜를 찾는다.

목적의식에서 이윤이 생긴다

사람들은 숭고한 목적을 추구하는 활동과 현실에서 돈을 버는 활동은 다르다고 생각한다. 그런 인식은 영리 기업과 비영리 단체를 목적에 따라 구분하여 인식하는 것에서 기인한다.

이익을 추구하는 기업은 탐욕스러울 정도로 주주 이익에만 전념해야 하고, 목적 지향적인 조직은 절대 돈을 벌려고 해서는 안 된다고 보는 것이다.

우리는 '휴메인소사이어티Humane Society', '네이처컨저번시Nature Conservancy', '국경없는의사회Médecins Sans Frontières' 같은 단체들이 이익 추구보다는 고귀한 목적과 이타적인 동기에 의해 운영되기를 기대한다. 사람들은 목적의식과 이익이 상호 배타적이어서 하나를 추구하려면 다른 하나를 버려야 한다고 믿는다. 지난 수십 년 동안 비콥B-Corps, 트리플바텀라인TBL: triple bottom line과 같이 중도를 찾으려는 의미 있는 시도가 있었지만 목적과 이익을 양분하는 전통적인 관념과 반기업 정서는 여전히 위세를 떨치고 있다.

깨어있는 자본주의를 실현하는 데 가장 중요한 것은 영리 기업에 대한 부정적 인식을 극복하고 목적과 이익을 양분하지 않는 것이다. 즉 두 가지 가치가 상호 배타적일 필요가 없을 뿐 아니라 긍정적인 목적을 추구하면서 이윤을 창출하는 것이 더 중요하다고 믿어야 한다. 비즈니스를 하는 것 자체에 가치 있는 목적의 씨앗을 심는 것이며, 리더는 목적의식을 인식하고 그 중요성을 강조할 때 기업이 창출하는 경제적·사회적 혜택이 기하급수적으로 확장된다고 봐야 한다.

사람들은 기업이 변해야 하고 자본주의를 개혁해야 한다는 얘기를 많이 한다. 하지만 이런 말은 주로 기업 외부에서 나오는 것으로, 그 이면에는 영리 사업이 근본적으로 비도덕적인 경우가 많아 늘 비난의 대상이 되곤 하는데 기업가들이 이를 적당히 포장한다는 인식이 있다.

기업이 영리 활동으로 벌어들인 돈의 일부를 자선 사업, 봉사 활동, 환경 보호, 지역사회 환원 등에 쓰는 것은 좋은 일이고 박수 받을 만하다. 하지만 기업의 운영 방식을 바꾸려는 노력이 기업의 진정한 목적 추구로까지 이어지지 못하고 적당한 선에서 기업의 영리 추구를 변호하는 데 그친다면 이는 불행한 일이다.

사회적 가치를 추구하는 정신은 기업의 일상적인 활동에 녹아 있어야 한다. 그래야 구성원에게 동기를 부여하고 조직을 변화시킬 수 있다. 깨어있는 리더의 밑바탕에는 이런 동기가 기본적으로 깔려 있어야 한다. 깨어있는 리더는 어떠한 경우라도 조직의 본질적인 목적을 인식하고 이를 추구하며 고양해야 한다.

그렇다면 조직의 목적을 언제, 어떻게 찾아야 할까? 홀푸드의 경우 이미 창업을 할 때부터 '자연에서 온 건강한 먹거리를 사람들에게 널리 제공한다'는 목적을 세웠고, 이 북극성은 40년 넘게 회사의 방향을 지켜왔다.

회사를 설립하고 나서 한참이 지나서야 목적을 명확히 만들어 성공하는 기업도 있고, 분명한 목적의식을 가지고 출발한 회사라 하더라도 성장해 나가는 과정에서 그것이 진화하기도 한다. 기업의 목적은 살아 있기 때문이다. 새로운 도전과 기회가 찾아올 때마다 상황과 맥락에 맞게 다시 확인하고 가다듬어야 한다. 그런 여정에서 목적의식을 추구하고 다듬으며 옹호하는 것은 리더의 핵심 역할이다. 깨어있는 많은 리더에게 조직의 목적은 자신의 존재 이유와 불가분의 관계에 있다.

조직 목적을 발견하는 열쇠는 기업이 제품이나 서비스를 통해 제공하는 가치 제안value proposition 안에 숨어 있다. 모든 조직(특히 영리 기업)은 고객을 위한 가치를 지속적으로 창출하지 않으면 생존할 수 없다. 조직 목적의식의 본질은 바로 고객 가치를 창출하는 활동 안에서 발견된다. 기업이 창출하는 가치는 일차적으로 고객에게 제공되는 제품과 서비스의 혜택으로 정의된다. 하지만 한 차원 깊게 파고들면 그런 혜택을 넘어선 혁신을 통해 궁극적인 목적을 달성하는 것이 더 중요하다. 때로는 혁신의 여지가 거의 없는 경우도 있고, 혁신보다 더 시급한 문제가 있기도 하다. 진정한 가치는 조금이라도 세상을 더 아름답게, 더 진실하게, 혹은 더 선하게 만드는 것이다.

홀푸드의 가치 제안에 내재된 선善은 사람과 지구의 건강과 생명이다. IT 기업 구글이 추구하는 가치는 급증하는 지식, 정보, 데이터를 인간이 능숙하게 활용할 수 있도록 돕는 것이다. 아웃도어 전문기업 REI는 자연의 아름다움과 사람을 연결하는 데 본질적인 가치를 둔다. 이러한 약속을 강력하게 밝히기 위해 REI는 미국 소매업체들이 일 년 중 최대 수익을 내는 '블랙 프라이데이'에 모든 매장을 닫는다. 그날 하루 전 임직원에게 유급 휴가를 주어 고객과 함께 자연 속에서 시간을 보내도록 권장한다. REI는 이 전통에서 한 걸음 더 나아가 지역사회에서 환경을 좀 더 깨끗하게 하는 활동에 참여하도록 직원들을 독려하기도 한다.

그렇다고 모든 기업 활동이 완벽하게 목적 지향적이어야 한다는 말은 아니다. 조직을 운영하다 보면 다른 목표를 고려해야 할 때도 있다. 도전적이고 치열한 비즈니스 현실 속에서 경쟁하고 살아남기 위한 고뇌도 인정된다. 다만 목적 지향적 경영으로 기업이 창출하는 가치가 개별적으로는 작아 보여도 산업 전체로 보면 충분한 사회적 의미를 갖는다는 사실을 잊어서는 안 된다. 그렇기 때문에 깨어있는 리더에게는 목적 중심 경영과 가치 창출의 두 가지 약속을 지키면서 모든 이해관계자를 만족시켜야 하는 책임이 있다.

내재적 가치의 중요성을 언급하는 것만으로도 반감을 사는 경우가 있다. 사람들은 다른 이해관계자들이야 어떻게 되든 고객을 쥐어짜서 이익을 늘리고 주주의 배를 불리는 데만 노력하는 기업이 많다고 생각하기 때문이다. 이런 안타까운 오해는 좀처럼 없어지지 않는다.

예를 들면, 의사는 돈을 많이 벌지만 그들의 목적은 사람을 치료하는 것이다. 다른 분야의 전문가들도 마찬가지다. 교사, 건축가, 엔지니어 등 다양한 분야의 전문가들은 모두 자신의 노력에 상응하는 보수를 받지만 일에 의미를 부여하는 것은 보수가 아니다. 그들은 일을 통해 다른 사람을 이롭게 한다는 고귀한 목적을 갖고 있다. 마찬가지로 기업의 목적은 더 많은 돈을 벌어들이는 것이 아니라 고객의 삶에 혜택을 주는 것이다.

미국 버지니아주립대학 다든경영대학원의 에드 프리먼Ed Freeman은 이렇게 비유한다. "생존을 위해 우리 몸은 적혈구를 계속 만들어야 한다. 적혈구 생산에 문제가 생기면 우리는 바로 죽는다. 하지만 생존을 위해 적혈구가 필수적이라고 해서 적혈구 생성 자체가 우리 삶의 목적이 될 수는 없다."[5]

기업도 생존을 위해서는 수익을 내야 하며,[6] 적자를 내는 기업은 사회적으로 무책임하다. 그렇다고 해서 수익이 기업의 존재 이유가 되어서는 안 된다. 기업의 존재 이유는 그저 돈을 벌겠다는 것이 될 수 없다. 기업은 여러 가지 사회 문제를 해결하고, 사람들의 행동을 바꾸며, 삶의 질을 높이고, 새로운 기술을 창조하여 새롭고 더 나은 제품과 서비스를 제공한다는 목적을 추구하기 위해 존재해야 한다.

이익을 내는 것 외에 별 관심이 없어 보이는 회사라도 막상 그 회사의 리더나 창업주와 이야기해보면 그들은 실제 뚜렷한 목적의식을 가지고 있고, 자신의 사업이 사람과 세상에 미치는 영향을 늘 생각하면서 일한다는 생각을 갖게 한다. 이런 사람들에게 목적의식은 기업을 운영하는 핵심 동기다. 재무적인 성공도 물론 중요하다. 이는 회사의 가치 제안이 시장에서 인정받았다는 지표로 간주되기 때문이다. 고객이 제품과 서비스에 높은 금액을 지불할 의사가 있다는 것은 그 회사의 존재 이유를 긍정하는 것이다. 하지만 이익이 '가장' 중요한 것은 될 수 없다. 조직은 매일 이익 창출을 위해 운영되지만, 존재의 목적은 따로 있다.

이익 창출과 목적 추구의 실용주의

목적 지향적인 영리 기업의 리더는 실용성과 시장 지향성을 잊어서는 안 된다. 고객의 니즈를 떠나서는 존재할 수 있는 사업이 없기 때문이다. 그렇다고 시장의 노예가 되어서도 안 된다. 고객이 제품과 서비스를 위해 얼마를 지불할지 정확히 알고 있으면 된다. 고객의 취향과 욕망을 파악하지 못한 사업은 오래가지 못한다. 홀푸드마켓Whole Foods Market에서 나는 이 교훈을 어렵게 배웠다.

홀푸드는 지금의 브랜드 사용하기 전에 세이퍼웨이Safer Way라는 브랜드로 매장을 운영했다. 세이퍼웨이는 육류, 가금류, 해산물, 정제 설탕, 커피와 같은 상품을 완전히 배제하고 자연식품만을 취급했다. 높은 목적의식에 기반한 사업이었지만 시장과는 단절되었다. 의미 있는 수준의 고객을 확보하지 못한 상태에서 사업이 제대로 될 리 없었다. 그때 우리는 비즈니스의 기본도 모른채 순수한 목적의식만 가진 젊은 이상주의자에 불과했다. 매장을 유지하지 못할 정도로 상품을 팔지 못하는 식료품점이 목적의식만 높게 갖고 있어서야 무슨 소용이 있겠는가?

우리는 2년간 세이퍼웨이를 운영하다가 동종사와 합병하며 브랜드를 홀푸드마켓으로 바꿨다. 그리고 기존에 엄격하게 배제했던 육류, 가금류, 해산물, 커피, 설탕, 맥주, 와인, 정제 곡물 등을 상품 목록에 추가했다. 그 결과 이전 개장 6개월 만에 홀푸드마켓은 전국 자연식품 매장 주간 매출 1위를 찍었다. 홀푸드는 인공색소, 향료, 방부제가 포함되지 않은 천연, 유기농 제품을 판매했다. 건강한 음식을 원하는 사람들에게 계속해서 다양한 선택권을 제공했다. 신제품도 지속적으로 출시하며 건강한 식생활 트렌드를 선도했다.

홀푸드마켓으로 바뀐 이후 회사는 전에 없던 영향력을 추가로 갖게 되었다. 매출 고민을 더 이상 하지 않으면서 시장을 키우는 데 집중할 수 있었던 것이다. 그리고 고객과 직접 대화하기 시작했다. 건강한 음식과 생활 방식에 대한 회사의 생각을 전하고 고객의 목소리도 직접 듣기 시작한 것이다.

돈이 오고 가는 상거래적 특성 때문에 영리 조직은 다양한 제약을 받기도 하지만 그 반대로 힘을 가질 수도 있다. 목적 지향적인 기업은 상거래를 통해 사회에 여러 가지 영향을 미칠 수 있기 때문이다. 합의된 거래 조건에 따라 시장과 상호작용을 하면서 기업이 얻을 수 있는 장점이 있는데, 첫째는 시장과 끊임없이 연결되어 있다는 것이고 둘째는 조직 운영에 필요한 자금을 자체 조달할 수 있다는 것이다. 순수하게 이상만 추구하는 것을 양보하는 대신 얻을 수 있는 구체적이고 지속 가능한 장점을 갖게 된 것이다. 영리 기업으로서 비용을 전혀 고려하지 않으면서 목적만을 추구할 수는 없겠지만 그렇게 하지 않더라도 얼마든지 강력한 변화의 주도 세력이 될 수 있다.

우리 사회에는 목적 지향적인 리더가 이끄는 영리 기업과 비영리 단체가 모두 필요하다. 동물 복지라는 목적의식을 예로 들어보자. 어렵게 예산을 확보하고 많은 자원봉사자들과 함께 동물 구조 활동을 벌이는 비영리 단체도 필요하지만, 영리 조직으로 주류 시장 고객층에 어필하는 제품을 판매하며 동물 복지를 증진하며 소비자의 습관을 바꿔가고 있는 비욘드미트Beyond Meat, 임파서블푸드Impossible Foods와 같은 혁신 기업도 필요하다. 이런 활동은 영리 기업이 아니고서는 할 수 없다.

영리 기업은 목적을 추구하면서도 시장의 잠재력을 충분히 활용함으로써 지속 가능한 성장을 이룬다.

목적의식이 충만한 챔피언이 필요하다

조직 목적을 살아 움직이게 하려면 그것을 자신의 사명으로 삼는 사람이 조직 안에 많이 있어야 한다. 특히 조직 목적을 강력하게 내재화하고 어떤 상황에서도 그것을 대변할 수 있는 사람이 필요하다. 그 사람은 이사회 의장일 수도 있고 회사 설립 당시의 사명 의식에 대해 각별한 애착을 가진 창업주일 수도 있다. 물론 그 외 다른 사람이 될 수도 있지만, 중요한 것은 조직이 큰 결정을 내릴 때마다 항상 이런 챔피언이 참여하여 조직 목적 관점에서 해당 사안을 신중하게 검토하도록 유도해야 한다는 것이다. 그리고 모든 이해관계자가 조직 목적의 중요성을 충분히 인지하여 궁극적으로는 조직 문화의 한 부분이 될 수 있도록 해야 한다.

조직 목적의 이상과 현실

오늘날 가장 성공한 영리 기업과 비영리 단체들의 목적 선언문을 살펴보자.

- 나이키Nike: "세상 모든 운동 선수에게 영감과 혁신을 준다."
- 유니레버Unilever: "지속 가능한 생활을 일상으로 만든다."

- 디즈니Disney: "상상력을 발휘해 수백만 명에게 행복을 준다."
- 테슬라Tesla: "지속 가능한 운송으로의 전환을 가속화한다."
- 홀푸드Whole Foods: "인류와 지구를 위한 영양을 공급한다."
- 재포스Zappos: "행복을 배달한다."
- ING파이낸셜그룹: "개인의 삶과 사업에서 항상 한 걸음 앞설 수 있도록 한다."
- 휴메인소사이어티Humane Society : "동물의 삶을 축복하고 잔인함에 맞선다."
- 엔피알NPR: "청취자가 세상의 사건, 아이디어, 문화를 깊이 이해하도록 한다."
- 테드TED: "좋은 아이디어를 널리 확산한다."

이런 선언문은 해당 기업이나 조직의 가치 창출 활동을 높은 수준에서 반영하고 있다. 선언문을 살펴보면 비영리 단체와 영리 기업의 목적이 크게 다르지 않고 오히려 비슷한 면이 더 많다는 것을 알 수 있다. 선언문에는 이상적인 면과 실용적인 면이 모두 반영되어 있어야 한다. 고귀한 목표를 지향하면서도 조직의 전략적 활동이 적절하게 수행되고 있는지를 평가하고 그 기준을 제시해야 한다. 이상적인 목표를 구체적인 결과물로 전환하는 것은 리더의 책임이다. 비즈니스 맥락에서 목적 지향적인 기업을 제대로 운영하기 위해서는 이상과 현실이라는 두 가지 목표를 동시에 추구해야 한다.

사람들은 이상적이고 영감을 주는 목적을 좋아하면서도 성과에 초점을 맞춘 실용적인 접근으로 사업이 성공하기를 원한다. 둘 중 하나만 추구하는 것은 문제가 된다.

깨어있는 리더는 목적과 실용 추구 가운데 어느 한쪽으로 완전히 기울어지지 않도록 항상 균형감을 가져야 한다. 이상과 현실은 깨어있는 자본주의에서의 성공을 위한 필수 불가결의 요소로, 새가 날기 위해서는 양쪽 날개가 필요한 것과 같다. 만약 이상주의적 목적이 고객 서비스, 자원 배분, 제품과 서비스 혁신, 현금 창출 등 일상적인 비즈니스 활동을 완전히 압도하면 자본주의 본연의 '건강한 생명력animal spirits'이 사라진다. 예를 들면 재포스는 '행복을 배달하는' 목적을 추구하기 위해서는 신발도 많이 팔아야 한다. 그러지 못하면 순간 반짝하는 인기 끝에 추락하고 만다.

같은 논리로 영업, 재무, 자원, 고객, 경쟁, 성장 등 사업적 요인에 완전히 경도되어 핵심 목적을 망각한다면 조직은 결국 방향감을 잃고 우왕좌왕한다. 높은 목적의식은 의사 결정의 명확성을 제공할 뿐 아니라 기업의 미래 지향적 성장과 혁신을 추진하는 동력이다. 따라서 목적을 상실한 기업은 장기적인 생존을 담보하기 어렵다. 재포스가 '행복을 배달한다'는 핵심 목적을 잃는다면 지금까지 시장에서 누려온 차별화된 지위는 사라지고, 구성원의 사기는 떨어지며, 가치 창출 구조는 훼손될 것이다. 깨어있는 리더라면 목적과 실용주의를 함께 추구할 때 더 빛난다는 사실을 잘 알고 있어야 한다.

이 장 도입부에서 사람들에게 목적의식을 불어넣는 링컨의 놀라운 능력을 살펴봤다. 그는 이상과 현실의 관계를 적절히 조율하는 데 남

다른 재능을 보였고, 그것은 내전으로 분열되어 위기에 빠진 미합중국을 통합하는 데 매우 중요한 자질이었다. 그는 조국에 필요한 목적의식을 제시하면서도 그 여정이 쉽지 않다는 사실을 이해하고 있었다. 아무리 뚜렷한 목적의식이 있다 하더라도 이를 실현하는 길은 험난하다는 의미다.

링컨의 교훈은 지금의 기업에도 동일하게 적용된다. 목적 추구에 대한 책임 의식이 기업 활동에 방향성과 원칙을 제공하는 것은 사실이지만, 변화무쌍한 시장에 대응하기 위해서는 거기에 맞는 전술적 유연성도 필요하다. 실용주의 없는 목적의식은 무기력하고, 목적의식 없는 실용주의는 방향을 잃는다. 두 가지는 떼려야 뗄 수 없다. 깨어있는 리더에게 현실주의는 이상주의적 목적의 강력한 동맹군이다.

목적의식을 상기시키는 상징물 활용

추상적인 목적의식이 구체적인 방향성과 동기 부여로 이어지려면 우선 구성원의 머릿속에 뚜렷이 각인되어야 한다. 그러기 위해서는 항상 새롭고 창의적인 방법으로 목적의식을 소통하고 설득해야 한다.

아마존 CEO 제프 베이조스Jeff Bezos는 이런 작업을 매우 성공적으로 해냈다. '지구상에서 가장 고객 중심적인 회사'라는 목적을 직원의 머릿속에 각인시키기 위해 그는 모든 회의에서 반드시 고객을 위한 의자 하나를 비워두었던 것으로 유명하다. 이와 같은 상징물은 조직의 목적의식을 회사의 모든 의사 결정 과정에 반영하는데 도움이 된다.

목적의식은 조직을 정렬한다

회사를 목적 지향적으로 경영한다고 해도 사람들이 모든 마케팅 슬로건을 문자 그대로 받아들이지는 않는다. 고상한 상투어가 넘쳐나는 세상이다 보니 너도나도 '세상을 바꾸는' 제품과 기술이라는 주장에 싫증을 내거나 냉소적으로 반응한다. 진정한 목적의식은 거창하지도 상투적이지도 않다. 회사 나름의 목적의식을 내세우면 된다. 중요한 것은 목적이 시의적절하고 해당 조직에 잘 맞는지 여부이다.

조직의 모든 이해관계자는 목적의식을 함께 발견하고 실천해 나가야 한다. 이해관계자의 적극적인 참여는 조직에 활력을 불어넣고 감정적 몰입을 촉진한다.

조직의 모든 결정 과정에 목적의식을 반영하기는 어렵겠지만, 중요한 결정은 반드시 목적에 맞게 이뤄져야 한다. 깨어있는 리더는 구성원이 바쁜 일상 속에서 조직 목적을 도외시하지 않도록 확인하고 또 확인해야 한다.

평범한 일에서 목적의식을 찾는 방법에 관해 프랑스 소설가 앙투안 생텍쥐페리Antoine Saint Exupery는 이렇게 표현했다.

"배를 만들고 싶다면 사람을 모으고 일감을 나누는 대신, 저 넓고 끝없는 바다를 동경하게 만들어라."

바다에 대한 상상력이 우리를 사로잡은 지도 오랜 세월이 지났다. 매력적인 목표에 대한 동경심을 불러일으키는 우주 개발에 관한 유명한 이야기도 있다.

케네디 대통령은 1962년 미 항공우주국NASA 본부를 방문했다. 건물을 둘러보다가 빗자루를 들고 있는 건물 관리인과 마주치자 하는 일이 뭐냐고 물었다. 건물 관리인은 "나는 달에 사람을 보내는 일을 돕고 있습니다."[7]라고 대답했다.

삶이나 사업에 공통적으로 적용되는 비밀 중 하나는 일하는 사람 대부분의 사람이 '돈'보다 일이 주는 '의미'에서 더 의욕을 느낀다는 사실이다. 의미만 제대로 부여할 수 있다면 사람을 통해 이루지 못할 것이 없다. 사람들은 목적 달성을 위해 자발적으로 나설 것이기 때문이다.

많은 이해관계자가 동참할수록 목적의식은 확산되고 조직은 단결된다. 이해관계자가 목적의식을 공유하는 것만큼 조직에 강력한 힘이 되는 것도 없다. 이해관계자들은 모두 조직의 일부라는 강력한 소속감을 갖게 되고, 고동치는 조직의 심장 소리를 느끼게 된다.

그럼에도 불구하고 기업 경영진을 모두 '탐욕스러운 나쁜 놈들'이라고 생각하는 사람들이 여전히 많다. 이런 부정적인 시각 때문에 이해관계자들은 조직 목적에 제대로 몰입하기 힘들다.

깨어있는 리더는 목적의식이 단순히 종이에 적힌 말뿐이 아니라는 점을 행동으로 보여줘야 한다. 어려운 선택에 직면할 때마다 조직 목적에 맞게 우선순위를 조정하는 것이야말로 목적의식을 실천하는 가장 좋은 방법이다.

회사의 중요한 결정이 핵심 가치에 부합하는 방식으로 이뤄지고, 리더가 목적의식을 몸소 실천해야 구성원들은 비로소 조직 목적을 신뢰하게 된다.

비틀스를 역사적인 록 밴드로 만든 것은 무엇일까? 뮤지션으로서의 재능, 적절한 데뷔 시점, 오랜 기간의 연습 등 많이 있겠지만 가장 중요한 것은 이 밴드가 '경쟁'과 '협력'이라는 상호 대조되는 가치를 동시에 성공적으로 추구했다는 사실이다.

비틀스의 멤버들은 서로 좋은 협력 관계를 유지했고 그로 인한 음악적 시너지 역시 컸다. 하지만 그들은 상호 치열하게 경쟁했고(특히 존 레넌과 폴 매카트니), 이로 인해 밴드의 창의성이 더 빛을 발휘했다. 비틀스의 성공에서 협력과 경쟁은 필수 요소였다. 대조적인 가치를 동시에 추구한 것이 바로 그들의 성공을 규정하는 핵심 요인이었다.

비틀스는 상반된 가치가 긍정-부정으로 모순되기도 하지만(예: 전쟁-평화, 이익-손실, 부-빈곤) 때로는 긍정-긍정, 즉 양쪽 모두 바람직할 수도 있다는(예: 협력-경쟁) 것을 보여주었다. 이런 면에서 상반된 가치가 동시에 존재하는 양극성兩極性을 해소해야 할 문제로 보기보다는 관리 가능한 시스템으로 간주해야 한다. 임상 심리학자이자 리더십 코치인 버트 팔리Bert Parlee는 "어려움에 직면했을 때는 그것이 '문제 해결을 통해 해소될 수 있는지, 아니면 지속적으로 관리해야 하는 양극성의 문제'인지를 먼저 살펴야 한다"고 지적한다.[8] 이 주제에 정통한 컨설턴트이자 폴라리티파트너십스Polarity Partnerships의 창업주인 배리 존슨Barry Johnson은 "두 가지 측면은 상호 의존적인 관계로 어느 한쪽에 치우친 솔루션을 선택함으로써 다른 쪽을 소홀히 해서는 안 된다"는 점을 강조한다.[9] 두 측면의 제약을 피하면서 장점을 최대한 활용한다는 목표를 가져야 한다.

양극성의 가치가 긍정–긍정으로 나타나는 '경쟁'과 '협력'을 조금 더 자세히 들여다보자. 우선 '경쟁'이 조직 성과를 높이고 창의성을 장려하는 방향으로 독려될 때는 건강한 조직 문화가 만들어진다. 하지만 조직 전체적으로 합의된 협력에 대한 공감대 없이, 무분별한 경쟁의 소용돌이에 빠진다면 조직 생존에 필수적인 상호 신뢰마저 파괴되는 문화가 자리잡을 수 있다. 마찬가지로 협력은 어느 조직에서나 필요한 바람직한 가치임에도, 개인의 우수성이나 창의성에 대한 인센티브와 기회 보장이 없을 경우 집단주의적 사고나 무능한 관료주의에 빠질 위험이 크다. 한편 경쟁과 협력 각각의 좋은 면이 부정적인 면을 상쇄하는 방향으로 운영되는 조직은 큰 일을 해낼 수 있다. 수단과 방법을 가리지 않는 경쟁과 불신이 사라지고, 시너지와 창의성이 발휘되며, 경직된 집단 사고와 관료주의적 정체는 줄어들고, 생산적 자율성과 창의적 협업이 늘어난다.

양자역학 이론 성립에 지대한 기여를 한 물리학자 닐스 보어Niels Bohr는 이런 말을 남겼다. "어떤 것이 절대적인 진실이라는 가장 확실한 증거는 그 역逆도 절대적인 진실이라는 것이다."[10] 극성 이론polarity theory을 단순하게 표현한 말이다. 리더가 경영 현장에서 마주치는 상호 의존적 양극성의 유형은 다양하다. 예를 들면 도전과 유지, 체계성과 유연성, 방어와 공격, 단순성과 복잡성, 자유와 평등, 개인과 집단 등이 그렇다. 조직 목적과 관련해 특히 중요한 것은 현실과 이상 간의 양극성이다.

위 사례에서 보여준 각각의 가치 쌍은 대립적이면서도 상호 보완적인 관계를 보이며, 이런 관계를 바탕으로 건강하고 창조적인 긴장이 생긴다. 한 극단의 좋은 점이 다른 극단의 나쁜 점을 완화緩和 내지 중화中

和함으로써 '이것 아니면 저것' 식의 양자택일이 아니라 두 가지 가치가 공존할 수 있는 결과를 만들 수 있다.

양극성을 이해하고 받아들이면 현실의 복잡성을 더 잘 포용할 수 있다. 흑백논리나 극단적 사고에 빠지지 않고 생각할 수 있기 때문이다. 또한 뉘앙스를 이해하며 현실에서 불가피하게 발생하는 많은 회색지대 이슈도 다룰 수 있게 된다. 양극성을 이해하는 리더는 조직 문화의 현 수준을 더욱 정교하게 검토하는 도구를 갖는 셈이다. 양극성은 실제 현실이고, 여러분은 리더로서 경력을 쌓아가는 과정에서 그것을 자주 마주할 것이다. 깨어있는 리더가 양극성을 능숙하게 관리하는 방법을 배워야 하는 이유다.

사랑

사랑만이 모든 생명체를 완전하고 충만하게 통합할 수 있다.
사랑만이 그들 마음속 가장 깊숙한 곳으로 이끌기 때문이다.
— 피에르 테야르 드 샤르댕Pierre Teilhard de Chardin
(가톨릭 신부, 프랑스 철학자, 1881-1955)

홀푸드는 회의를 마치기 전에 항상 이런 말을 한다. "감사의 뜻을 전하고 싶은 동료가 있으면 말씀하세요." 이 말은 매장 회의나 임원 회의 등 모든 자리에서 한다. 회사나 고객에 긍정적으로 기여한 동료에게 감사를 표현할 수 있는 기회를 갖기 위해서다. 감사 표현은 모든 구성원이 자발적으로 하며 직급과 업무에 관계없이 이뤄진다.

뛰어난 사업 실적과 함께 단순한 친절도 감사와 인정의 대상이 된다. 처음 시작했을 때는 조금 어색하고 파격적이란 생각도 들었지만 시간이 지나면서 홀푸드를 대표하는 가장 인기 있는 조직 문화가 되었다. 홀푸드가 이런 관행을 유지하는 것은 회사가 강조하는 미덕을 늘 실천하기 위해서다. 그것은 바로 '사랑'이다.

삶의 모든 영역에서 사랑이 지극히 중요하다는 말에 이의를 제기하는 사람은 없다. 그럼에도 인간의 삶에 필수 불가결한 이 미덕이 기업 경영에서만은 철저히 배제되고 있다. 정직, 용기, 성과 등 리더에게 요구되는 많은 가치 중에 사랑이 포함되는 경우는 드물다. 물론 여기서 얘기하는 사랑이 '로맨틱한' 사랑, '성적인' 사랑은 아니다. '넓은 의미'의 사랑이 일터에서 실종되었다는 것은 불행한 일이다.

사랑이 없는 조직에서는 일을 통한 만족감을 얻기도 힘들다. 조직 문화는 건조해지고 구성원의 잠재력은 충분히 발휘되지 못한다. 오늘날 기업 현실에서 사랑은 창고에 처박혀 있는 신세와 다름없다. 삶의 모든 영역에서 사랑의 미덕은 존중되고 실천되어야 하는데, 일터라고 해서 다를 이유가 없다. 그런 믿음을 일상에서 실천하는 리더는, 리더십 코치이자 작가인 스티브 파버Steve Farber의 말처럼 '사랑은 기업에도 꼭 필요한 것'임을 안다.[1]

사랑이라는 감정은 인간 본성에 내재되어 있고 다양한 활동으로 드러난다. 하지만 일터에서 사랑에 기반한 리더십을 발휘하기란 상당히 어렵고 복잡하다. 경영에 대해 알고 있는 일반적인 담론은 사랑이라는 미덕과 상반되는 경우가 많다. 인간은 스토리로 기억하고, 언어와 상징을 통해 사고한다.

비즈니스 세계를 표현하는 언어와 상징에 관한 몇 가지 예를 살펴보자.

정글과 전쟁터로 비유되는 비즈니스 세계

사람들은 비즈니스 세계를 피비린내 나는 전쟁터로 비유하곤 한다. 비즈니스를 묘사할 때 가장 많이 사용되는 비유 중 하나가 '전쟁'이다. 경쟁 회사를 '죽이고' '파괴하고' '섬멸할' '적'으로 보며, 그렇지 않으면 반대로 당한다고 생각한다.

기업 조직의 위계 구조를 지탱하는 '지휘-명령' 체계라는 말도 본래 군사 용어고 팀을 '부대troops'라고 부르기도 한다. 시장 점유율을 높이고 상대를 이기기 위한 '전략'을 수립하고 '작전' 계획을 짠다. 만일을 위한 현금 유동성은 '적대적 인수'를 위한 '전비戰費'로 비유된다. 잠시 '퇴각'하여 경쟁 회사의 전략을 재검토하기도 하는데, 그런 장소를 '워룸war room'이라 부른다. 경쟁에서 뒤처지면 책임 있는 임원은 '패전 장군'이 되어 회사를 떠난다. 전쟁을 수행하고 있다고 가정하는 상황에서 사랑에 기반한 리더십을 기대할 수 있을까?

세계 제2차대전을 배경으로 한 1970년 영화 "패튼 대전차 군단Patton"에는 아주 유명한 장면이 나온다. 배우 조지 스콧Geoge C. Scott이 분扮한 패튼 장군은 전투에서 부상당하고 병원에 입원한 미군 병사들을 방문한다. 참혹한 전투의 충격으로 외상 후 스트레스 장애를 겪는 병사가 장군 앞에서 운다. 패튼 장군은 병사의 아픔에 공감하며 배려를 하기보다 "조국의 명예에 먹칠을 하는 겁쟁이"라고 고함을 지르면서 병사에게 정신적, 신체적 학대를 가한다. 심지어 그를 "즉시 전선으로 다시 가지 않으면 총으로 쏴버리겠다"며 총을 꺼내려 하자 옆에 있던 의사와 의료진이 나서서 간신히 막는다.

이 장면은 부분적으로 역사적 사실에 기반한다. 패튼은 뼛속까지 강철 같은 군인이었고, 당시만 해도 외상 후 스트레스 장애라는 질병에 관한 사회적 인식이 없었다. 패튼의 행동은 전쟁과 같은 극한 상황에서 흔히 있을 수 있는 전형적인 '강한 남성형' 리더십이었고, 기업 사회에서는 여전히 패튼 같은 리더십을 본받아야 한다고 생각하는 사람이 많았다.

역사적으로 보면 수단과 방법을 가리지 않고 전쟁에서 무조건 승리하는 사람을 '강한 리더'로 추앙했다. '전쟁'이라는 맥락에서는 '사랑'과 '배려'의 가치가 미덕이 아니라 치명적인 약점이다. 특수한 상황에서는 특수한 리더십이 필요하다. 전투 상황에서 그런 리더십이 통하는 것은 이해할 수 있다. 하지만 왜 기업에서도 그런 리더십이 바람직하다고 생각할까?

경영을 설명할 때 자주 쓰는 또 다른 개념은 진화론에서 온다. '생태계', '적소適所', '혁신', '적응'과 같은 진화론적 용어와 이미지는 생존을 위한 끊임없는 경쟁과 변화의 필요성을 설득하는 데 상당히 유용하다. '적자생존', '자연선택', '생존의 정글', '먹고 먹히는 싸움' 같은 표현들이 기업 안팎에서 일상적으로 쓰이는 이유이기도 하다.

앤드류 그로브Andrew Grove 인텔 전 CEO는 "편집광만이 살아남는다[2]"라는 말을 남겼다. 미국 ABC 방송사에서 2009년부터 방영되고 있는 인기 리얼리티 쇼 "샤크 탱크Shark Tank"는 미국 사회에서 기업가 정신을 장려하는 데 많은 기여를 했지만 전체적인 프레임은 유감스럽게도 매우 다윈주의적Darwinian(적자생존적)이다. 수많은 예비 사업가가 신제품이나 사업 아이디어를 여러 명의 냉정한 투자가(샤크) 앞에서 발표하면 그중 최고의 아이디어만 살아남고 투자를 받는다. '샤크 탱크'라는 용어는 피에 굶주린 경쟁만이 냉엄한 비즈니스 세계의 현실이라는 생각(신화)을 강화하는 은유가 되었다.

아주 용감하거나 반대로 지극히 어리석지 않고서야, 누가 배고픈 상어로 가득 찬 수조에 들어가고 싶겠는가? 기업의 세계가 오로지 '적자생존'의 논리만 통하는 곳이라면 그 안에서 '사랑'이라는 가치를 기대한다는 것이 얼마나 무의미하겠는가? 당장의 생존이 달린 상황이라면 일단은 경쟁에서 이기고 난 뒤 다른 문제를 생각해야 할 것 아닌가? 그런데 과연 그런 날이 올 수 있을까? 이런 진화론적인 은유에 갇혀 있는 한 그런 날은 오지 않는다.

전쟁이나 진화론보다 더 인기 있는 비유는 스포츠와 게임에서 유래한다. '홈런을 쳤다', '터치다운했다', '슬램덩크다', '스크럼을 짜다', '게임 플랜을 실행하다', '팀을 편성하다'와 같은 온갖 스포츠 용어와 개념이 비즈니스에 활용된다.

로버트 키델Robert Keidel이 쓴 《게임 플랜Game Plans: Sports Strategies for Business》을 보면 스포츠가 비즈니스에 대한 사고방식을 어떻게 바꿔왔는지 잘 알 수 있다.

게임이나 스포츠에서 사용되는 언어와 이미지를 쓰는 것은 전쟁이나 정글의 비유에 비하면 상당히 발전한 것으로 보인다. 거기에는 그래도

'규칙', '스포츠맨십', '페어플레이'와 같은 가치가 있고 '도전', '흥미성', '창의력', '팀워크', '탁월함'과 같은 긍정적인 덕목이 포함되어 있다. 더 좋은 품질, 더 경쟁력 있는 가격, 더 나은 서비스를 통해 고객을 유치하고 시장 점유율을 높이려는 기업의 일상적인 활동을 스포츠에 비유하는 것이 비교적 타당해 보이는 것도 사실이다. 이런 종류의 경쟁은 기업 성공에 결정적인 요소이기도 하지만, 스포츠의 은유로 비즈니스를 바라보는 데는 여전히 몇 가지 문제점이 있다.

우선 수단과 방법을 가리지 않고 무조건 이기는 것에 집착한다는 잘못된 메시지를 떠올릴 수 있는데, 이는 조직의 안녕과 사기士氣에 해롭다. 미국 UCLA대학 '브루인스Bruins' 풋볼팀 감독 헨리 샌더스Henry R. Sanders는 "이기는 것이 전부는 아니지만, 유일한 것"이라는 유명한 말을 남겼다.[3]

또한 전통적으로 스포츠에서는 한 명의 '승자' 외에 다른 모든 경쟁자나 팀은 '패배자'가 될 수밖에 없다는 것도 문제다. '1등만 기억하는 더러운 세상'이라는 표현은 어떻게든지 시상대 꼭대기에 올라야 한다는 것을 강조한다.

하지만 비즈니스 세계에서는 얼마든지 여러 명의 승자가 있을 수 있다. 그뿐 아니라 비즈니스에서는 가능한 모든 이해관계자가 자신들도 함께 '윈-윈'할 수 있다고 생각하지 않으면 아예 거래에 참여하지 않는다. ('윈-윈-윈'에 관한 내용은 4장 참조.)

역설적으로 요즘 스포츠 산업에서는 오히려 상생 정신을 중시하고 있다. 스포츠 팀과 선수, 구단, 지역사회, 광고주, 미디어 회사 등 모두가 함께 성장하고 상호 이익을 누릴 수 있는 생태계를 만들어가고 있기 때문이다. 우리가 윈-루즈win-lose 개념에 기반한 비유를 너무 많이 쓰기 때문에 그런 변화를 보지 못할 뿐이다.

비즈니스를 스포츠나 게임으로 보는 관점은 실제로 비즈니스에 참여하는 이해관계자들이 '게임을 한다'는 생각으로 임하는 경우가 거의 없다는 사실도 간과하는 셈이다. 고객, 조직 구성원, 공급업체, 투자자, 지역사회 등 모든 이해관계자는 서로의 이익을 위해 다양한 방법으로 그리고 자발적으로 기업과 비즈니스 관계를 맺는다. 어떤 경기에 참여하여 상대를 제압하고 압도적인 승리를 추구하겠다는 마음으로 사업에 참여하는 것이 아니다.

따라서 스포츠에 비유하는 것은 경쟁자를 앞지르는 방법에 좀 더 집중하도록 하는 것 외에는 큰 도움이 되지 않는다. 깨어있는 리더라면 기업이 목적의식을 구현하기 위해 다양한 이해관계자의 니즈를 어떻게 충족시킬 것인지를 고민해야 한다.

그럼에도 게임과 스포츠의 비유는 조직에서 '사랑'이라는 가치가 존재할 수 있는 가능성을 허용한다. 규칙을 지키며 건전하게 경쟁하는 정신에는 팀에 대한 애착, 동료애, 공통의 목표를 추구하는 과정에서 느끼는 일체감, 자기 팀을 지지하는 사람들(예를 들면 고객들)에 대한 관심 등이 함께 존재하기 때문이다. 하지만 '승자독식'의 정서가 강해지면 이런 가치도 밀려난다.

최근에는 '전쟁', '적자생존', '게임'의 요소들을 결합한 새로운 비유도 출현했다. 대표적인 예가 전 세계 170여 개국에서 방영된 HBO

드라마 "왕좌의 게임Game of Thrones"인데, 비즈니스 세계의 현실을 잘 반영한다는 생각에 열성 시청자가 많다. 내용은 작가 조지 마틴George Martin이 창조한 판타지 세계의 다양한 캐릭터가 일곱 왕국의 왕이나 여왕으로 등극, 웨스테로스Westeros 철왕좌에 앉기 위해 경쟁한다는 것이다. 캐릭터 대부분은 목적을 위해 아무리 무자비한 행동도 서슴지 않는다. 오직 가장 강하고 똑똑하고 적합한 자만이 살아남는다.

그리고 전쟁은 이 치명적인 게임의 기본적인 수단이다. 등장인물 중 하나인 세르세이 라니스터Cersei Lannister는 "왕좌의 게임"에 대해 설명하면서 "여기에서는 승리 아니면 죽음뿐, 중도란 없다"라는 말을 남겼다.[4] 이 드라마에서는 진정한 사랑은 눈을 씻고 찾아봐도 없다. 심지어 가족 간의 유대감에 기반한 사랑조차 권력 추구 과정에서 자주 짓밟힌다. 세르세이는 "사랑하는 사람이 많을수록 더 약해진다"는 말도 했다.[5]

TV 드라마 시리즈로서 "왕좌의 게임"은 흥미로운 작품이지만 현실의 비즈니스 세계가 웨스테로스의 윤리를 따르는 것은 위험하다. 알파 메일alpha males과 독한 여자들이 권력, 권위, 지위를 얻기 위해 날뛰는 이 적대적인 세상에서 사랑은 치명적인 약점에 불과하다. 이런 이미지는 기업에서 왜 사랑이라는 가치가 창고 한구석에 처박혀 드러나지 않고 있는지를 잘 설명한다.

비즈니스를 바라보는 세계관이 이런 수준에 머물러서는 곤란하다. 드라마가 그리는 세상은 우리가 희망하는 비즈니스 환경과 너무 동떨어져 있다. 경쟁자와 끊임없이 전쟁을 벌이고, 오로지 강한 자만 살아남으며, 일등만 인정받는 세상에서 사랑의 가치를 실천하는 것은 불가능에 가깝다.

새로운 비유를 지도 삼아

사랑의 가치를 끄집어내기 위해서는 완전히 새로운 방식으로 비즈니스를 생각해야 한다. 비즈니스의 본질과 가장 흡사한 정신 모델mental models을 찾아 이를 고양시키는 것이다.

기업이 추구하는 기존의 가치가 쓸모없다는 말은 아니다. 다른 가치들도 부분적으로는 비즈니스의 본질을 반영하고 있기 때문이다. 경쟁이라는 가치를 예로 들어보자. 경쟁사보다 더 좋은 성과를 내기 위해 정당하게 경쟁하는 것은 비즈니스 성장을 위한 중요한 동력이다. 올바른 경쟁은 기업의 혁신, 지속적 개선 등 이 책에서 강조하는 덕목과 강점을 고취하는 데 필요하다.

그러나 '협력', '고객 서비스' 등의 가치와 균형을 이루지 않는 '경쟁'을 추구하는 것은 비생산적이며 기업에 나쁜 영향을 준다. 사랑이라는 가치를 잘 실천하는 기업이라면 건전한 경쟁 추구 정신을 잃어서는 안 된다.

목적 지향적이고 사랑에 기반한 비즈니스를 추구하기 위한 자기만의 비유를 갖는 것도 좋다. 좋은 예를 하나 들어보자. 비즈니스를 전쟁이나 정글이 아니라 하나의 커뮤니티로 생각하는 것은 어떨까? 기업을 '이익과 혜택을 주고받으며 자발적으로 교류하는 다양한 이해관계자의 집합체'로 보는 것이다. 이런 인식은 깨어있는 자본주의의 기본 원칙 중 하나다. (80페이지 "깨어있는 자본주의와 이해관계자 통합" 참조.) 이런 인식에 따르면 이해관계자 모두를 위한 가치 창출은 비즈니스의 가장 중요한 목적이 된다. 기업이 이렇게 행동하면 기업뿐 아니라 모든 이해관계자와 사회 전체가 번창한다.

비즈니스를 상호 이익과 혜택으로 연결된 이해관계자의 공동체로 생각한다면, 리더는 지속적인 윈-윈 관점으로 의사 결정을 하며 공동체 구성원을 위한 가치를 창출해야 한다. 지금까지 윈-루즈 관점에 익숙한 리더들은 사고의 전환에 어려움을 겪을 수도 있다. '공동체'의 비유를 활용하면 이런 리더의 관점을 재구성하는 데 도움이 된다. 또한 사랑의 가치를 회복하는 것이 조직 전체에 얼마나 중요한지를 잘 알 수 있다. 사랑은 이해관계자의 필요와 욕구를 더 잘 이해하도록 돕기 때문에, 결국 그들을 위한 가치를 더 많이 창출할 수 있게 만든다. 그런 의미에서 사랑은 모든 것을 하나로 묶어주는 접착제다.

기업이 사랑으로 이해관계자를 대하면 이해관계자도 기업을 사랑하고 기업이 만드는 가치에 감사하게 된다. 그것은 단순한 거래 관계가 아니라 공동체의 경험을 쌓는 일이다.

진정성 있는 공동체를 만드는 것은 오늘날 모든 기업이 꿈꾸는 목표가 되었다. 기업은 자사의 브랜드를 중심으로 한 공동체를 만들기 위해 엄청난 마케팅 비용을 쏟아붓지만, 작더라도 진정성 있는 사랑을 실천하는 것만으로도 비슷한 결과를 얻을 수 있다.

공동체의 번영을 위해 끊임없이 노력하는 리더라면 사랑을 실천하는 모습을 직접 보여줘야 한다. 공동체의 일원이라고 느끼는 고객은 기업의 가장 큰 지지자이자 최고의 마케터가 된다. 마찬가지로 직원은 오랫동안 회사에 근속하며 회사의 성공을 위해 일한다. 협력업체 역시 최대한 유리한 조건으로 거래를 할 뿐 아니라 함께 제품과 서비스 혁신을 위해 긴밀히 협력한다.

사업가로서 끊임없이 성장하는 모습을 잘 보여줄 수 있는 또 다른 비유가 있을까? 인류는 진화론적 여정에서도 가장 독특한 동물로, 지구상에 그 어떤 유사 종도 존재하지 않는다. 일부 고등 포유류 중에 탁월한 특성이나 놀라운 지능 또는 의식의 형태를 보이는 사례가 있지만 호모 사피엔스 수준의 인지 능력을 보유한 경우는 없다. 따라서 인류에게는 새로운 신화와 스토리가 필요했던 것처럼, 비즈니스와 리더십 분야에서도 인간의 다양한 특징을 아우를 수 있는 인식의 틀이 필요하다.

'전쟁'은 인류가 경험할 수 있는 가장 불행한 상황으로 인간성의 어두운 면만이 반영되고 강조된다. 진화론적 생존 경쟁이라는 관점도 현실적이긴 하지만 인간의 삶이 원시적 본능으로 환원되어서는 안 된다. 부족주의tribalism 역시 인간 사회의 일부를 효과적으로 설명하고 있지만 인류는 주어진 지위대로만 살아오지 않았다. 인간의 삶은 이런 한계를 초월한다. 비즈니스와 리더십에 대한 우리의 비유도 그래야 하지 않을까?

인간은 잘 발달된 감정과 예술적 상상력을 가진 존재로 '기쁨', '웃음', '믿음', '상상' 등이 가능하다. 인간은 다가오는 미래를 상상하고, 놀라운 것을 발명하며, 더 큰 관점을 수용하고, 비범한 아름다움을 창조하고, 새로운 현실을 발견하고, 공동체를 만들 뿐 아니라 자신이 만든 결과를 '성찰'한다.

인류는 이런 모든 것들을 해내고도 남을 능력이 있는데, 사랑이 바로 그 원동력이다. 비즈니스 분야라고 예외는 아니다. 단순히 생물학적 동인과 몇몇 진화적 본능만으로 인간 사회를 바라보는 것은 인간에게 주어진 사랑의 힘과 그 잠재력을 충분히 발현시키며 사는 것과 큰 차이가 있다.

사랑을 실천하는 서번트 리더십

사랑의 미덕을 강조하는 또 다른 트렌드는 '서번트 리더십'이다. 여전히 갈등에 기반한 비유가 넘쳐나는 비즈니스 환경에서 서번트 리더십은 지난 몇십 년 동안 영향력을 확산해왔다. 서번트 리더십은 마치 '트로이의 목마'처럼 모든 조직 최상층에 사랑의 가치를 전파했고 스타벅스, 사우스웨스트항공, 컨테이너 스토어, 메리어트 호텔과 같은 기업에서 실천되고 있을 뿐 아니라 스티븐 코비Stephen Covey, 피터 드러커Peter Drucker, 켄 블랜차드Ken Blanchard, 워런 베니스Warren Bennis, 피터 셍게Peter Senge와 같은 영향력 있는 경영 철학자들의 열렬한 지지를 받았다.

서번트 리더십 모델은 리더의 이미지를 조직 안에서 권력을 행사하는 것에서 구성원에게 봉사하는 것으로 바꿔 놓았다. 서번트 리더십에 대한 아이디어는 미국 통신 기업 AT&T의 전직 임원 로버트 그린리프Robert Greenleaf가 1970년에 쓴 책《서번트 리더The Servant as Leader》에서 비롯됐다. 당시는 기성 세대의 권위가 도전 받던 저항 문화가 확산되고 있었다.

그린리프는 여기서 "효과적인 리더십에 필요한 정당한 권위는 어디서 오는가?"라는 근본적인 질문을 던진다.

그는 헤르만 헤세Hermann Hesse의 소설《동방 순례Journey to the East》에서 해답의 단서를 찾았다. 이 소설은 진리를 찾아 사막을 횡단하는 순례자들의 안내원 레오Leo에 관한 이야기다.

레오가 갑자기 사라지고 모임이 와해된 뒤에야 비로소 순례자들은 짐을 나르고 그들을 뒷바라지해온 사람이 사실은 자신들의 종교적 리더임을 깨닫는다. 이 이야기에 영감을 받아 그린리프가 쓴 에세이집은 전설이 되었고 지난 50년 동안 가장 큰 영향을 미치는 리더십 운동을 촉발했다.

서번트 리더십의 개념이 제시된 후 지난 수십 년 동안 기업의 전통적인 위계질서는 비난을 받았고, 새로운 리더들이 더 민주적이고 더 평등한 시스템을 실험하면서 이 새로운 리더십 모델은 점점 진화해왔다.

서번트 리더십는 자신보다 다른 사람의 욕구를 우선시하는 것으로, 타인을 돕는 데서 자신의 존재 이유를 찾는다. 전통적으로 리더는 남의 위에서 지시를 내리거나 항상 앞장서는 사람으로 여겨졌다. 서번트 리더십은 이런 개념을 뒤집는다. 모든 사람 위에 군림하며 권력을 행사하는 것이 아니라 위계의 맨 아래 위치하면서 조직 내 모든 이해관계자의 하인 역할을 자청한다.

일부 리더는 특히 고객 니즈에 집중하고 탁월한 제품이나 경험을 제공하는 데 헌신한다. 트레이더 조Trader Joe's, 재포스Zappos, 홈 디포Home Depot, 리츠 칼튼Ritz-Carlton 같은 회사가 이런 유형의 서번트 리더십을 잘 실천하고 있다. 일부 리더는 주로 조직 내부 구성원에 집중한다. 리더가 무엇보다 구성원의 성장과 육성에 헌신하고, 그렇게 함으로써 조직에 대한 충성심을 높이고 월등한 성과를 만들어낸다. 노드스트롬Nordstrom이나 사우스웨스트항공Southwest Airlines 등이 이런 리더십 전략을 매우 성공적으로 채택했다. 어느 쪽이든 간에 서번트 리더십은 경영 현장에서 사랑을 실천하는 가장 적절한 사례다.

리더가 지시하고 명령하는 것이 아니라 구성원이나 고객을 섬긴다는 아이디어는 매우 급진적이다. 전통적으로 '권력', '지배', '경쟁', '승리' 등의 개념과 불가분의 관계라고 여겨졌던 비즈니스 리더십 분야에서 서번트 리더십은 기존의 관념 체계를 완전히 뒤집는 것이기 때문이다. 애리조나주 피닉스에서 상업용 부동산 중개업을 하는 조너선 카이저Jonathan Keyser의 사례를 보자.

그는 자신의 과거를 반성하며 "나는 무자비한 얼간이였죠"라고 고백한다. 그가 부동산 사업에 막 뛰어들었을 때 그의 동료들은 경고했다.

"이 바닥은 상어들로 가득 차 있어. 각자도생할 수밖에 없지. 사람 좋아 보이면 마구 짓밟아버리는 게 이쪽 생리야."[6]

카이저는 동료들이 언급한 무자비하고 경쟁적인 문화를 금방 체험했다. 이간질, 거짓말, 가격 덤핑, 정보 빼내기 등을 통해 거래처를 빼앗는 것이 일상다반사였다. "이런 일들이 불법이 아니라는 것을 믿기 어려울 정도예요!"라고 그는 말했다. 언제부턴가 그는 중요한 사업상 전화를 아무도 없는 차 안에서 받았다. 누군가 엿듣는 사람이 있을 이라는 우려 때문이었다. 그리고 성공하기 위해 주변 사람들과 똑같이 행동했다. 결국 성공했다.

사업 첫해에 '올해의 실적 왕'에 선정되어 짭짤한 보상도 챙겼다. 일 자체는 좋았지만 끊임없이 스트레스를 받았다. 항상 누군가 자신을 몰래 훔쳐보고 있다는 느낌을 받았고, 선교사 부모가 키워준 가치관과는 너무도 다르게 행동하는 자신의 모습이 실망스러웠다. 이런 생활이 10년간 지속되자 그는 결국 정체성 위기에 빠졌다.[7]

그러다 한 네트워킹 워크숍에 참여하면서 그의 생각이 완전히 바뀌었다. 워크숍 강사는 타인에게 도움을 줌으로써 사람과의 관계를 더욱 발전시키는 방법을 알려주었다.

'비즈니스 세계에서 정말 그런 방식이 가능할까?' 카이저는 넋을 잃었다. 그리고 궁금했다. '진짜 가능한 것인지, 가능하다면 어떻게 해야 하는지?' 무엇보다도 궁금했던 것은 '사람들을 도우면서 비즈니스 관계를 만들어 나가는 전략이 성공할 수 있다면, 왜 지금까지 그렇게 하는 사람이 적었을까?'였다.

강사는 망설임없이 대답했다. "시간이 오래 걸리기 때문"이라는 것이었다. 강사가 제안한 네트워킹 방식에는 장기적인 비전이 필요한데 오랜 시간 지속할 만한 인내심을 가진 사람이 별로 없기 때문이라고 설명했다.

"기존의 네트워킹 방식은 사냥과 같아요. 사슴을 잡으면 그날 바로 먹을 수 있지만 사슴 고기가 다 떨어지면 또 잡으러 나가야 하죠. 새로운 방식은 농사에 더 가깝습니다. 과일나무를 심고 가꾸면 열매가 맺기까지 몇 년 걸리지만 한번 열매를 맺기 시작하면 먹고 남을 만큼 충분한 열매가 열리죠. 비즈니스에서 관계를 만들고 성장시키는 데도 시간이 필요합니다. 꾸준히 하다 보면 나중에는 영업이 필요 없을 정도로 당신을 돕고 싶어 하는 사람들이 많아질 거예요."

집으로 돌아가는 비행기 안에서 카이저의 머릿속은 복잡해졌다. 상업용 부동산처럼 근시안적이고 경쟁이 치열한 시장에서 관계 중심의 사업 모델이 성공할 수 있을지, 아니면 그냥 미친 아이디어인지 궁금했다. 고민 끝에 그는 시도해보기로 결심했다. 하지만 진짜 변화는 자기 자신에서부터 시작되어야 했다. 지난 10년 동안 해왔던 안 좋은 습관들을 모조리 버릴 수 있을 정도록 큰 변화가 필요했다.

그는 서비스 정신을 문자 그대로 이해하는 것에서 시작했다. 사람들과 자주 만나고 그들이 필요한 것을 얻을 수 있도록 도왔다. 매물 하나라도 더 팔려고 홍보하는 것보다 지역사회 활동에 참여하고 비영리 단체를 도왔다. 일로 인해 만나는 모든 사람을 도우려 노력했다. 잠재 고객뿐 아니라 직원, 공급업체, 경쟁업체까지도 가리지 않고 도왔다. 만나는 사람들에게 점심, 저녁, 커피를 사면서 그들의 이야기를 들었다. 다른 사람을 만날 때마다 최소 세 가지 구체적이고 의미 있는 도움을 주려고 노력했다.

막 이혼한 어떤 고객에게는 인생의 새 출발에 관한 책을 사서 보냈다. 한 고객의 딸에게는 인턴십 자리를 알선했다. 심지어 다른 중개인을 돕기도 했다. 이런 그의 행동에 한 팀원은 "부동산 업계의 컨시어지 서비스예요~"라고 웃으며 말했다. 비즈니스 상황이 안 좋을 때도 팀원들에게 다른 사람들을 돕자고 격려했다. 어떤 고객의 아내가 희귀성 혈액 질환을 앓고 있다는 것을 알고 직원들은 해당 질환에 정통한 의사를 찾는 데 며칠을 보내기도 했다.

몇 년 동안 이런 노력을 계속했지만 금전적 보상으로 이어지지는 않았다. 그러자 카이저의 동료와 친구들 그리고 아내마저 그의 방식에 의문을 품기 시작했다. 경쟁자들은 그를 순진한 사람이라고 조롱했다.

하지만 회의적인 시각에도 불구하고 그는 자신이 선택한 길을 믿었고 계속 씨앗을 뿌렸다. 씨앗은 결국 싹트기 시작했고, 그의 비즈니스를 추천하는 사람들이 많아졌다. 몇 년 전에 그의 도움을 받았던 사람들이 부동산 중개인이 필요해지자 그를 떠올리거나 자기 친구들에게 그를 추천한 것이다.

서번트 리더십을 발휘함으로써 카이저의 회사는 치열한 애리조나 부동산 시장에서 가장 큰 상업용 부동산 중개 회사가 되었을 뿐 아니라 미국에서 가장 빠르게 성장하는 회사가 되었다. 이런 성공에 대해 그는 이렇게 말한다.

"억지로 안 팔아도 됩니다. 설득할 필요도 없어요. 그저 나를 찾아주는 사람들에게 필요한 도움을 주다 보면 어느 순간 감당할 수 없을 만큼 많은 비즈니스가 생기니까요. 옛날에는 수단과 방법을 가리지 않고 파는 것이 최선이라고 믿었죠. 그 방식은 마치 건너갈 다리까지 모두 불태워 버리는 것과 같아요. 이제는 사랑하고 섬기는 마음으로 사람들을 돕는데 수단과 방법을 가리지 않아요. 그러니 사람들도 늘 저를 도와주려 애쓰는 것이죠."

사랑의 여러 가지 얼굴

사랑은 여러 가지 얼굴을 가진 미덕이다. 에스키모인에게는 '눈'을 뜻하는 단어가 많다. 마찬가지로 '사랑'의 다양한 의미를 담기 위해서는 많은 단어가 필요하다. 고대 그리스인들은 필리아philia(우정), 에로스eros(로맨틱 또는 성적인 사랑), 아가페agape(이타적인 사랑) 등 사랑에 대한 여러 가지 개념을 가지고 있었다. 깨어있는 리더십의 맥락에서 사랑은 관대함generosity, 감사gratitude, 경의appreciation, 배려care, 연민compassion, 용서forgiveness와 같은 미덕을 모두 포함하는 상위 덕목이다. 사랑을 온전히 이해하기 위해서는 사랑의 다양한 면을 이해하고 실천해야 한다. 사랑의 다양한 측면을 살펴보고 어떻게 실천할 수 있을지 알아보자.

• **관대함**Generosity — 관대함은 '풍요abundance'의 다른 표현이다. 사람들은 종종 관대함을 '자기희생self-sacrifice'으로 생각하는데 이는 잘못된 이해다. 자기 희생은 다른 사람에게 무언가를 주면 자신에게는 남는 것이 없다고 생각하는 것, 즉 한 쪽의 이득은 다른 쪽의 손실이라고 보는 관점이다.

관대함은 나눈다고 줄어들지 않고, 죄책감이나 의무감에서 오지 않으며, 자신의 마음과 세상의 풍요로움에 대한 믿음에서 비롯된다. 풍요의 정신은 주고 나누며 돕는 것이다. 그 대상 역시 시간, 관심, 돈, 지식, 정신 등 다양하다.

리더라면 '남에게 줄 것을 먼저 자신에게 주어야 한다'는 말을 깊이 새겨야 한다. 관대함은 자신의 마음과 정신 속에서 움트고 차올라야 바깥으로 흐른다. 관대함은 받는 사람뿐만 아니라 주는 사람에게도 이롭다는 것을 인식해야만 베풀고자 하는 욕구가 깊어지고 커진다. 다른 사람에게 자양분을 나눠주면 자신을 위한 자양분도 풍부해지는 것이 선순환적 사랑의 원리다. 관대함이 조직 문화의 바탕을 이루고 있는 모습을 상상해보자!

이 아름다운 미덕을 습관화하는 사람이야말로 진정한 서번트 리더가 될 수 있고, 코칭과 멘토링으로 젊은 리더들을 성장시킬 수 있다. 경제적으로 안정되었다면 수입의 대부분 혹은 전부를 비영리 단체에 기부하며 관대함을 실천하는 리더가 될 수도 있다. 누군가의 도움을 필요로 하는 곳은 어디에나 있다.

관대한 사람을 가까이한다

관대함을 실천하는 첫걸음은 주변에 그런 사람을 많이 두고 그들이 평소 어떤 식으로 행동하는지 주의를 기울이는 것이다. 그들의 관대함과 봉사 정신은 우리를 일깨우고 많은 영감을 준다. 관대함이 꼭 거창할 필요는 없다. 바쁜 동료를 돕거나, 잠깐 시간을 내어 후배에게 조언을 하는 것도 관대함을 실천하는 방법이다. 작은 호의를 하나씩 쌓아 나가고 실천하다 보면 관대함을 더 자주 베풀 '정신 근육'이 발달한다.

• **감사**Gratitude — 감사는 인생에서 가장 중요한 행복의 열쇠로 반드시 대상이 있어야만 표시할 수 있는 것은 아니다. 건강하게 살아가는 것을 포함하여 세상 모든 것에 감사의 마음을 표현할 수 있다. 세상에 태어나서 사람들을 만나고 사랑하며, 삶의 풍요를 경험하는 것만으로도 충분히 감사할 일이다.

영국의 위대한 소설가 D.H. 로런스Lawrence는 삶의 경이로움을 이렇게 표현했다. "

아직 태어나지 않거나 죽은 자들은 살아 있는 것의 아름다움과 경이로움을 알 수 없다. ··· 육체 속에 깃든 생명의 장엄함은 우리 것이다. 그것은 우리만의 것이고, 우리가 그것을 누릴 수 있는 시간은 잠시뿐이다. 이에 우리는 환희의 춤을 추어야 한다. 우리의 육신이 살아 움직이고 있고 이 아름다운 우주의 한 부분이라는 기쁨을 말이다."[8]

이 진리를 매일 되새긴다면 마음과 정신이 고양되고, 기쁨과 행복이 인생의 동반자가 된다. 더 중요한 것은 감사하는 습관이 리더로서의 관점을 뚜렷하게 만든다는 사실이다. 사람들은 도전과 어려움에 맞닥뜨리면 움츠러드는 경향이 있다. 대부분 개인적인 문제나 상대의 잘못 혹은 불만스러운 상황에 집중하기 때문이다.

어디에 주의를 기울이느냐에 따라 무엇을 경험할지가 결정된다. 고통과 불만에 주의를 기울이면 필연적으로 불행해지며 곧 자멸에 이르게 된다. 반대로 감사에 초점을 맞추면 자연스럽게 의식을 밖으로 확장하면서 다양하고 긍정적인 관점을 갖는 여유가 생긴다.

이렇게 긍정적인 방향으로 주의를 기울이고 생활 속에서 감사를 실천하다 보면 불만이나 문제를 적절한 맥락과 관점에서 볼 수 있게 된다. 감사는 우리의 닫힌 마음을 여는 열쇠다. 매일 감사의 대상을 찾고 표현한다면 더 성공적인 리더가 될 것이고 생각보다 더 많은 기쁨과 행복을 경험할 수 있다.

아침, 점심, 저녁, 하루 세 번 감사하라

단 1분간의 감사로 하루를 시작하는 것을 상상해보자. 우주가 얼마나 놀라운지, 그리고 살아 있다는 것이 얼마나 감사한 일인지 생각하자. 원래 아침 명상이나 기도를 해왔다면 감사의 명상 또는 기도로 하루를 시작하는 것도 좋다. 감사의 마음으로 아침 운동을 시작하는 것 역시 좋은 방법이다.

식사 시간은 감사를 표현하기 좋은 때다. 많은 문화권에서 식사 직전에 감사를 표현하는 전통이 있다는 사실이 이를 증명한다. 먹을 것을 앞에 두고 짧게라도 감사의 마음을 표시한 후 식사를 시작하면 구성원과의 유대감이 높아지고 음식과 삶의 경험이 풍성해진다. 또한 식사를 천천히 그리고 많이 하지 않게 된다는 실질적인 장점도 있다.

'감사 일기'를 쓰는 사람도 많다. 하루를 정리하며 떠오르는 생각을 매일 기록하는 것인데, 특히 감사의 마음을 갖게 된 경험에 집중해서 일기를 쓰는 것이다. 감사 일기는 잠들기 전 머리를 식히고 마음을 진정시키는 완벽한 방법일 뿐 아니라 더 깊고 평화로운 휴식을 하게 만든다.

• **칭찬**Appreciation — 〈워싱턴포스트〉의 유명 칼럼니스트 조지 윌George Will은 2019년 미국 명문 아이비리그 학교인 프린스턴대학에서 졸업식 축사를 했다. 그는 졸업생들에게 너무 쉽게 화를 내고 난폭하게 행동하는 문화에 휩쓸리지 말라고 경고했다.

그는 "분노의 시대에 사는 많은 미국인은 남을 깎아뭉개고 폄훼하는 것이 일상이 되었다"고 한탄하면서, 졸업생들에게 인정과 칭찬의 미덕을 품으라고 간청했다.

"요령 있게 칭찬하는 것도 재능입니다. 배워야 할 수 있습니다. 다른 모든 미덕과 마찬가지로 칭찬도 습관입니다. 지금 우리에게 무엇보다 필요한 미덕이기도 합니다. 다른 사람의 장점을 찾고 거기에 경의를 표하세요."[9]

리더라면 잘한 일을 제대로 칭찬할 수 있어야 한다. 홀푸드는 일을 잘한 직원을 찾아 인정하고 칭찬하는 문화를 가졌다. 기억해야 할 것은 칭찬을 할 때 진실한 마음을 가져야 한다는 사실이다. 사람들은 석연치 않거나 진실성 없는 칭찬을 귀신같이 구별한다.

진심이 담긴 칭찬은 듣기 좋고, 신뢰를 쌓으며, 마음의 벽을 허문다. 진심으로 칭찬하고 인정하는 사람에게 심판자적인 태도를 취하는 사람은 없다. 상대에게 마음을 열지 않고는 진심 어린 칭찬과 인정이 불가능하다.

우리는 대부분 다른 사람을 판단하고 평가하는 데 많은 시간을 보낸다. 이는 우리 마음속에 끊임없이 사람을 비교하려는 심리가 있기 때문이다. 진심 어린 인정과 칭찬을 하려면 상대를 평가하고 비판하려는 마음을 내려놓아야 한다. 홀푸드는 아주 쉽고 간단한 방법으로 칭찬 문화를 조성하여 긍정적인 조직 문화를 만들었다.

깨어있는 리더는 적극적으로 남을 인정하고 칭찬한다. 리더라면 강인하고 단호한 모습을 보여야 할 때도 있지만 결국 인간은 배려와 인정에 가장 빠르게 반응한다.

회사에서 성취하는 모든 것은 다른 사람과 함께, 그리고 다른 사람을 통해 이루어진다. 깨어있는 리더는 사람들을 고무하고, 육성하며, 올바른 방향으로 이끄는 데 많은 시간을 써야 한다. 구성원이 팀과 조직을 위해 자신의 재능을 나누고, 그 결과로 얻은 성과에 대해 칭찬받고 인정받는 것처럼 보람 있는 일은 없다.

구성원을 인정하고 칭찬하는 것은 그 노력에 비해 효과가 크다. 구성원을 단결시키고 동지애를 형성하며 신뢰를 쌓는 데 도움이 된다. 깨어있는 리더가 인정과 칭찬의 문화를 제도화해야 하는 이유다. 그렇게 하면 구성원들은 자연스럽게 조직에 감사하는 마음을 갖게 된다.

남이 잘한 일을 찾아라

세계적인 리더십 베스트셀러 《1분 매니저One Minute Manager》의 저자 켄 블랜차드Ken Blanchard는 "잘한 일 찾기"라는 개념을 널리 전파했다. 아쉽게도 일상에서 대부분의 사람들은 그와 정반대로 행동한다. 즉 어떻게 남의 잘못을 찾아낼지 골몰한다. 그러나 남이 잘한 일을 찾는 데 주의를 집중하면 의식은 칭찬과 인정 모드로 전환된다. 게다가 잘한 일을 찾는 것은 그 반대의 경우보다 훨씬 쉽다. 칭찬 문화를 꼭 직장으로 한정할 필요도 없다. 사랑하는 사람을 대상으로 진정한 인정과 칭찬을 주고받는다면, 서로가 인정하고 존중하며 행복을 나눌 수 있는 관계로 발전된다.

나는 지난 40년 넘게 홀푸드에서 함께 일한 동료들에게 항상 감사함을 느꼈다. 그들이 없었다면 지금의 홀푸드는 없었을 것이다. 나는 똑똑하고 재능 있고 자상하고 열정적인 동료들과 함께 일할 수 있는 영광을 누렸고 항상 그에 대한 고마움을 표현하려 노력했다.

나는 사람들이 홀푸드를 더 좋은 기업으로 만들기 위해 해온 모든 일에 깊이 감사한다. 회사 구성원, 고객, 공급 업체, 지역사회를 포함한 모든 이해관계자와 모기업 아마존에도 같은 감정을 느낀다.

- **배려**Care — 사람들은 리더가 자신을 진심으로 배려하는지 아닌지 잘 안다. 리더가 사람들을 무관심하거나 냉담하게 대한다는 것은 '나는 당신을 배려하지 않는다'라고 말하는 것과 같다. 그러면 사람들은 자신을 감정과 가치를 지닌 개인이 아니라 '사용 가치'를 가진 '인적 자원'으로 본다고 생각한다.

비즈니스에 있어서 사회적 관계는 중요한 자본이다. 구성원에 대한 리더의 배려가 일정 수준 아래로 떨어지면, 제대로 된 사회적 관계가 형성될 수 없고 리더는 구성원의 존경을 잃는다. 구성원에게 공감과 배려를 표하는 것과 관련하여 애플 최고경영자 팀 쿡Tim Cook은 이런 말을 남겼다.

"공감 능력이 오히려 성공에 방해된다고 말하는 사람들이 있습니다. 하지만 그런 완전히 잘못된 얘기이에요. 절대 속으면 안 됩니다."[10]

긍정적이든 부정적이든 리더가 하는 모든 말과 행동은 증폭된다. 리더의 귓속말은 고함처럼 조직 전체에 크게 울리고, 리더의 사소한 배려는 조직 문화 전체에 큰 영향을 준다.

크고 작은 배려와 호의가 쌓이면서 조직 내 긍정적인 사회적 관계가 형성된다. 그리고 구성원들은 리더의 행동에서 배운다. 무관심하고 냉담한 리더 밑에 있는 구성원에게 배려심을 찾아보기 힘든 이유다.

진정한 배려에는 상상력이 필요하다. 상대의 입장이 되어야만 진정한 배려를 할 수 있다. 상대의 관점으로 현상을 볼 수 없다면 상대를 깊이 배려할 수도 없다. 약간의 상상력으로 자신의 관점에서 벗어나 상대의 관점으로 넘어갈 수 있어야 한다.

가족이 아닌 직장 동료, 협력 업체 직원, 고객 등을 대상으로 배려심을 발휘하는 것은 쉽지 않다. 이를 위해서는 더 세심한 공감이 선행되어야 한다. 일단 공감하고 나면 상대에 대한 관심이 자연스럽게 드러나고 배려할 수 있는 기회를 쉽게 찾을 수 있다. 리더에게 공감 능력은 축복에 가깝다.

배려는 질문으로 시작한다

배려를 실천한다는 것은 '이 상황에서 내가 어떻게 하면 필요한 도움을 줄 수 있을까?'라는 질문을 자신에게 던지는 것에서 시작된다. 대부분의 경우 리더는 도움을 줄 수 있는 위치에 있다. 하지만 끊임없이 고민하지 않는다면 적절한 기회를 놓치기 쉽다. 하주 사소하고 간단한 배려라도 시기를 잘 맞추면 상대에게 큰 감동을 준다.

• **연민**Compassion — 사랑의 또 다른 말은 연민이다. 인도의 영적 스승 암마Amma는 "신성한 사랑의 충만함 속에서 아름답고 향기로운 연민의 꽃이 피어난다"고 말했다.[11] 연민의 가치는 성인聖人이나 현자賢者뿐 아니라 비즈니스 리더에게도 똑같이 필요하다.

인간은 수많은 고통을 느끼고 결국은 죽는다는 사실을 깨달을 때 연민이라는 감정을 가장 절실하게 경험한다. 생명에 대한 감사와 경이로움을 늘 잊지 않고 살아가지만, 죽음이라는 존재 앞에서는 고통과 상실, 슬픔에 압도될 수밖에 없다.

생명의 심오한 기적과 풍요로움에 대한 인식에서 감사의 마음이 생기는 것처럼, 피할 수 없는 고통에 대한 인식에서 연민이 피어난다. 고통의 실체를 마주했을 때 할 수 있는 최선의 반응이 바로 연민이다. 연민을 느끼고 표현한다는 것은 자신의 영혼을 깨워 상대의 영성에 영향을 주는 것과 같다.

진정한 연민은 구성원의 신뢰와 헌신, 충성심을 일깨운다. 연민은 사람을 결집시키고 삶에서 무엇이 가장 중요한지를 깨닫게 하는 힘이다.

연민을 위한 완전한 집중

연민을 실천하는 것이 상당히 어려울 것 같지만, 그 첫 단계는 사실 꽤 간단하다. 주변에서 일어나는 일에 주의를 기울이는 것이다. 생각할 겨를도 없이 분주하게 쫓기는 삶을 잠시 멈추고, 나를 둘러싼 사람과 사물을 관찰한다. 매 순간 적절한 주의를 기울이면 두려움, 슬픔, 분노, 고통, 낮은 자존감, 우울함과 같은 감정이 느껴지기 시작한다. 연민은 고통에 대한 정상적인 반응이지만 그것을 알아차리기 위해서는 최소한 그 순간에 몰입해야 한다. 사실 이게 쉽지 않다. 사람은 보통 자신이나 타인의 고통을 외면하면서 의식을 마취시키기 때문이다. 하지만 선불교에서 기원한 '마음챙김mindfulness' 훈련을 실천하면 '알아차리는' 의식이 깨어나고 연민을 느낄 수 있게 된다.

• **용서**Forgiveness —용서는 사랑의 실천에 있어서 중요한 요소로 널

리 받아들여지고 있지만, 리더십 스킬로는 충분히 인정받지 못하고 있다. 어쩌면 누군가를 용서하는 것이 그만큼 어렵기 때문일 것이다.

불평불만을 마음에 쌓아두고 내려놓지 못하는 사람들이 많다. 마음속에 부정적인 감정을 갖고 있으면 남을 용서하기가 더 어렵다. 남을 탓하는 사람은 용서보다 부정적인 감정에 에너지를 쏟는데, 깨어 있는 리더는 그런 어리석은 실수를 해서는 안 된다. 그냥 용서하면 될 것을 부정적인 에너지를 붙들고 여기에 힘을 빼는 것은 후회를 만들 뿐이다. 용서를 하는 순간 그동안 쌓여 있던 부정적 감정은 언제 있었냐는 듯 사라진다.

용서란 자신에게 상처를 준 사람을 무시하는 게 아니다. 고통을 잊거나 부정하는 것도 아니다. 부정적인 마음을 갖고 있는 사람은 피해 의식이라는 감옥에 갇힌다. 진정한 용서만이 그 감옥에서 벗어나는 방법이다.

심리학자 루이스 스메데스Lewis B. Smedes는 "용서함으로써 우리는 포로를 풀어줄 수 있다. 막상 용서를 하고 나면 놓아준 포로가 자기 자신이었음을 알게 된다"는 통찰을 남겼다.[12]

용서를 통해 자신은 더 행복해지고 비로서 상대를 사랑할 수 있게 된다. 세상에는 분노할 일이 많다. 그리고 소셜 미디어는 분노를 빠르게 퍼 나른다. 그래서 용서가 필요하다. 용서는 실수나 죄책감으로 인한 고통에서 벗어나 진실한 사랑의 삶을 가능하게 한다. 상대를 용서함으로써 나 자신이 용서받는 멋진 경험을 할 수 있다.

조용히 흐르는 물이 바위를 깎는다

도저히 용서할 수 없는 사람을 떠올려보자. 그리고 그 사람에게 다가가 "용서한다"고 말하는 상상을 해보자. 아마 쉽지 않을 것이다. 하지만 괜찮다. 용서는 묵인이나 망각으로 이루어지지 않는다. 반드시 직접 만나 용서한다고 말해야 하는 것도 아니다. 용서의 핵심은 내 마음속에 가지고 있던 불평불만을 내려놓는 것이다. 우선은 용서한다는 의도를 분명히 한다. 처음에는 거부감이 들 수 있다. 불만의 골이 깊을수록 더 힘들다. 그러나 꾸준히 떨어지는 물방울이 바위를 뚫듯이 인내심을 가지고 노력하면 결국 가능해진다. 끈기가 용서의 열쇠다. 어쩌면 마음의 짐을 완전히 내려놓고, 한때 상처를 줬던 사람과 다시 관계를 회복할 기회가 생길 수도 있다.

사랑의 단호한 면

사랑이라고 하면 흔히 상대를 다독이고 지지하며 따뜻하게 대해주는 모습을 상상한다. 이 책에서도 지금까지 그런 면을 강조했는데, 우리 주변에 실제 그런 리더가 별로 없기 때문이다. 하지만 사랑에는 단호하고 차가우며 강한 모습도 있다.

인류 역사상 존재했던 성자들의 모습에는 연민과 헌신이라는 부드러운 측면의 사랑과, 정의롭고도 열정적인 강직한 측면의 사랑을 모두 찾아볼 수 있다. 강한 모습의 사랑은 그 대상이 성장하고 잠재력을 마음껏 발휘하게 만드는 힘이 된다. 자식이 잘되기를 바라는 부모가 때로는 엄격하고 까다롭게 훈육하는 것과 비슷하다. 깨어있는 리더는 팀과 구성원이 더 높은 것, 더 많은 것을 성취함으로써 조직 목적에 잘 부응하도록 격려하는 형태로 이런 사랑을 표현한다.

사랑에 기반한 리더십이 항상 감사의 말과 행동, 자기희생적인 봉사, 섬세함 등으로만 나타나는 것은 아니다. 때로는 다정하고 따뜻하게 상대를 대하기보다는 엄격하고 단호하게 요구할 필요가 있다. 고압적인 방법을 쓰지 않더라도 구성원에게 도전적인 목표를 제시함으로써 더 높고 탁월한 성과를 만들고 성취감을 느끼게 해야 할 때도 있다. 리더가 이렇게 행동한다고 해서 사랑에 기반한 리더십을 실천하지 못한다고 비난할 사람은 없다.

사랑은 가슴을 뛰게 한다

앤디 에비Andy Eby는 어려서부터 NFL 풋볼 선수가 되고 싶었다. 운동신경을 타고나지는 않았지만 각고의 노력 끝에 그린베이 패커스Green Bay Packers, 세인트루이스 램스St. Louis Rams 팀에서 뛰었다. 그는 결국 프로 선수의 꿈을 이루긴 했으나 그 삶에는 만족하지 못했다.

막상 꿈을 이루고 나면 자신이 진정 원했던 것이 아니었음을 깨닫는 경우가 있는데, 앤디가 그랬다. 시합에서 좋은 성적을 내고 다음 시즌 계약을 준비하는 것이 반복되는 삶에서 공허함을 느꼈다. 더 의미 있는 삶에 대한 갈증이 생긴 것이다. 그러던 중 가족과 함께 새로운 사업을 시작하는 기회가 생겼다.

앤디는 어렸을 때 알츠하이머로 고생하던 할머니와 함께 살았는데, 늘 적절한 요양 시설을 찾느라 가족들이 모두 애를 먹었다. 당시 요양 시설은 대부분 서비스와 돌봄 수준이 좋지 않았다. 앤디의 아버지는 직접 요양시설—빅포드 시니어 리빙Bickford Senior Living을 세우고 할머니를 첫 환자로 입소시켰다. 초창기 사업은 성공적이었고 미국 각지로 요양시설을 확장해 나갔다. 그러다가 문제가 생겼다. 2000년대 초 앤디의 아버지가 병에 걸려 사업을 제대로 돌보지 못하자 적자를 내기 시작했다. 상황이 심각하다고 생각한 형제들은 앤디를 점심 식사에 초대해 대책을 논의했다. 앤디는 프로선수 생활을 접고 가업에 뛰어들겠다고 그 자리에서 승낙했다.

적자투성이 요양소를 정상화하는 것은 만만치 않았다. 사업의 근본적인 목적부터 손봐야 했다. 처음 요양소를 시작할 때 가졌던 '돌봄의 정신'이 사라졌기 때문이다. 앤디와 형제들은 조직 문화를 크게 바꿔야 했고, 리더십이 중요하다는 사실을 깨달았다. 깊은 고민 끝에 앤디는 깨어있는 리더의 길을 가기로 결심했다.

우선 앤디는 '돌봄 선언서'를 새로 만들었다. 남에게 부탁하지 않고 단어 하나하나를 신중하게 고르면서 직접 썼고, 그러면서 자신의 생각도 갈고 다듬었다. 기회가 있을 때마다 시설 간병인들의 의견을 들었다. 초고를 보여주며 '공감이 되는지', '더 추가할 것은 없는지', '무엇이 정말 중요한지' 묻고 대화했다.

앤디는 1년에 걸쳐 전국 간병인으로부터 피드백을 받았고, 그들의 마음도 얻었다. 그리고 자신도 많이 배웠다. 처음에는 선언서를 간병인을 위해 썼다고 생각했는데, 결국은 자신을 위한 것이었음을 깨달았다.

"내가 할 일은 결국 사랑과 돌봄의 정신을 고취하는 것이었죠. 그게 바로 사랑에 기반한 리더십이었습니다."

선언서를 완성한 후 얼마 지나지 않아 앤디는 버지니아 비치에 있는 요양원 개원식에 참석했다. 앤디는 그동안 거의 모든 개원식에 참석해왔지만, 이번 행사 분위기는 사뭇 달랐다. 새로 만든 선언서의 영향도 있었겠지만, 리더로서 본인의 자세와 마음가짐이 달랐기 때문이다. 개원식 후 이뤄진 워크숍에서 그는 이전에 보지 못한 현상을 목격했다. 간병 직원 모두가 자발적으로 자리에서 일어나 서로를 격려하며 돌봄에 대한 책임 의식과 열정을 나눴던 것이다.

앤디는 "믿기지 않는 장면이었죠"라고 회상했다.

"나는 아무 말도 할 필요가 없었어요. 직원들 스스로 이미 가치를 공유하고 서로를 가르치고 있었으니까요. 이런 말이 어떨지 모르겠지만 아마 미국 기업이 진행한 워크숍 현장에서 이렇게 훌륭한 장면을 목격한 사람은 아마 없을 거예요."

강한 이미지의 NFL 풋볼 선수가 섬세한 돌봄의 리더로 변신하여 사랑으로 구성원을 이끌어가는 법을 완벽하게 배웠다.

사랑은 리더가 갖춰야 할 여러 가지 덕목 중에서 가장 잠재력이 크고 장기적으로 가장 효과적이다. 비즈니스의 목적을 재조명하고 조직을 목적과 일치할 수 있도록 재정렬한다면 조직 전체에 사랑의 에너지가 넘칠 것이다. 그런 조직에서는 이익 극대화가 더 이상 존재 이유가 될 수 없고 '봉사', '관대함', '감사', '보살핌', '연민', '경의', '용서' 등과 같은 형태로 표현되는 사랑의 미덕이 살아난다.

기업 창고 안에 먼지를 뒤집어쓰고 처박혀 있는 사랑을 당당하게 전면에 내세우는 용기가 필요하다.

깨어있는 자본주의와 이해관계자 통합

깨어있는 자본주의의 기본 원칙은 이해관계자를 통합하는 것이다. 이는 앞서 논의한 바와 같이, 주주 이익 극대화를 기업 활동의 지상 목표로 여기는 전통적인 개념에서 벗어나, 이해관계자의 이익을 좀 더 폭넓고 균형 있게 고려하는 것을 의미한다. 그리고 이해관계자란 이익과 혜택을 서로 주고받는 관계에 있는 사람으로 규정된다.

이해관계자 이론을 정립한 에드 프리먼은 이렇게 말한다. "모든 기업은 고객, 공급 업체, 구성원, 투자자, 지역사회 등 다양한 이해관계자를 대상으로 가치를 창출하기도 하고 파괴하기도 합니다. 주주 이익 극대화만이 기업의 목적이라는 생각은 구시대적이고 이제는 잘 작동하지 않는 개념이에요. 최근 글로벌 금융위기만 봐도 쉽게 알 수 있죠. 이제 경영자는 일부 이해관계자의 희생과 손해 없이 최대한 많은 가치를 창출하려고 노력해야 돼요. 물론 쉽지 않은 일이지만 위대한 기업은 모든 이해관계자의 이익을 함께 고려하면서 어려움을 극복해 나갑니다."[13]

넓게 보면 이해관계자는 기업과 상호작용하는 개인과 집단을 모두 말하며, 1차적 이해관계자와 2차적 이해관계자로 구분된다. 기업과 1차적 이해관계자와의 관계는 쌍방향적이고 지속적이며 자발적이다. 특히 상호 이익에 민감하며 고객, 직원, 공급 업체, 투자자, 지역사회, 환경 등이 포함된다. 2차적 이해관계자 관계는 간헐적이고 때로 비자발적으로 형성되며 미디어, 활동가, 비평가, 정부, 노조, 경쟁사 등이 포함된다. 기업과 이들과의 관계는 상호 이익에 기반하지 않으면 이뤄지지 않으며, 자발적으로 형성되고 유지되지도 않는다.

깨어있는 리더는 비즈니스와 관련하여 중요한 결정을 할 때, 다양한 이해관계자와의 관계망을 제대로 이해해야 한다. 기업의 다양한 활동과 그와 관련된 1차적 혹은 2차적 이해관계자와의 관계망을 매핑하여 그것이 미치는 영향을 항상 고려해야 한다. 기업 활동과 조금이라도 연관이 있는 모든 이해관계자는 크든 작든, 긍정적이든 부정적이든 서로 영향을 주고 받기 때문이다.

정직

리더십 최고의 자질은 정직함이다.
정직하지 못한 사람은 군대, 기업, 스포츠팀, 갱단 등
어떤 조직에서도 진정으로 성공할 수 없다.
— 드와이트 아이젠하워Dwight Eisenhower (2차대전 연합군 최고 사령관, 미국 34대 대통령)

어떤 CEO가 회사 매출을 두 배 이상 성장시키고 이익도 큰 폭으로 늘렸다면 어떤 일이 벌어질까? 주주를 포함한 모든 이해관계자가 그를 뛰어난 경영자로 치켜세울 것이다.

이런 일은 종종 있어 왔다. 코스타리카 맥주 회사인 플로리다 아이스앤팜Florida Ice & Farm Company(FIFCO)의 CEO였던 라몬 멘디올라Ramón Mendiola가 그랬다. 그는 2008년에 누구도 예상하지 못했던 뛰어난 실적으로 이사회를 만족시켰다. 하지만 라몬은 새로운 고민에 빠졌다. 단지 실적만 좋은 회사가 아니라 어떻게 하면 '투명하고 깨끗한 회사',

'환경과 지역사회까지 포함한 폭넓은 이해관계자를 고려하는 회사'로 키울 수 있을지 생각했다.

라몬은 맥주를 주력으로 하던 FIFCO의 CEO로 취임하여 빠른 속도로 생산성을 향상시켰고, 주력 제품 외에 와인과 양주, 무알콜음료 등 다양한 신제품을 추가하였으며, 인근 중남미 국가 기업의 인수합병을 통해 회사 규모를 상당히 키웠다.

그러던 어느 날 라몬은 회사의 한 임원으로부터 '트리플 바텀라인 triple bottom line'에 관한 보고를 받았다. '재무적 이익', '환경 지속성', '사회적 책임'이라는 세 가지를 기준에 따라 실적을 측정하는 새로운 회계 방식에 관한 내용이었다. 보고서에 따르면 회사는 이익의 약 1%를 기부금으로 내고 있었는데, 이는 약 8%를 기부하는 마이크로소프트와 비교했을 때 상당히 낮은 수준이었다.

라몬은 회사의 이익을 모든 이해관계자와 폭넓게 공유해야겠다고 생각했다. 새로운 목적의식을 전파하고, 이를 수용할 수 있는 조직 문화를 만들기 위해 외부 전문 업체에 의뢰해 다양한 이해관계자의 피드백을 수집했다.

직원, 공급업체, 유통업체, 주주, 규제 당국, 언론 등을 대상으로 양적·질적 데이터를 수집하여 '더 책임감 있는 기업이 되기 위해 할 수 있는 일이 무엇인지'를 조사했다.

피드백은 네 가지로 분류되었다.

(1) 알코올 남용 – '음주 운전에 반대하는 어머니 모임'과 같은 소비자 단체는 주류 회사의 청소년 대상 마케팅과 무책임한 알코올 소

비 조장을 비판하고 있음.

⑵ 쓰레기 문제 – FIFCO의 술병이 제대로 수거되지 않고 해안이나 강변에 마구 버려지고 있음.

⑶ 수자원 부족 – 물 부족 국가인 코스타리카에서 주류나 음료 회사들이 수자원을 우선적으로 점용하는 데 대한 비판이 있음.

⑷ 탄소 배출 – 도로에서 흔히 볼 수 있는 FIFCO의 500대 트럭 및 다양한 제조 시설에서 배출하는 탄소와 환경 오염에 대한 우려가 있음.

라몬은 임원들을 직접 설득하기 시작했다. 우선 자신의 생각을 제대로 이해하지 못하는 상황에서 변화를 외치면 혼란이 클 것이라는 생각 때문이었다. 설득 작업이 이뤄진 후 성과지표를 정했다. 공격적인 재무적 핵심성과지표KPI에 익숙해 있던 회사는 환경과 관련한 새로운 지표를 세웠다. '고체 폐기물 배출 제로화', '물 중립(신규 개발에 따른 물 수요가 기존 대비 증가하지 않는 것)', '탄소 중립(이산화탄소를 배출한 만큼 흡수하는 대책을 세움으로써 실질 배출량을 '0'으로 만드는 것)'이라는 공격적인 세 가지 목표를 채택했다.

제품에 함유된 당의 함량을 줄이고 안전하고 책임 있는 음주 습관을 장려하는 캠페인을 벌였다. 그리고 경영진 보수의 50%(CEO는 60%)를 차지하던 인센티브 산정 기준에 사회적·환경적 관련 지표를 반영하겠다는 제안을 이사회에 했다. 이사회가 '너무 지나치다'며 반대했지만, 라온의 제안은 격론 끝에 4:3으로 간신히 통과되었다. 재무 지표 60%, 사회·환경 지표 40%를 차지하는 성과지표 구조가 만들어졌다. 그 결과 CFO를 포함한 몇몇 임원은 회사를 떠나기도 했지만, 남은 임원들은 새로운 제안을 적극적으로 지지했다. 이에 대해 라몬은 이렇게 말했다.

"마음을 바꾸는 데는 설득이 필요하지만, 행동하게 만드는 데는 보상 시스템의 변화가 필요합니다."

이러한 변화를 바탕으로 FIFCO는 환경 목표를 하나하나 충족시켜 갔을 뿐 아니라 일부는 초과하여 달성하기도 했다. 예를 들어 물 중립 목표는 예정대로 달성되었고, 회사가 소비한 물보다 더 많은 양의 물을 지역사회에 되돌려줄 수 있었다. 사회적 지표에 대해서도 주목할 만한 진전을 이루면서 소비자의 알코올 소비 패턴까지 변화시켰다. 자선기금 출연도 꾸준히 늘려, 이익의 8%를 사회적 투자에 할애하고 있다. 이러한 변화에도 회사는 어떤 재정적 손해도 없이 큰 폭으로 성장하며 지속적인 이익을 냈다. 한때 라몬의 정책을 비난했던 이사회 일부 멤버도 회사의 사회적·환경적 성과에 큰 자부심을 갖게 되었다.

이렇게 FIFCO가 모든 이해관계자를 위한 경영으로 큰 성공을 거두자 젊고 유능한 인재들이 몰려들기 시작하면서 회사는 코스타리카의 국민 기업으로 부상했고, 정부와 지자체까지도 회사의 정책을 자랑하기 시작했다. 라몬이 CEO로 재임한 기간 동안 직원은 약 1,800명에서 6,500명으로 늘어났고 이익은 1억 5,000만 달러에서 12억 달러로 크게 증가했다. 정부 역시 FIFCO를 규제 대상보다는 진정한 파트너로 보며, 회사에 우호적인 환경을 조성하기 위해 노력했다. 하지만 무엇보다 CEO 입장에서 가장 큰 보람은 회사 경영에 대한 내부 구성원과 고객의 충성심이다. 라몬은 이렇게 말한다.

"완벽하지는 않겠지만 양심을 지키면서 사업을 하다보면, 결국 사람들이 알아줄 것이라고 믿습니다. 정직하고 깨끗한 기업이 되기 위해 할 수 있는 것을 하고, 부족한 부분이 있으면 구체적인 조치를 취하면 됩니다."

정직의 의미

정직은 모든 리더에게 필요한 덕목이지만, 정직하기란 그리 쉽지 않다. 정직을 말할 때 우리는 대개 '~하지 않는 것'으로 정의한다. 예를 들어 '거짓말하지 않는 것', '훔치지 않는 것', '회계 조작을 하지 않는 것', '직원을 부당하게 대하지 않는 것', '가짜 마케팅을 하지 않는 것', '근거 없는 주장이나 거짓된 비교를 하지 않는 것', '고객을 호도하거나 진실을 은폐하지 않는 것' 등이다. 하지 말아야 할 일을 하면 정직하지 못한 행동이자 실패한 리더십으로 간주된다. 그렇다면 '정직한 행동'은 무엇인가?

백색광을 프리즘에 투과시키면 빛은 파장에 따라 다른 각도로 굴절되면서 여러 가지 색으로 분산된다. 정직이라는 리더십 가치를 제대로 이해하고 실천하기 위해서 이를 다섯 가지 하위 가치로 분산시켜 이해해야 한다. 즉 '사실대로 말하기', '명예로운 행동', '진정성', '용기', '신뢰'로 나누어 정직의 가치를 파악하고 평가하는 것이다. 다섯 가지 중 어느 하나만으로는 정직의 의미를 제대로 포착할 수 없다. 각각의 가치를 충분히 이해하고 통합적으로 바라볼 때 비로소 정직의 의미를 제대로 알 수 있다.

정직의 기본은 '사실대로 말하기'

미국의 3대 대통령 토머스 제퍼슨Thomas Jefferson은 "지혜로 가는 책의 제1장은 솔직함이다"[1]라고 말했다. 솔직하게 사실대로 말하는 것은 신의, 공정, 약속 준수와 같은 인접 가치와 함께 정직을 실천하는 기본 요소다. 이는 거의 대부분의 문화와 가치 체계 속에서 빈번하게 언급되지만 일상에서 늘 실천되고 있지는 않다. 너무 쉽게 거짓말을 하는 사람이 흔하기 때문이다. 뻔하고 노골적인 거짓말까지는 아니더라도, 분명 진실과는 거리가 먼 사소한 거짓말을 사람들은 일상적으로 한다.

작은 거짓말을 밥 먹듯이 하면서도 그것을 잘못이라고 인식하지 못한다. 얼핏 일상에 아무런 영향을 주지 않는 것처럼 판단해서 그러는 것처럼 보이기만 사소한 거짓말과 큰 윤리적 위반을 명확하게 구분하기 어려울 때가 많고 진실과 거짓 사이의 경계를 자주 넘나들수록 그 선은 더욱 흐릿해진다.

생각해보면 기업의 비윤리적인 (때로는 범죄적인) 행동이나 관행 중

많은 부분이 별것 아닌 작은 거짓에서 시작한다. 때로는 진실과 거짓의 구분 자체가 애매모호한 경우도 있지만 그것을 이유로 실수를 은폐하거나 원칙을 위반하는 것은 옳지 않다.

진실은 강하다. 하지만 때로는 불편하기도 하다. 진실을 말하면 조직 전체가 크게 흔들리는 상황도 있고, 진실을 밝혀야 할 적당한 시기를 놓치는 경우도 있으며, 때에 따라서는 진실이 동료를 분노하게 만들거나 관행에 도전하는 행위가 되기도 한다. 그럴 때 욕먹을 각오를하고 진실을 끝까지 밀고 나갈 사람이 얼마나 될까? 많지 않다. 그러나 깨어있는 리더라면 그래야 한다.

우리 사회는 진실을 말하는 사람에게 사랑과 미움의 감정을 동시에 드러낸다. 이들을 존중하고 우러러보며 기억하기도 하지만, 이들이 우리를 불편하게 만드는 것도 사실이다. 이들은 '좋은 게 좋은 것'이라는 생각에 동의하지 않는다. 다른 사람과 대립하고 기존 관행에 도전한다. 우리가 회피하고 싶은 어두운 부분을 파헤치려 한다. 그렇기 때문에 정직의 중요성을 이해하는 리더라면 그것이 좋든 나쁘든 진실을 얘기할 수 있는 조직 문화를 만들어야 한다.

세계적인 의료기기 전문 기업 메드트로닉Medtronic 전 CEO 빌 조지Bill George는 부정적인 정보를 선별적으로 전달하는 한 직원에게 "거짓말을 하지 않는 것이 곧 진실은 아니다"라고 말했다.[2] 투명하고 정직한 문화가 구성원들 몸에 배기 위해서는 리더로부터 모범을 보이지 않으면 안 된다.

깨어있는 리더가 진정한 리더십을 갖기 위해서는 모든 구성원의 이야기에 귀를 기울여야 한다. 그래야 그들도 리더 앞에서 솔직하게 말하고 행동할 수 있다.

이와 관련한 일화가 있다. 글로벌 자동차 기업 포드Ford의 CEO였던 앨런 멀럴리Alan Mulally는 2006년 취임하면서 경영진과의 첫 대면을 앞두고 있었다. 당시 포드는 경영난을 겪고 있었고, 새로운 CEO는 조직 문화를 혁신하여 어려움을 극복해야 하는 과제가 있었다. 그런데 분위기가 이상했다. 회사는 수십억 달러의 손실을 보고 있는데 임원들이 보고하는 것은 이상하게도 긍정적인 내용 일색이었다. 임원들의 보고를 한동안 듣고 있던 그는 발표를 중지시키면서 "아니, 올해만 수십억 달러의 손해를 보게 생겼는데, 왜 모두 장밋빛 얘기만 하는 거죠? 아무 문제가 없다는 겁니까?"라고 물었다.

사실 그때까지 포드의 임원진은 뭐든지 긍정적인 보고를 하면서 윗사람의 비위를 맞추려는 문화에 익숙해져 있어 뼈아픈 진실을 솔직하게 말하지 못했다. 그런 문화는 나쁜 소식에 인상을 찡그리면서 보고한 사람을 비난하는 관행이 누적되면서 만들어졌다. 하지만 멀럴리가 임원진을 비난하고 나서자 회의 분위기가 달라지기 시작했다. 새로운 CEO가 뭘 원하는지 임원들이 바로 이해한 것이다.[3]

임원들은 의도적으로 좋은 소식을 부각하거나 나쁜 상황을 숨기지 않고 사실대로 말했다. 그런 분위기가 정착되면서, 나쁜 소식을 보고하지 않고 담아두는 것은 거짓말을 하는 것으로 간주되었다. 깨어있는 리더는 주변 사람의 솔직한 피드백을 이끌어낼 수 있어야 한다.

명예로운 행동은 깨어있는 리더의 정체성

상당한 돈이 걸린 카드 게임을 하고 있다고 상상해보자. 상대가 실수로 패를 잠깐 드러냈는데, 당신만 그것을 무심결에 봤다. 당신이 봤다는 사실을 누구도 모른다.

이런 상황에서 상대의 패를 봤다고 밝히고 새로운 판을 시작할 것인가, 아니면 아무 말 하지 않고 게임을 계속해서 돈을 딸 것인가? 상대의 패를 알아서 무조건 유리한 상황이라고 가정하자. 여러분이라면 누구나 사실대로 말하고 게임을 다시 하자고 할 것이다. 이것이 바로 '명예로운 행동'이다.

명예로운 사람은 누가 지켜보거나, 법 혹은 규칙에 위반되거나, 남들이 다 그렇게 해서가 아니라 스스로 옳다고 생각하는 행동을 한다. 뚜렷한 행동 기준을 갖고 있는 사람은 적절한 행동과 부적절한 행동의 경계에서 고민하지 않는다. 그리고 경계를 넘는다고 생각하는 순간을 바로 인지한다. 즉 올바른 행동은 자기 자신과의 약속이기 때문이지 누구한테 잘 보이거나, 어떤 이득을 노리거나, 사회적 체면을 지키려고 하는 것이 아니다. 가장 중요한 기준은 '나는 어떤 사람인가?'이다.

명예는 청렴성의 최상위 기준으로 기업 활동에도 더할 나위 없이 중요하다. 기업과 사회가 번창하기 위해서는 페어플레이 정신이 있어야 한다.

참여자가 끊임없이 시스템을 농간하고, 허점을 이용하며, 약속을 위반한다면 그 사회는 진정으로 번영할 수 없다. 법과 규칙도 중요하지만 그것만으로는 부족하다. 외부에서 가해지는 규제가 사람들의 잘못된 행동을 막을 수는 있지만, 공동체의 수준 자체를 높이지 못한다.

그것은 리더의 몫이다. 명예를 가진 리더, 명예를 중시하는 리더들이 높은 윤리적 기준에 따른 행동을 고수할 때, 사회의 결속력이 높아진다. 어떤 규제도 명예로운 리더의 내재적인 역량을 넘어설 수 없다. 명예로운 리더는 공동체 전체의 수준을 높인다.

정직에도 진정성이 필요하다

정직한 사람들은 겉과 속이 같다. 사람들에게 보여주기 위한 행동을 하거나 사전에 짜맞춘 듯한 행동을 하지 않는다. 그들에게는 진정성이 있다. 이사회나 신입 직원 앞에서 항상 같은 얼굴을 한다. 두 가지, 세 가지 얼굴이 아니라 오직 한 가지 진정성 있는 얼굴을 보여준다. 단순할 정도로 일관되고 남의 시선을 의식하지 않는 자기 본연의 모습을 늘 보여준다. 진정성 있는 사람은 남의 평가를 고려하거나, 대중적 인기에 영합하려 하지 않고, 가짜 이미지를 만들려고도 노력하지 않는다.

진정성은 어떤 상황에서도 자신을 솔직하게 드러내는 것이다. 그렇다고 해서 상황을 제대로 파악하지 못한다는 것은 아니다. 일의 경중과 완급을 따지지 않고 모든 질문에 공개적으로 대답하는 것은 적절하지 않다. 큰 조직을 대표하는 리더라면 더 그렇다. 어떤 사안은 사적인 특성상 말을 하지 않는 것이 옳을 수 있다. 그러나 깨어있는 리더는 불필요하게 비밀에 집착하지 않으며 가능한 범위에서 솔직하고 투명하게 자신의 생각과 행동을 드러낸다. 깨어있는 리더는 직책이나 지위를 내세우지 않으면서 자유롭게 타인과의 관계를 형성한다.

진정성의 또 다른 면은 내면의 가치와 외면의 행동이 일치하는 것에서 찾아볼 수 있다. 개인에게 있어서 진정성은 그 사람의 가치관, 포부, 신념과 그 사람의 행동 양식 사이에서 알 수 있다. '자기 자신에게 진실한 것'이 진정성의 기본 요소로 자주 언급되는 이유다. 말과 행동, 가치관과 결정이 어긋나는 사람은 그 자체로 정직하지 못함을 입증하는 것이다.

이런 모든 것을 감안하더라도 인간이 복잡한 존재라는 것을 인정해야 한다. 인간 심리에는 이중성과 모순되는 부분이 있다. 아무리 정직한 인간도 내면의 자아가 완전무결한 것은 아니며 그런 것이 목표가 되어서도 안 된다. 다만 깨어있는 리더는 의식적으로 부적절하거나 파괴적이거나 자기 모순적인 행동에 빠지지 않으려고 부단히 노력해야 한다.

인간적인 면에서는 모두 훌륭한데 개인적 치부나 치명적 결함으로 권위와 신뢰를 잃고 사람들에게 실망스러운 모습을 보이는 경우가 종종 있다. 어떤 리더가 전체적으로는 매우 훌륭한 이미지를 갖고 있지만 이와는 너무 동떨어진 부정적인 성향을 갖고 있다면 언젠가 곤경에 빠진다. (이와 관련한 자세한 내용은 105페이지 "스스로 보고 싶어하지 않는 자신의 어두운 측면" 참조.) 깨어있는 리더가 되기 위해서는 자기 인식을 바탕으로 자신의 강약점을 정확히 깨닫고 주변 사람들에게 미치는 영향에 책임을 지는 것이다. 하지만 자기 인식은 저절로 생기지 않는다. 주변의 솔직한 피드백, 360도 리더십 평가, 스스로의 성찰, 전문가 코칭 등을 통해 꾸준히 노력해야만 얻을 수 있다.

옳다고 믿는 것을 선택하는 용기

MIT 슬로언Sloan 경영대학원에서 22년 동안 근무한 돈 데이비스Don Davis는 공구 제조업체 스탠리웍스Stanley Works의 CEO에서 교수로 변신했다. 그는 MBA 학생들 사이에서 단순한 카리스마 이상의 인기를 누린 전설적인 인물로 평가받는다. 학생들은 그를 존경하고 신뢰할 뿐 아니라 중요한 결정을 내리기 전에 늘 그에게 조언을 구했다. 제프 윌크Jeff Wilke도 그런 학생 중 하나였다.

윌크는 MBA 입학 전에 앤더슨컨설팅Anderson Consulting(현 엑센츄어Accenture)에서 경력을 쌓았고, MIT를 다니는 동안 데이비스를 멘토로 삼았다. 윌크는 졸업을 앞두고 다른 학생들이 하는 비슷한 고민("이제 뭘 하지?")을 했다. 2년 동안 배운 소중한 지식과 경험을 어떻게 실제 비즈니스 현실에서 녹여낼 수 있을지 걱정이었다. 많은 동기 졸업생들이 월스트리트 금융권, 전략 컨설팅 회사, 포춘 500대 기업에 고액

연봉을 약속 받으며 취직을 했지만 윌크는 데이비스 교수의 말을 떠올렸다. 그는 이렇게 말했다.

"힘들지만 뭐든 배울 수 있는 일을 구해야 한다. 어려운 결정에 직면했을 때 옳은 선택을 할 수 있는 용기를 길러라."

윌크는 특히 '힘들지만 많이 배우는 일'이 구체적으로 다가왔다. 그는 당시 자신에게 필요한 것이 높은 직급과 연봉이 아니라 생산 현장 밑바닥에서부터 일을 제대로 배우는 것이라고 판단했다. 두둑한 연봉을 제시하는 금융 회사보다는 제조업 현장에서 일을 해봐야 학교에서 배운 리더의 자질을 연마할 수 있다고 생각한 것이다. 물론 그가 미국의 대표적인 제조업 도시 피츠버그에서 태어나고 자란 사실도 그런 결정에 어느 정도 작용했을 수 있다.

하지만 그는 "공장 사람들이 실제 어떻게 결과를 만들고, 어떤 어려움을 겪는지 알아야 한다고 생각했다. 그래야 나중에 내가 사람들을 이끌 때 그 경험을 소중한 자산으로 삼을 수 있겠다"고 말했다. 그는 결국 얼라이드시그널AlliedSignal이라는 제조 및 엔지니어링 기업에 입사해서 버지니아주 나일론 공장의 엔지니어 겸 수퍼바이저로 일을 시작했다.

화려함과는 거리가 먼 직장이었지만 윌크는 그 일을 즐겼다. 기계를 완벽하게 작동시키고, 공장을 시계처럼 착착 돌아가게 만들고, 작업자들이 최고의 생산성을 낼 수 있도록 도왔다. 이런 디테일한 현장 경험 덕에 밑바닥부터 진짜 경영을 배울 수 있었다. 공장 운영에 대한 그의 역량은 눈부시게 성장했다.

그러던 중 1999년 한 전자상거래 회사가 그에게 제안했다. 급성장을 거듭해온 회사는 유통과 배송 시스템을 위한 전문가가 필요했다. 월크에게는 완벽한 기회였다. 바로 아마존닷컴이었다. 온라인 주문이 폭주하는 크리스마스 시즌을 앞두고 월크는 새로운 직장에 발을 들였다. 성수기를 무사히 넘긴 그는 아마존이 평생직장이 될 것이라 직감했다.

월크는 아마존 CEO 세 명 중 한 명이고 세계에서 가장 정교한 운영 시스템을 구축하는 데 결정적 역할을 했다. (20년간 아마존에서 근무한 월크는 2020년 8월 21일 은퇴를 발표했다-옮긴이.) 그것은 월크가 나일론 공장 바닥에서 쌓아 올린 현장 경험이 아니었으면 불가능했을 것이다.

지금까지도 월크는 데이비스 교수 덕분에 자신의 가치와 신념에 따라 일반적이지 않은 커리어를 선택할 수 있었다고 말한다. 그의 선택은 쉽지도, 일반적이지도 않았지만 그에게는 옳았다. 자신이 옳다고 생각하는 것을 선택하고 용기있게 나아가는 것 이상으로 정직함을 증명할 수 있는 것은 없다.

정직함 위에서 신뢰가 자란다

유혹이 많고 도전적인 환경에서도 정직하게 행동하는 용기를 보여주는 리더가 되어야 존경에 기반한 자연스런 권위가 생기고 사람들의 신뢰를 얻을 수 있다. 그렇게 생긴 권위는 강력하고 깊은 충성심을 불러일으킨다. 신뢰는 상대를 믿고 따르는 것에서 생기며 억지로 만들어지지 않는다. 이에 대한 돈 데이비스 교수의 견해는 이렇다.

신뢰는 명령으로 생기지 않습니다. 스스로의 노력으로 얻어집니다. 그러기 위해서 의심의 여지없는 정직함이 필요합니다. 모든 인간관계에서 고도로 투명하고 공정함을 잃지 않는 진실성을 가진 리더가 되어야 합니다. 말이 아닌 행동이 리더로서 당신의 영향력을 결정합니다. 자칫 잘못된 판단이나 어떤 유혹을 받더라도 이를 이겨낼 수 있는 지혜와 용기 그리고 가치관이 필요합니다. 올바른 선택과 행동을 해야만 어떤 상황 그리고 어떤 위치에서도 항상 승자가 될 수 있습니다.

리더가 말이 아닌 행동으로 신뢰를 얻는 경우 조직에서 엄청난 영향력을 갖게 된다. 리더가 책임감 있고, 투명하며, 솔직하고, 진정성을 보여야 구성원은 리더와 조직을 신뢰한다. 신뢰가 있는 조직에는 사내 정치가 없다. 뒷담화, 권력욕, 시기와 질투 등 생산성과 창의력을 갉아먹는 부정적인 행위가 발붙이지 못한다.

세계적인 리더십 구루 스티븐 코비Stephen Covey는 조직은 "신뢰를 쌓는 만큼 빠르게 움직일 수 있고, 신뢰야말로 조직의 모든 면에 영향을 미치는 숨겨진 변수"라고 말한다.[5]

반면 신뢰 없는 조직은 자기도 모르는 사이에 사내 정치와 소모적인 관료주의에 의존하게 되는데, 그런 것은 신뢰가 확립된 조직에서는 전혀 볼 수 없다.

깨어있는 리더는 자신의 지식과 역량의 한계도 정확히 알고, 틀렸거나 모르는 것을 솔직하게 인정한다. 리더가 먼저 자신의 단점과 실패에 솔직하면 구성원도 심리적 부담 없이 리더와 똑같이 행동한다. 구성원이 자기방어에 애쓰지 않는 조직은 위험을 기꺼이 감수하고 혁신적인 일에 주저함이 없다. 합리적인 노력을 기울였으나 불가피하게 생기는 (자기 자신 및 타인의) 실수에 관용적인 태도를 보인다면 신뢰 문화가 자연스럽게 구축되고 구성원은 높은 자발성과 창의성을 발휘한다.

정보는 최대한 투명하게

신뢰는 주고받는 것이다. 상대를 신뢰해야 자신도 신뢰를 받을 수 있다. 조직에서 신뢰를 보여주는 가장 좋은 방법은 정보를 공유하는 것이다. 구성원이 중요한 정보를 유출할 것이라고 의심할 만한 합리적인 이유가 없다면, 대부분의 정보는 투명하게 공유되어야 한다. 일방적으로 정보를 전달하기보다. 타운홀 미팅 같은 형태로 리더가 구성원의 질문에 솔직하고 투명하게 답변하는 형태가 좋다. 가장 나쁜 것은 고리타분한 커뮤니케이션 방식에 갇혀, 다른 사람들이 이미 알고 있는 정보조차 인정하지 않는 것이다. 조직 내부에서 모든 정보가 자유롭게 공유되기는 어렵겠지만 깨어있는 리더는 가능한 범위 안에서 최대한 투명하게 커뮤니케이션하는 것을 기본으로 생각해야 한다.

정직도 진화한다

구글은 창업 초기부터 '악해지지 않는다Don't be evil'는 가치를 지키려 노력한 것으로 알려졌다. 항상 윤리적 판단을 위해 노력하고, 약점 때문에 현실과 타협하지 않으며, 탐욕 때문에 도덕성을 팔아먹지 않겠다는 긍정적인 다짐과 같다. 엔론Enron과 같이 타락하고 부정한 회사는 없어져야 하고, 용기 있는 내부 고발자는 더 많이 나와야 하는 것이 맞다.

하지만 깨어있는 리더에게 정직이라는 가치는 계속 확대되고 깊어져야 한다. 개인이나 조직이 성장하면서 정직이라는 문제는 단순히 '악해지지 않는 것'을 넘어서야 한다.

회계 조작을 하거나, 사기를 치거나, 회사 기밀을 팔아먹거나, 고객의 뒤통수를 치는 식의 비윤리적인 행위를 절대 하지 않는 수준을 넘어 더 높은 수준의 정직성, 책임감, 진실성 등을 추구해야 한다. 그런 의미에서 정직은 단순히 '좋은 사람'이 되는 것보다는 더 높은 차원의 목표다.

물론 '악해지지 않는다'는 가치는 지켜져야 한다. 하지만 깨어있는 리더는 그보다는 높은 수준을 지향해야 한다. 구글이 2015년 지배구조를 알파벳이라는 지주회사 중심 체계로 변경하면서, 기존의 핵심가치도 한 단계 높은 수준인 '옳은 일을 한다Do the right thing'로 업그레이드한 것 역시 그런 노력의 일환이다.

이벤트가 아닌 여정으로서의 정직성 추구

확대된 의미에서 '정직'은 일회성 목표로 끝나는 것이 아니다. 지속적인 실천으로 계속 개발하고 심화시켜야 한다. 흔히 리더십 개발을 여정이라고 하는데, 그렇다면 정직성 개발도 여정이 되어야 맞다. 앞서 예를 든 FIFCO가 좋은 사례다. 이 회사는 최근 몇 년 동안 다양한 이해관계자들에게 높은 수준의 가치를 제공하기 위해 이미 엄청난 노력을 했음에도 불구하고, 그 자리에 안주하지 않았다.

2014년 FIFCO의 최고경영자 라몬은 북미 지역 진출을 포함한 사업 확장으로 정신없이 바쁜 시간을 보냈다. 바쁜 일정 속에서도 조직을 추스르고 구성원과의 소통을 위해 더 많은 시간을 보내야 한다고 생각했다.

이에 '더 나은 삶의 방식을 세계에 전파한다'라는 목적을 전사적으로 공유하기 위해, 코스타리카에서 근무하는 3,500명의 모든 임직원을 한자리에 모았다. 라몬이 연설을 마치자 한 직원이 앞으로 나오더니 마이크를 잡고 말했다.

"저는 회사가 환경을 위해 여러 가지 일을 하는 것이 자랑스럽습니다. 하지만 우리 회사에서 일하는 직원들에 대해서는 어떻게 생각하시나요? 많은 사람들이 여전히 빈곤층이라는 사실에 대해 생각해 보셨나요?"

라몬은 깜짝 놀랐고 강당에서는 박수가 터져 나왔다. 라몬은 우선 그런 질문을 해준 직원에게 감사를 표했다. 그리고 말했다.

"우리 직원 중에 빈곤으로 고통받는 사람이 얼마인지는 잘 모릅니다. 하지만 이 문제에 대해 분명한 조치를 취하겠습니다."

조사 결과 FIFCO 직원의 3.6%가 빈곤층으로 분류되었다. 회사는 적정 수준의 임금을 지불하고 있었기 때문에 임금 문제는 아니었다. 하지만 다른 여러 가지 사정으로 여전히 빈곤에 시달리는 직원들이 분명히 존재했다.

상황을 파악한 라몬은 전문가들에게 도움을 요청하여 문제를 해결하기로 했다. 6개월의 준비 끝에 직원들의 주거, 건강, 재무 관련 문제에 대응하기 위한 '희망 프로그램FIFCO Opportunities'을 만들었다. 프로그램에 참가한 직원은 FIFCO 경영진을 멘토로 둘 수 있었다. 약 3년간 프로그램을 운영하자 빈곤으로 어려움을 겪던 직원 모두가 빈곤선을 넘어섰다.

개인 가치와 조직 가치 간의 미묘한 관계

모든 사람은 하나의 인격체로, 자신만의 가치관이 있다. 조직도 마찬가지로 모든 조직은 그 나름의 가치 체계를 갖고 있다. 그렇다면 개인의 가치와 조직의 가치 사이에는 어떤 관계가 있을까? 개인의 목적의식과 정직성이 조직이 추구하는 그것과 완전히 일치하지 않는다면 어떻게 해야 할까?

조직의 가치 체계가 리더의 개인적 가치에 영향을 받기도 하지만 별개로 존재하기도 한다. 그렇다면 과연 그 경계는 어디쯤인가? 이 문제와 관련해서는 내 경험담이 도움이 될 수도 있을 것이다.

나는 항상 정직하게 행동한다는 나 자신과의 약속을 지키기 위해 노력해왔다. 내 가치관을 지키고, 모든 사람을 진실하게 대하며, 명예롭고 솔직하게 행동하고, 주변으로부터 신뢰받는 사람이 되기 위해 애써왔다. 하지만 상대하는 이해관계자가 많아지면서 나의 행동이 그런 나의 약속에 부합했는지 확신할 수 없었다. 나의 목적과 행동, 가치관, 경험 등을 진정성 있게 통합하려 노력해야 했다. 살면서 실수도 많이 했지만 그런 실수들이 오늘의 나를 있게 하기도 했다.

내 삶을 이끄는 중요한 가치 중 하나는 동물 복지다. 나는 2003년 이후 윤리적 채식주의자ethical vegan로 살고 있다. 고기, 생선, 가금류, 계란, 유제품, 기타 동물성 제품을 먹지 않는다. 나는 몇 년 전 스탠퍼드대학에서 채식주의와 관련한 공개 토론에 참여했다. 이 자리에서 나는 육식에 반대한다는 내용의 발표를 하고 패널로 참여하기로 되어 있었는데, 토론이 시작될 때쯤 동물 권리 보호 운동가들이 공장식 축사의 충격적 사진이 담긴 플래카드를 들고 구호를 외치며 무대를 향해 행진했다.

항의의 화살이 향한 곳은 육식을 옹호하는 상대 패널이 아니라 오히려 나였다. 사실 나는 종종 동물 권리 시위대의 표적이 되곤 했다. 한편으로는 채식과 동물 복지를 옹호하면서 다른 한편으로는 육류와 유제품을 판매하는 홀푸드의 CEO 역할을 하고 있다는 사실 때문이었다.

그런 비판에 대한 답변을 대신하여, 내가 어떻게 채식을 하게 되었는지 그리고 홀푸드를 경영하면서 겪은 이야기를 공유하려 한다.

채식주의자가 되기로 한 나의 선택은 일련의 깨달음으로 이뤄졌다. 그중에는 건강상의 이유도 있었고 윤리적 고려도 있었다. 어렸을 때 나는 보통의 미국 아이들처럼 과일이나 야채를 거의 먹지 않고 가공식품을 주로 먹으면서 자랐다. 1976년 텍사스 오스틴대학의 학생 자치 기숙사에 들어가 채식을 접하게 되었는데, 여기서 자연식품의 종류가 굉장히 많으며, 소화에도 훨씬 좋다는 사실을 처음 알았다. 그때부터 나는 거의 가공되지 않은 자연식품만을 먹기 시작했다.

2003년에는 한 동물 보호 운동가가 홀푸드 주주총회에 와서 홀푸드가 동물 복지를 위해 최선을 다하고 있지 않다고 비난했다. 그런 말을 듣고 처음에는 조금 화가 났다. 업계에서 홀푸드만큼 동물 복지에 신경 쓰는 회사는 없다고 생각했기 때문이다.

그럼에도 일단 그녀의 주장에 귀를 기울였고, 여름 내내 그 주제에 대해 폭넓은 독서와 연구를 했다. 그러는 과정에서 나는 윤리적인 채식주의자가 되기로 결정했고, 덕분에 건강도 좋아졌다.

하지만 '나의 개인적 신념이 기업 경영과 무슨 관계가 있을까', '나의 새로운 윤리적 원칙이 회사 정책에 영향을 미치게 될까'라는 새로운 의문들이 생겼다.

홀푸드는 시장을 선도하고 있었지만 모든 면에서 가장 앞서 있는 것은 아니었다. 예를 들어 홀푸드는 소비자에게 건강한 식재료를 제공하려고 노력하고 있지만, 모든 매장이 완벽하게 건강한 음식만 판매하는 것은 아니었다. 홀푸드는 기업이지 동물 복지 단체는 아니기 때문이다.

나는 홀푸드의 최고경영자이긴 하지만 한 번도 대주주였던 적이 없다. 나는 내 개인적 가치대로 회사를 운영하는 것이 아니라 회사의 목적과 다양한 이해관계자를 고려하여 경영을 해야 하는 입장이다. 초기 39년 동안 나는 홀푸드 이사회에 보고해 왔고, 아마존에 인수된 후에는 아마존에 보고하고 있다.

큰 영향력을 가지고 있는 것은 사실이지만 나는 서번트 리더servant leader이며 당연히 그래야 한다고 믿는다. 이런 맥락에서 보면 채식주의 운동가들은 아주 실망하겠지만, 나는 홀푸드의 동물 원료 상품 판매를 중단할 수 없다. 동물 복지에 대한 나의 개인적 신념에도 불구하고 그런 결정이 회사와 주요 이해관계자의 이익에 부합한다고 생각하지 않기 때문이다. 현재 미국인의 약 5%만이 채식주의 식단을 따르고 있다.⁰ (2003년에는 훨씬 적었다!) 채식에 대한 관심이 높아지고 있는 현상은 고무적이지만, 채식이 미국 사회에서 일반화되기까지는 아직 갈 길이 멀다.

그렇다고 동물 복지를 위해 아무런 행동도 하지 않는 것은 아니다. 홀푸드의 모든 업무 프로세스에 폭넓게 적용될 수 있는 동물 복지 기준을 개발했고, 소비자에게 좀 더 건강한 식생활 관련 정보를 제공하도록 했으며, 공급 파트너인 축산 농가가 동물 복지 수준을 높일 수 있도록 다양한 방법으로 지원하고 있다.

홀푸드는 실질적인 개선을 이뤄왔고 동물 복지 측면에서 업계에 긍정적 영향을 미쳤으며, 나는 여기에 큰 자부심을 느낀다.

정직성 문제에서 개인의 가치관을 어느 정도로 조직에 연결할 것인가 하는 문제는 단순하지 않다. 지난 수십 년의 진화 과정에서, 나도 변했고 홀푸드도 변했지만 그 정도와 방식이 정확히 같은 것은 아니었다. 나는 그런 창조적인 긴장 속에서 최선의 해결책을 모색하려고 노력했을 뿐이다.

운동가들은 여전히 홀푸드에 항의한다. 그리고 스탠퍼드대학에서 그랬던 것처럼 때로는 나를 야유하고 비난한다. 그런 비판을 접하면서 나는 지금도 내 판단이 맞는지 스스로 점검하고 홀푸드가 더 올바르게 경영될 수 있도록 노력한다. 하지만 정직함을 추구하는 것은 혼자만의 노력으로 되지 않으며, 도덕적 용기의 깃발을 높게 들고 강경노선을 펴는 것을 의미하는 것도 아니다.

물론 정직함이 독선의 구실로 이용되어서는 안 된다. 분노가 일상화된 시대에 살면서 그런 문화에 휩쓸리지 않는 것만 해도 상당한 확신과 의지가 필요하다. 항상 정직하게 행동하되 가벼운 마음과 겸손한 태도를 유지해야 한다. 텍사스 오스틴대학 철학과의 로버트 솔로몬Robert Solomon 교수는 이렇게 말한다.

"자신이 도덕의 중심축인 것처럼 착각하지 말라."[7]

정직하다는 것은 자신에게 진실하다는 것을 의미하지만 다른 사람의 의견에도 열려 있다는 말이다. 어떤 행동이 가장 올바른 것인지 늘 심사숙고해야 하며, 필요하다면 동료나 친구들과 상의하는 태도를 가져야 한다.

합의된 가치에 대한 존중과 조직의 진정한 목적에 대한 믿음이 균형 있게 유지될 때 도덕적 자율성이 완성되며, 이는 공동의 미래를 어떻게 만들어 나갈 것인지에 대한 합의점을 찾는 과정에서 생긴다. 그것은 바로 윈-윈-윈 솔루션을 찾는 것과 같다.

솔로몬 교수는 정직함을 위해서는 "타인들 속에 있을 때도 자신에 대한 충실함을 잃지 않아야 한다"고 썼다.[8]

깨어있는 리더라면 먼저 자신의 정직함을 지키기 위한 관점과 에너지를 갖고 있어야 한다. 그래야 궁극적으로 옳은 일을 할 수 있다.

스스로 보고 싶어하지 않는 자신의 어두운 측면

정직성에 기반한 리더십을 알고 싶다면 '그림자shadow'라는 개념을 이해하면 도움이 된다. 분석 심리학의 개척자 카를 융Carl Jung이 고안한 것으로 간단히 말하면 '스스로 보고 싶어 하지 않는 자신의 어두운 측면'이다.

그림자는 의식의 바깥쪽 잘 보이지 않는 곳에 숨겨져 있다. 우리는 자신의 그림자에 대해 깊이 있게 생각하지 않는다. 그리고 우연한 계기로 그것이 드러나면 불편해 한다. 그림자는 공포와 분노, 어린 시절 트라우마, 수치심, 죄책감 등과 깊은 관련이 있다. 사람들은 그림자의 존재를 스스로 인정하지 않으려 할 뿐 아니라 타인에게 드러내는 것을 두려워한다. 그래서 그림자를 의식의 영역 밖으로 밀어내고 존재하지 않는 듯이 일상을 살아간다. 그림자는 '어두운 면dark side'으로 묘사되지만 반드시 부정적이라고만은 할 수 없다. 때로는 긍정적인 잠재력이나 욕구, 강점을 그림자 속에 숨겨두는 경우도 있다.

그림자 문제는 일시적으로 의식에서 사라진 듯 보이지만 실제로는 항상 그 자리에 있다는 것이다. 뭔가를 정신적으로 억누르거나 피하려고 할 때 늘 그런 것처럼. 어느 순간 어두운 그림자는 표면에 떠오르고 그로 인해 의식의 세계에서 추구하는 의도나 목적이 훼손된다. 그림자는 때로 무의식 속에 머물면서 우리가 알지 못하는 방식으로 우리를 통제하기도 한다. 자기 파괴 또는 중독적 행동의 형태로 나타나기도 한다. 자신이 두려워하는 것들을 타인에게 투영하려는 경향도 있다. 예를 들어 헌신하기를 싫어하고 약속을 쉽게 어기며 자신의 성향을 숨기는 사람이 오히려 사람을 더 불신하고 의심하는 경우다.

자신이 품고 있는 분노에 불편함을 느끼는 사람은 다른 사람의 분노에도 과민반응한다. 과민반응은 종종 그림자의 단서가 된다. 예를 들어 어떤 외부 자극에 과민하게 반응한다면 보이지 않는 그림자를 건드린 것일 수 있다. 트라우마로 인한 기억이 무의식 속에 억압되어 있다가 그것이 어떤 계기로 촉발되어 격렬한 반응을 야기하거나, 감추어두었던 치부가 드러나면서 과잉 반응을 하는 것이다.

깨어있는 리더는 자신의 그림자를 통합하려고 노력한다. 무의식 속에 억눌러 놓았던 감정, 경향, 경험을 의식의 세계로 끌어내어 받아들이는 것이다. 켄 윌버Ken Wilber는 '통합된 삶의 실천Integrated Life Practice'이라는 글에서 "당신은 자신의 그림자를 받아들이고 억눌렸던 무의식적인 욕구, 감정, 잠재력 등을 인식하든지, 그런 것들을 계속 외면함으로써 자신의 의식적인 선택이나 노력과 상관없이 그런 무의식적 욕구와 감정의 노예가 되든지를 선택할 수 있다"고 지적했다.[9]

제2부

마인드와 전략

윈-윈-윈

올바른 행동은 자신을 포함한 모든 사람에게
유익한 일을 하는 데 초점을 맞추는 것이다.
— 로저 월시Roger Walsh (캘리포니아대학 어바인 교수)

2017년 봄, 나는 새로 나온 책과 관련하여 한 행사에 참석하기 위해 뉴욕에 갔다. 이번 방문 중에는 방송에 나가 가공하지 않은 채식 위주의 식단이 주는 놀라운 이점을 말하는 일정도 있었다. 내가 추구하는 삶의 목적과 너무나 일치하는 행사라는 생각에 기운이 넘쳤고 기분도 좋았다.

그러다가 어느 순간 우연히 핸드폰 화면에 눈길을 돌렸고 그 순간 세상이 깜깜해지는 충격적인 소식을 접했다. 일생을 바쳐 키워온 회사 홀푸드마켓이 전례 없는 위기에 처했다는 소식이었다. 어떻게 해서든

피하고 싶었던 상황이 실제로 일어났다.

문제는 1992년으로 거슬러 올라간다. 우리는 1978년 오스틴에 1호점을 열었지만 주식시장에 상장한 것은 1992년이었다. 그때부터 나는 다양한 이해관계자를 고려한 장기적이고 목적 중심적인 경영과, 분기 실적에 신경을 쓰는 단기적이고 투자자 중심적인 경영 간의 균형을 맞춰야 했다. 쉽지 않은 일이었지만 사업이 잘될 때는 큰 문제가 없었다. 당시 홀푸드는 엄청난 성장을 이루고 있었기 때문이다.

2017년 매장 수는 500개에 육박했다. 사업 첫해 30만 달러의 매출을 올리던 회사가 2017년에는 여름까지 160억 달러 이상의 매출을 올렸다. 동일 점포 매출 성장률same-store sales growth이 30년 넘게 평균 8%에 이르면서 미국 식품 소매업의 역사를 새로 썼다. 대표적인 재무 지표 EBITDA(이자, 법인세, 감가상각비용 차감 전 영업이익) 비율도 상장 식품 유통사 중에서 가장 높았다. 매장 평방피트당 1,000달러를 벌어들였는데 이는 업계 평균의 2배에 달했다.

그러나 2017년 당시 월스트리트는 홀푸드의 이런 기록보다 성장세가 조금씩 둔화되면서 홀푸드를 벤치마킹하는 경쟁자가 우후죽순으로 생기고 있다는 사실에 주목했다. 홀푸드와는 다른 사업 모델을 가진 전통적인 소매업체조차 건강한 식재료 판매 시장에 뛰어들었다.

경쟁사들은 홀푸드의 마케팅 기법을 모방했고 유기농 코너를 대폭 늘렸으며 심지어 매장 분위기까지 비슷하게 꾸몄다. 물론 이런 유행이 인류와 지구에 긍정적인 영향을 준다고 생각했지만, 상장기업의 리더로서 매출 성장이 정체되고 주가가 하락하는 것을 보는 투자자의 마음은 전혀 달랐다. 지배 지분controlling interest이나 차등 의결권 주식을 확보하지 않은 상태에서 행동주의 투자가의 공격이 우려되었다.

역시 슬픈 예감은 빗나가지 않았다. 2017년 3월 29일 뉴욕의 헤지 펀드 자나파트너스JANA Partners는 홀푸드 주식의 8.8%를 매입했다고 발표하면서 홀푸드 경영진을 공격하기 시작했다. 오랜 세월 홀푸드가 쌓아올린 성공에도 불구하고 그들은 매우 부정적인 이야기를 퍼뜨렸다.

목적은 하나였다. 이사회를 교체한 후 프리미엄을 붙여 되팔기 위한 것이었으며, 수단과 방법을 가리지 않고 계획을 실행할 준비가 되어 있었다. 홀푸드가 쌓아올린 모든 것이 한 번에 무너질 수 있었다. 개인적으로도 엄청난 시련이었다. 수십 년 동안 애지중지 키워온 회사가 나를 포함한 이해관계자들에게 계속 특별한 기업으로 남을 수 있을지에 대한 고민으로 내내 괴로웠다.

당연히 북 투어와 방송 출연 일정을 취소했다.

그 후 몇 달 동안 엄청난 일이 일어났다. 사실 나도 놀랐다. 홀푸드와 아마존이 합병을 하게 된 것이다. 이는 양사 모두에게 유익한 결과를 가져왔다. 또한 그동안 쌓아올린 모든 것이 한 번에 사라질 수 있다는 두려움에도 불구하고, '모두가 승리하는 해결책'을 찾는다는 나의 리더십 원칙이 옳다는 것을 다시 확인하는 기회였다. 아마존과 홀푸드의 '만남'에 대해 좀 더 다루기 전에 깨어있는 리더에게 요구되는 마인드 몇 가지를 강조하려 한다.

대안 전략

비즈니스 세계에는 '딜메이커', '협상가', '포식자'라는 세 가지 유형의 사람이 있다. 이들은 모두 탁월한 비즈니스 감각으로 무장하고 있지만 기본적으로는 탐욕스럽다. 이들의 목표는 상대를 쓰러뜨리고 거의 모든 이익을 독차지 하는 것이다. 올리버 스톤Oliver Stone 감독이 1987년에 내놓은 영화 "월스트리트"에서 탐욕의 화신 고든 게코Gordon Gekko로 분한 마이클 더글라스Michael Douglas는 《손자병법》의 구절을 능숙하게 인용하며 비즈니스를 전쟁으로 간주한다.

제임스 폴리James Foley 감독이 1992년에 만든 영화 "글렌가리 글렌로스Glengarry Glen Ross"에는 알렉 볼드윈Alec Baldwin이 "빠뜨리지 말고 계약서에 사인을 받아내란 말이야, 이 병신들아!"라고 외치며 직원을 모욕주고 압박하는 장면이 나온다.[1]

ABC방송의 리얼리티 프로그램 "샤크 탱크Shark Tank"에서 '미스터 원더Mr. Wonder'로 통하는 사업가 겸 방송인 케빈 오리어리Kevin O'Leary는 "돈이 바로 나의 병사입니다. 나는 병사가 전쟁터에 나가 전투에서 이기고 포로를 잔뜩 잡아오는 방식으로 내 돈을 불려주길 바랍니다"[2]라고 말한다.

이런 세계관 속에서 비즈니스는 '게임' 아니면 '전투'로만 인식된다. 상대를 짓밟고 이겨야 하며, 승자는 오직 한 명 뿐, 나머지는 모두 패배자가 된다.

하지만 여기까지 읽은 독자라면 우리가 비즈니스를 '전쟁'으로 보는 것은 바람직하지 않다는 사실을 알고 있을 것이다. 직장 생활이나 사생활에서 자신과 주변의 모든 사람에게 긍정적인 결과를 가져다주는 방법이 있다면 얼마나 좋을까? 놀라운 발견이 되지 않을까? 물론 윤리적으로 행동하고 옳은 일을 하는 경우에도 혼란스럽고 어려울 때가 있다. 때로는 무엇이 최선인지 판단하는 것이 불가능하게 느껴질 때도 있다. 이는 개인의 삶에 있어서도 마찬가지다.

이런 복잡성 속에서 찾은 전략이 바로 '원-원-원win-win-win' 솔루션이다. 이 책에서 제안하는 윤리적 전략은 이해하기 쉽고 효과적이며 실천을 통해 검증되었다. 장기적 관점에서 성공적인 리더십을 발휘하는 데 아주 효과적인 접근법이며, 단순하기 때문에 모든 상황에 쉽게 적용할 수 있다는 점도 매력적이다. 이 전략을 신중하고 사려 깊게 활용하면 모든 이해관계자에게 긍정적인 결과를 제시할 수 있다. 물론 자기 자신을 포함해서 말이다.

'원-원win-win'이라는 말은 흔히 사용된다. 하지만 이 책에서 제안하는 개념에는 '원win'이 하나 더 있다. 나도 처음에는 '자신과 상대에게 모두 긍정적인 결과를 추구한다'는 원-원 개념에서 출발했다. 깨어 있는 자본주의Conscious Capitalism의 최고경영자 알렉산더 맥코빈Alexander McCobin이 말한 것처럼, "포지티브섬positive-sum 세계관은 자본주의의 근본 전제로, 그런 세계관을 갖고 있어야 상호 유익한 관계를 통해 모두에게 더 많은 가치를 창출할 수 있다."[3]

예를 들면 상거래에서 한쪽은 재화나 용역을 공급하고, 상대는 그에 상응하는 대가를 지불한다. 이렇게 모든 상거래는 윈-윈 구조로 이뤄진다. 어느 한쪽에만 유리한 거래는 일어나지 않는다.

깨어있는 리더는 윈-윈에서 한 걸음 더 나아간다. 거래 쌍방을 넘어서 더 큰 공동체를 위한 긍정적인 영향, 즉 '세 번째' 윈(승리)을 추구한다. 물론 공동체는 상황에 따라 다르게 정의된다. 가족이나 교회가 될 수도 있고 크게는 도시와 국가, 더 나아가 인류와 모든 생명체도 포함된다.

윈-윈-윈 사고에서 가장 핵심적인 생각은 거래 쌍방에 이익이 될 뿐 아니라 서로가 속한 공동체에도 이익이 되는 전략과 해결책을 찾아내는 것이다. 너도 좋고 나도 좋고 사회 전체적으로도 좋은 그런 결과 말이다.

비즈니스에서 말하는 세 번째 윈은 다양한 이해관계자 그룹에 관한 것으로 고객, 구성원, 협력업체, 투자자, 지역사회, 글로벌 커뮤니티 등이 포함된다. (이 주제에 대한 자세한 내용은 "깨어있는 자본주의와 이해관계자 통합" 80페이지 참조.)

이런 관점에는 모든 이해관계자가 연결되어 있고 상호의존적이라는 전제가 있다. 따라서 윈-윈-윈 사고를 기반으로 기업 시스템을 관리함으로써 모두에게 이익이 되는 긍정적인 시너지를 창출할 수 있다. 그리고 이를 위해서는 장기적인 관점을 갖는 것이 중요하다. 너무 단기적인 관점으로 접근하면 윈-윈-윈 전략의 이익을 충분히 실현할 수 없다.

윈-윈-윈 전략은 깨어있는 리더로서 자신의 권한과 영향력을 행사하고 협상할 때 도움이 되는 강력한 윤리적 기준이다. 더 중요한 것은 이 전략이 '더 나은 세상을 위한 변화'를 만들어내는 데 도움이 된다는 사실이다.

하지만 이러한 철학과 영향력을 제대로 깨닫기 위해서는 어느 한쪽이 이기고 상대가 져야 한다는 '윈-루즈win-lose' 사고방식을 극복해야 한다. 윈-루즈 사고방식이 우리 사회에 얼마나 만연되어 있는가를 고려한다면, 그것이 말처럼 쉬운 일은 아니다.

윈-윈-윈 사고는 모두에게 만족스러운 비즈니스 관계를 가능하게 한다. "남이 나를 대해주기를 바라는 것처럼 남을 대하라"는 황금률 Golden Rule이 이 전략을 가장 잘 설명한다. 이 말은 인류 공통의 핵심적인 윤리 원칙으로 자리잡아 왔고, 지난 수천 년 동안 세대를 거쳐 전수되며 실천되어왔다.

진화심리학 관점에서 보면 이 황금률은 상호 이타성reciprocal altruism이라는 개념으로 이해된다. 서로가 이익이 될 수 있도록 자발적으로 상대에게 가치를 제공하는 것이다. 이 과정에는 자기희생이 개입되지 않는다. 상대를 위해 자신의 이익을 일방적으로 포기하는 것이 아니다. 일방적 포기가 필요한 상황이라면 그것은 윈-루즈 관계다. 윈-윈 관계에서는 상대가 모두 유익하고 인정할 수 있는 결과가 도출되어야 한다.

불행히도 우리 사회는 윈-루즈 패러다임을 더 신뢰하고 있는 것이 사실이고, 그렇게 생각하는 사람들에게 다른 가능성을 설득하기란 쉽지 않다. 사실상 현대 담론에서 기업가는 흔히 탐욕스럽고 이기심이 강하며 자신의 이익을 위해 타인을 얼마든지 착취해도 되는 존재, 윈-루즈 사고에 빠져 '부익부, 빈익빈'과 '승자독식'을 합리화하는 나쁜 사람으로 인식되고 있다. 영화나 문학 작품 속에서 그런 모습의 주인공이 심심치 않게 나온다.

어디서나 악당이 있는 것처럼 비즈니스 세계에도 탐욕스럽게 부정한 수단과 방법을 동원하는 리더의 사례가 많다. 하지만 모든 기업이 착취와 부익부 빈익빈을 조장한다고 생각하는 것은 사실이 아닐 뿐 아니라 불행한 생각이기도 하다. 지난 두 세기 동안 빈곤 속에서 살아가는 세계 인구 비율은 급격히 감소했고, 여기에 가장 큰 공헌을 한 것이 기업이다. 같은 기간 동안 인류의 소득 수준 또한 전례 없는 속도로 높아졌고, 그 추세는 특히 최근 더 가속화되어왔다.[4] 자발적인 거래와 교역 속에서 상호 이익을 실현하는 관계가 인류의 삶을 윤택하게 만들었고 인류 문명의 수준을 높였다.

이 결정으로 피해를 보는 사람이 있는가?

사람들은 대부분 한쪽이 이기기 위해서 다른 한쪽이 반드시 져야 한다는 생각을 진실로 받아들인다. 그렇게 뇌리에 박힌 사고방식을 극복하기 위해서는 마음 훈련부터 시작해야 한다. 원-원-원 사고방식을 확립하는 좋은 방법은 바로 '이렇게 했을 때 피해를 보는 사람이 있는가?'라고 자문하는 것이다. 어떤 선택이나 의사 결정이 어느 일방에 손해를 끼치는 상황이 발생할 수 있는지 따져보고, 해결 방법을 함께 고민하는 것이다. 이런 질문을 던지고 고민하는 습관은 의사결정에서 발생할 수 있는 문제와 그 해결 방향을 선명하게 드러낼 뿐 아니라 더 나은 대안을 쉽게 찾을 수 있도록 돕는다.

불신이 싹트는 구조

윈-윈 철학을 실천하는 사람이 윈-루즈 방식으로만 일해 온 사람과 만나면 어떻게 될까? 이런 상황은 심심치 않게 일어나는데 그럴수록 리더는 훨씬 더 깨어있어야 한다.

상대가 우리와 같은 규칙을 따르지 않는다는 사실을 인지하고, 상대의 행동을 경계하며, 조직의 이익이 침해되지 않도록 주의해야 한다. 물론 그렇다고 윈-윈 관계를 단념할 수는 없다.

상대의 비협조로 윈-윈-윈이 불가능한 경우에는 명확하게 선을 그어야 한다. 베스트셀러《성공하는 사람들의 7가지 습관The 7 Habits of Highly Effective People》을 쓴 스티븐 코비Stephen Covey 박사는 "윈-윈이 가능하지 않다면 차라리 거래하지 말라"고 강조하고 있다.[5]

신뢰의 중요성은 아무리 강조해도 지나치지 않다. 신뢰가 없는 거래는 의미 없다. 워런 버핏은 항상 '악수를 나누는 것만으로 성사될 수 있는 거래를 선호한다'고 입버릇처럼 말한다. 그렇다고 해서 거래의 상세 조건을 확인하지 말라는 것은 아니다. 단지 상대에 대한 높은 수준의 신뢰와 존중을 바탕으로 거래하는 것을 의미한다.

신뢰와 존중이 없는 상대와 거래를 지속하는 것은 현명하지 않다. 신뢰와 신중함의 균형은 정치경제학의 게임 이론game theory에서도 강조하고 있다.

게임 이론에서 나온 '팃포탯tit-for-tat'은 '눈에는 눈, 이에는 이'처럼 상대가 자신에게 한 대로 맞대응 하는 전략을 말한다. 처음부터 개방적이고 협조적으로 자세로 거래에 임해야, 자신의 이익만을 고려한 선택이 결국 모두에게 불리한 상황을 만드는 '죄수의 딜레마'에 빠지지 않게 된다는 말이다.

상대가 먼저 신뢰를 저버리지 않는다면 서로가 윈-윈(상생)을 선택할 가능성이 높아진다. 하지만 상대가 신뢰를 저버린다면 바로 전략을 바꿔야 한다. 상대에게 이용당하지 않기 위해 협력을 거둬들이는 것이다.

이는 게임이나 비즈니스뿐 아니라 일상생활에도 적용할 수 있는 유용한 접근법으로, 정직하고 믿을 만하다는 평판을 유지하면서 상대에게 이용당하는 가능성을 최소화하는 데 도움이 된다.

늘 자신을 보호하는 것이 중요하지만 신뢰와 협력이라는 기본적인 원칙을 버려서는 안 된다. 가능하다면 최대한 윈-윈 원칙을 지켜야 한다. 하지만 상황이 허락하지 않는 상황이라면 스티븐 코비의 말처럼 '노딜no deal'을 선언하고 거래를 중단하는게 옳다.

윈-윈-윈 전략 실천의 핵심은 소통

윈-윈-윈 접근에 있어서 가장 중요한 것은 의사소통이다. 서로의 욕구와 필요에 솔직하지 않으면 윈-윈-윈 솔루션은 불가능하다. 상대가 원하는 것이 무엇인지 추측하지 말고, 서로가 진솔하게 소통해야 한다.

협상을 할 때 사람들은 진짜 원하는 것을 솔직하게 밝히지 못하는 경우가 많다. 자신의 입장이 취약해지고 영향력이 약화된다고 생각하기 때문이다. 하지만 반대로 생각해야 한다. 상대에게 이상적인 결과는 무엇이고 어떻게 해야 상대가 만족할지 생각하는 것이다. 그러면서 상대가 절대 양보할 수 없는 것이 무엇인지도 확인한다. 상대의 필요와 욕구를 명확하게 파악하고 협상 테이블에 앉는다면, 그들이 만족할 수 있는 솔루션에 도달할 수 있는 좋은 조건을 가지게 된다. 그래야 건설적인 대화가 가능해져 원-원-원 솔루션에 도달할 수 있다.

위기와 기회

때로는 엄청난 위기를 겪으면서 뜻하지 않게 원-루즈 사고방식에서 벗어나는 경우도 있다. 셰릴 로즈너Cheryl Rosner가 그랬다. 미국과 전 세계를 충격과 공포로 몰아넣은 9.11 테러로 여행 산업은 폭삭 망했고, 온라인 여행 사이트 익스피디아Expedia의 임원이었던 로즈너는 그 소용돌이의 한가운데에 있었다.

비극적 사건의 여파로 모든 교통 수단이 통제되었고 익스피디아 고객과 여행객들은 호텔에 갇혀 있어야 했다. 로즈너는 이들의 숙박 문제를 해결하기 위해 한동안 24시간 내내 일했다. 고맙게도 파트너 호텔들이 잘 협조하면서 일은 순조롭게 마무리 되었다.

상황이 어느 정도 안정된 후, 그녀는 파트너 호텔들을 일일이 방문하면서 감사의 인사를 전했다. 하지만 상황은 심각했다. 소규모 호텔들은 갑작스레 닥친 위기로 현금 흐름에 큰 문제가 생겼고 대규모 정리 해고가 불가피한 상황이었다.

사무실로 돌아온 로즈너는 확인한 내용을 CEO에게 설명했다. 둘은 아무 잘못 없이 절체절명의 위기에 빠진 파트너 호텔들을 도와야 한다는 데 동의했다. 마침 익스피디아는 온라인으로 호텔을 예약할 수 있는 호텔스닷컴Hotels.com 개설을 준비하면서 가맹 호텔을 모아야 하는 상황이기도 했다.

두 사람은 여기서 윈-윈 해법의 기회를 찾았다. 그날 저녁, 익스피디아는 상당수 중소 호텔들에게 일시적 유동성 위기를 넘길 수 있도록 조건 없는 무이자 대출을 제공하기로 결정한다. 대출 상환 기간도 유연하게 선택할 수 있도록 했다. 단, 익스피디아에 유리한 조건 한 가지를 포함했다. 호텔스닷컴 브랜드가 출시되고 여행 경기가 회복되면 호텔스닷컴에 파격적인 숙박 단가를 제공하게 한 것이다. 이 솔루션은 신생 호텔스닷컴의 경쟁력을 빠르게 확보하고, 어려움을 겪고 있던 호텔들의 예약률을 높이며, 소비자들이 다시 여행을 계획하도록 유인하여 결국 산업 전체에 긍정적인 효과를 준다는 구상이었다.

결과는 대성공이었다. 호텔스닷컴은 로즈너가 파트너 호텔과 맺은 우호적인 거래 조건 덕분에 빠르게 성장했다. 여행업 경기가 반등하자 무이자 대출도 예상보다 빨리 상환됐다. 모두가 승자였다. 회사뿐 아니라 파트너 호텔, 일자리를 지킨 직원, 여행 산업, 나아가 경제 전반에까지 긍정적인 기여를 했다.

모든 사람이 함께 위기를 헤쳐나가기 위한 해결책을 찾는다는 의지 하나로 똘똘 뭉친 결과였다. 간단한 해결책이었지만 기존의 통념으로

부터 완전히 자유롭지 않으면 생각할 수 없는 아이디어이기도 했다. 이 일로 로즈너는 비즈니스를 보는 새로운 눈을 갖게 되었다. 우리 모두는 서로 연결되어 있으며 상호의존적이라는 것이었다.

로즈너는 비즈니스 파트너들이 단순히 경제적인 거래 관계뿐 아니라 다양하고 복잡하며 긴밀하게 연결되어 있음을 깨달았다. 이런 인식 덕분에 그녀는 그 후로도 계속 호혜의 정신에 바탕으로 한 비즈니스를 지속하고 싶었다. 이런 변화가 비록 9.11 사건으로 촉발되기는 했지만, 그녀는 이를 자기만의 교훈으로 승화시켰다.

깨어있는 리더는 경험을 통해서 배운다. 꼭 비극적 사건이 아니라도 그렇게 할 수 있다.

호혜의 마인드 갖기

'윈-윈-윈 솔루션이라는 것이 정말 가능한 것일까?' '윈-윈-윈 솔루션을 늘 일관되게 적용할 수 있을까?' '현실 세계와 동떨어진 이상주의는 아닌가?' 등의 의심을 하는 사람도 있다.

물론 윈-윈-윈 솔루션을 모든 문제에 적용하고 이를 실천한다는 것이 쉬운 일은 아니다. 홀푸드마켓 역시 그랬다. 종종 매출이 떨어지는 매장을 폐쇄하기도 했다. 아무리 노력을 해도 성공적인 해결책을 찾지 못한다면 다른 방법이 없기 때문이다. 하지만 해결책을 찾지 못한다고 해서 해결책이 존재하지 않는 것은 아니다. 단지 그 시점에 우리가 해결책을 찾을 시간이나 상상력이 부족했을 뿐이다.

깨어있는 리더라면 복잡한 시나리오를 탐색하고 다양한 이해관계자가 수용할 수 있는 윈-윈-윈 솔루션을 찾기 위해 노력해야 한다. 그러기 위해서는 복잡계 시스템의 작동 원리에 관한 정교한 이해가 필요하다. ("깨어있는 자본주의와 이해관계자 통합" 80페이지 참조.) 큰 그림을 보고, 시스템 구성 요소들의 상호 연결성과 상호 작용을 이해해야 한다. 단기적 관점과 장기적 관점의 균형을 통해 가능한 많은 이해관계자에게 필요한 가치를 제공할 수 있어야 한다.

주어진 상황에 가장 좋은 윈-윈-윈 솔루션을 찾는 능력이 있다면 기업뿐 아니라 개인 차원에서도 큰 성과를 거둘 수 있다. 그런 능력을 갖고 있다는 것만으로도 행복과 성취감은 물론 큰 의미를 가져다 주며, 신뢰와 협력에 기초한 탄탄한 관계를 유지할 수 있고, 사람들과의 관계에서 갈등을 겪지 않아도 된다.

윈-윈-윈 전략이 중요한 이유는 바로 창의성을 촉발하고 근본적인 혁신deep innovation을 가능하게 한다는 사실이다. 사람들이 문제에 부닥쳤을 때 윈-루즈 방법을 먼저 떠올리는 이유는 그게 가장 쉽기 때문이다. 상상력이나 창의력을 발휘하지 않아도 되니, 의사결정이 자연스럽게 윈-루즈 방향으로 흘러간다. 바람직한 방법은 아니지만 그 상황에서 자신의 이득을 먼저 생각할 수밖에 없다고 인정해버리면 머리 아플 일이 없다. 하지만 누군가 이득을 보면 다른 누군가는 반드시 손해를 봐야 한다는 생각은 잘못되었다.

게임 이론에서는 이런 형태의 제로섬zero-sum 사고방식이 모두에게 도움이 되지 않는다는 점을 강조한다. 창의성을 충분히 발휘하여 제로섬이 아닌 윈-윈-윈 솔루션을 찾는다면, 누군가에게 손해가 되는 억지스러운 절충안을 생각하는 데 시간을 낭비하지 않아도 된다. 모든 것을 윈-루즈의 틀에서만 생각하는 한계에서 벗어난다면 인간은 놀라운 독창성을 발휘할 수 있다. 묶여 있는 상상력이 해방되고 긍정 에너지가 쏟아져 나와야 모든 이해관계자가 함께 성공할 수 있는 해결책이 도출된다.

갈등을 넘어서는 상상력

모든 갈등과 충돌이 나쁜 것은 아니다. 종종 갈등과 충돌은 창의적인 상상을 불러 일으켜 윈-윈-윈 솔루션을 모색할 수 있는 기회를 제공하기도 한다. 하지만 창의성에는 적절한 시간과 공간이 필요하다. 창의성의 최대의 적은 성급한 판단이다. 예를 들어 브레인스토밍을 할 때 창의성에 필요한 시간을 주지 않고 바로 결론을 요구하거나, 제시된 아이디어에 대해 '안 되는' 이유를 늘어놓으며 비판해서도 안 된다.

창의적인 해결 방안을 찾는 과정에 비판과 판단도 필요하지만, 브레인스토밍 세션 때는 아니다. 처음에는 다양한 아이디어가 자유롭게 흐르도록 해야 한다. 그래서 충분히 다양한 옵션과 대안이 충분히 나온다. 비판적 분석은 그 이후로 미뤄야 한다. 비판적 분석과 창의적 상상력은 서로 다른 정신 영역에서 작동되며, 두 가지 모두 문제 해결에 필요한 요소임을 잊지 말자.

역사적인 윈-윈-윈 사례

윈-윈-윈 사고는 비즈니스뿐 아니라 사회 다른 부분에서도 필요하다. 민간과 공공 영역의 리더들이 상생의 사고방식을 갖고 이를 실천한다면, 경제와 사회는 물론 문화적 진보와 발전을 함께 이룰 수 있다. 하지만 안타깝게도 현실은 그렇지 않다. 특히 우리 사회의 정치적 양극화는 극심하다. 불만과 분노에 가득 찬 사람들은 진영을 나누어 반목과 대립을 반복한다. 가치관은 극단적으로 분열되었고 사람들은 서로 자기 진영의 우월성을 주장하며 경쟁한다. (부록 '문화 지능을 키우는 방법에 관해' 참조.) 윈-루즈 사고가 대중의 담론을 지배한다.

많은 사람이 자신이 추구하는 가치만을 긍정하고, 다른 가치에 대해서는 멍청하고 잘못되었으며 사악한 것이라 매도하고 짓밟는다. 해결될 희망이 보이지 않는 극한 대립이 사회를 좀먹고 있다.

우리는 이런 형태의 양극화를 당연하게 받아들여서는 안 된다. 편을 나눠 자기 진영의 이익을 찾으려기보다는 용기 있는 리더십으로 서로에게 이익이 되는 방법을 찾아야 한다. 모든 리더가 지성과 창의력을 총동원하여 이념적 갈등을 초월하고 진정한 상생의 가치를 만드는 윈-윈-윈 솔루션을 찾기 위해 노력해야 한다.

사회에 만연된 양극화를 개선하고 서로 다른 세계관을 가진 사람들이 각자 원하는 삶을 행복하게 영위할 수 있도록 하기 위해 할 수 있는 일은 무엇일까? 깨어있는 리더라면 문화 지능^{cultural intelligence}의 수준을 높이고 상생의 마인드를 확고히 갖는 것에서부터 그 질문에 대한 답을 찾아가야 한다.

우선 역사에서 영감을 얻을 수 있다. 미국 역사에서 사회적 진보가 이뤄졌던 순간에는 늘 윈-윈-윈 사고가 그 힘을 발휘했다. 가장 성공적이고 지속 가능하며 선한 영향을 사회에 미쳤던 사건들을 되돌아보면, 대부분이 호혜주의 정신에 기반하고 있다. 수많은 예가 있지만, 미국 사회에 가장 큰 영향을 준 것은 1950~60년대의 민권운동이다.

마틴 루터 킹Dr. Martin Luther King Jr.은 핍박받던 흑인의 권리를 위해 싸웠지만 그게 전부는 아니었다. 그는 미국인이 인종차별이라는 부끄러운 현실로부터 윤리적으로 구원받을 수 있도록 노력했다. 킹 목사는 모든 미국인이 인종과 민족에 관계없이 동등한 권리와 존엄성을 누리는, 피부색으로 차별하지 않는 사회를 만들자는 비전을 제시했다. 그의 대담한 비전은 미국 사회를 각성시켰고, 인종 문제를 해결함으로써 어쩌면 모든 사람이 그로 인한 혜택을 누릴 수 있다는 국민적 희망을 제시했다.

킹 목사와 동료 운동가들은 비폭력주의를 확고하게 실천하면서 자신들이 견지하는 윈-윈-윈 프레임에 대한 대중의 신뢰를 잃지 않았다. 폭행을 당하면서도 보복을 거부하는 모습은 시민의식과 선한 의지를 깨웠고, 그들의 숭고한 목적이 반목과 대결이라는 부정적인 양상으로 추락하는 것을 막았다.

피부색에 관계없이 모두가 평등, 존엄, 조화 속에 사는 세상을 만들겠다는 킹 목사의 꿈은 당시 미국의 현실에 비추어보면 너무도 급진적인 주장이었다. 하지만 그의 꿈은 '인간이 평등한 것은 자명한 진리이며, 생명·자유·행복을 추구하는 것은 인간의 기본권'임을 천명한 미국 독립선언서의 약속과 일치했다. 그런 점에서 민권운동은 다양한 차원의 긍정적인 결과를 만들었다.

오랜 세월 '아메리칸 드림'에서 소외되었던 시민 계층의 권익과 정의가 제한적으로나마 실현되었고 문화적, 경제적, 도덕적 관점에서 사회 전반에 걸친 복지 수준이 높아지면서 미국이 한 차원 높은 발전의 기회를 갖게 되었다.

미국은 아직까지도 건국 초기부터 있었던 인종차별을 극복하기 위한 부단히 노력하고 있다. 그러 과정에서 많은 실패와 좌절이 있었던 것은 분명하지만 킹 목사의 과감한 윈-윈-윈 비전 덕분에 미국 사회는 큰 진보를 이루어 냈다.

아마존을 만나게 된 행운

이제 다시 2017년 홀푸드마켓이 맞닥뜨렸던 실존적 위기 상황으로 돌아가보자. 홀푸드마켓의 위기 상황이 역사적으로 중요한 일은 아니겠지만, 회사를 직접 만들고 성장시키며 창업 이념을 실현하기 위해 온갖 사랑을 쏟아부었던 나 자신과, 나와 함께했던 많은 이해관계자들에게는 중대한 문제였다.

그해 봄, 회사의 운명을 논의하기 위해 둘러앉은 홀푸드마켓 경영진은 스스로에게 두 가지 중요한 질문을 던졌다.

'지금 상황에서 원-윈-윈 솔루션은 무엇인가?'

'홀푸드마켓의 이해관계자 모두를 고려했을 때 최선의 선택은 무엇인가?'

단기적인 이윤 추구에 눈이 먼 헤지펀드는 회사를 장악한 후 결국 최고가를 제시하는 제3의 투자자에게 회사를 팔아넘길 것이라는 두려움이 이사회를 엄습했다. 홀푸드마켓을 인수하게 되는 투자자는 회사가 그동안 지켜온 핵심 가치, 사명, 사회적 책임 등을 존중하지 않을 것이 분명했다.

기업문화는 훼손될 것이고, 본사 조직은 공중분해되어 수천 명의 임직원들이 일자리를 잃을 수 있었다. 품질에 대한 기준을 지키지 않는 회사는 돈이 된다면 어떤 제품이든 파는 회사로 바뀔 것이었다. 홀푸드가 그동안 힘들게 쌓아 올린 모든 것이 한꺼번에 사라질 위험에 처해 있었다.

이사회는 많은 옵션과 전략을 고려했다. 헤지펀드와 여론전을 벌이는 방법, 홀푸드마켓의 비전을 대중에게 호소하는 방법, 이사회의 통제권을 유지하면서 매각을 막기 위해 싸우는 방법 등을 생각했다.

싸울 경우 과연 이길 수 있을지에 대한 고민도 컸다. 물론 이길 것으로 확신하긴 했지만 많은 시간과 비용이 예상되었고 회사에도 큰 부담이 될 것이 분명했다. 이기고도 지는 결과가 된다는 의미였다. 그럼에도 홀푸드 경영진은 이 선택지를 매우 심각하게 받아들였고, 모든 옵션과 전략을 준비했다.

내부적인 토론 과정에서 매각 건도 고려되었다. '홀푸드와 잘 어울리는 괜찮은 인수자가 있을지'에 대한 질문의 해답을 찾기 위해 경영진 모두가 머리를 모았다. 버크셔 해서웨이Berkshire Hathaway가 어떻겠냐는 의견이 나와, 워런 버핏을 접촉해 홀푸드 인수 의사를 타진했다. 버핏은 거절했다.

다른 식품 소매업체들을 떠올리기도 했다. 물론 윈-윈-윈 관점에 맞는 업체만을 포함시켰다. 아이다호주에 본사를 둔 식품 소매기업 앨버트슨Albertsons의 회장도 만났지만, 그 회사는 홀푸드의 좋은 파트너가 되지 못할 것이라는 결론을 내렸다.

회사 지분을 모두 매입해 비상장 기업으로 전환하는 방법도 논의했다. 이는 일시적인 해결책일 뿐 아니라 수십억 달러의 빚을 떠안게된다는 우려가 제기되었다. 과도한 부채로 회사가 파산할 수도 있는 문제였다.

해결책을 찾는 과정에서 좌절이 더 커졌다. 도무지 해결의 실마리가 보이지 않았기 때문이다. 그러던 어느 날, 여느 때처럼 회사 걱정으로 밤잠을 설치고 회사로 가던 중 한 가지 아이디어가 머릿속을 스치고 지나갔다. '아마존은 어떨까? 과연 홀푸드에 관심에 있을까?'

나는 바로 전 해에 제프 베이조스를 만났고 좋은 인상을 받았다. 머리가 좋은 데다 진정성도 있고, 무엇보다 그의 기업가 정신이 마음에 들었다. 그뿐만 아니라 아마존은 오랫동안 내가 가장 존경하는 회사중 하나였고, 세계 최고의 기술 기업이라는 아마존의 강점은 홀푸드가 한 번도 가져보지 못한 분야에서 엄청난 도움이 될 것이라 생각

했다. 아마존과의 협력 가능성을 진지하게 고려하는 과정에서 나는
크게 고무되었다. 홀푸드가 처한 당장의 어려움에서 벗어나는 것 이
상으로, 아마존과의 합병이 가져올 장기적인 가능성이 보이기 시작
했다.

의지와 집중력이 문제를 해결한다

어려운 상황에 처했을 때 할 수 있는 최선의 방법은 원-원-원 원칙에
따른 문제 해결 의지를 거듭 확인하는 것이다. 원칙에 대한 확신을 갖
는 것이 중요하지만, 그렇다고 너무 성급한 해결책을 선택해서는 안
된다. 가장 중요한 것은 원칙에 기반한 최선의 해결 방안이 명확해질
때까지 집중력을 잃지 않는 것이다. 집중력을 유지하면서 잠재의식 속
에 있는 창의성을 깨우다 보면 생각해보지 못했던 최선의 해결책이 떠
오르게 된다. 뚜렷한 목적에 집중하다 보면 무의식 속에 있는 알고리
즘이 작동하고, 그에 따라 최선의 해결책이 떠오르는 것이다. 어떤 경
우 가끔은 전혀 예측하지 못한 방식으로 해결 방안이 떠오르는 경우
도 있다. 뇌리를 스치는 통찰, 꿈속에서 떠오르는 생각, 샤워 도중에 생
기는 아이디어, 새벽녘에 갑자기 찾아오는 직관 등이다. 창조적 발상은
때론 마법처럼 느껴지기도 하지만, 실제로는 원칙에 기반한 강한 의지
에서 발현된다.

나는 홀푸드와 아마존, 두 회사 리더십 팀 간의 관계를 '첫눈에 반한
사랑'이라고 표현했다. 전혀 과장이 아니다. 두 회사가 하나로 합쳐지
는 과정을 표현하는 최선의 은유다.

인수 의사 타진을 위해 아마존에 연락한 후 나는 홀푸드 경영진 세 명과 함께 시애틀로 날아가 제프 베이조스와 미팅을 했다. 첫 만남은 워싱턴 호수에 있는 제프 베이조스의 집에서 이루어졌다. 두 회사가 함께했을 때 일어날 수 있는 놀라운 가능성에 관해 얘기하느라 세 시간이 눈 깜짝할 사이에 지났다.

아마존과의 첫 만남 후, 홀푸드 경영진은 외부 식당에 모여 대화 내용을 복기했다. 대화 내내 얼굴에 미소가 떠나지 않았다. 아마존 리더들은 그동안 만나본 사람들 중 가장 똑똑할 뿐 아니라 그날의 만남을 통해 아주 특별한 친분을 쌓았다는 데 우리는 모두 동의했다. 하지만 그들도 우리와 같은 인상을 받았는지는 알 수 없었다.

로맨스가 막 시작될 때 상대의 감정이 어떤지를 궁금해하는 연인처럼, 우리는 아마존의 연락을 기다리며 적잖이 긴장했다. 하지만 쓸데없는 걱정이었다. 나흘 뒤 아마존 임원 10명으로 구성된 협상팀이 오스틴의 홀푸드 본사로 찾아와 실무적인 논의를 시작했다.

그 뒤의 상황은 정말 전광석화처럼 전개되었다. 소개팅, 데이트, 약혼, 결혼을 몇 달 만에 해치운 커플처럼 두 회사의 합병은 급물살을 탔다. 2017년 4월 30일 첫 만남이 있은 지 딱 한 달 반 만인 6월 15일 두 회사는 합병동의서에 서명했고 정부 승인 절차를 거쳐 8월 28일 최종 합병이 완료되었다. 인수 이후의 세월을 돌이켜보면 나는 여전히 이 합병이야말로 모든 주요 이해관계자의 이익을 배려한 윈-윈-윈 솔루션이었다고 생각한다. 이 부분에 대해 좀 더 자세히 살펴보자.

• **홀푸드 고객** ─ 홀푸드를 인수한 아마존은 '지구상에서 가장 고객 중심적인 기업'을 목표로 하는 회사다. 그런 회사와 하나가 된다는 것은 무엇보다 홀푸드 고객에게 좋은 일이었다. 홀푸드 역시 항상 고객을 배려해왔지만, 배려를 넘어 고객에 '집착'하는 아마존 문화는 홀푸드의 고객 응대 수준을 한 단계 업그레이드시켰다.

홀푸드 고객은 그 전보다 훨씬 다양하고 편안한 쇼핑을 '경험'할 수 있게 되었다. 게다가 합병은 홀푸드의 가격 경쟁력을 크게 향상시켜, 같은 제품을 훨씬 낮은 가격에 판매할 수 있었다. 가격 경쟁력보다 더 좋았던 것은 아마존이 추구하는 장기적인 관점 덕분에, 홀푸드는 주가를 의식한 단기 실적 압박에서 벗어나 모든 이해관계자의 가치를 고려한 전략을 채택할 수 있게 되었다는 사실이다.

합병은 또한 오프라인 매장을 중심으로 했던 홀푸드의 한계를 넘어서는데 도움이 되었다. 그 과정에서 타의 추종을 불허하는 아마존의 소매 전문성이 큰 역할을 한 것이다.

홀푸드는 온라인 기술을 힘겹게 따라가기만 했던 과거를 뒤로하고 온라인 리테일의 선도 업체가 될 수 있었다. 오프라인 쇼핑 경험과 유능하고 열정적인 직원들의 감성적인 서비스가 여전히 홀푸드의 차별화 요인이지만, 이제는 고객이 직접 매장을 방문하지 않고도 탁월한 쇼핑 경험을 할 수 있게 되었다.

고객 직배송 서비스인 프라임 나우Prime Now는 홀푸드의 사업 방식을 혁명적으로 바꿨다. 품질을 희생하지 않고도 이룰 수 있는 변화였다. "사람과 지구에 영양을 제공한다"는 목적의식에 걸맞게 오랜 세월 업계 최고 수준의 품질 표준을 개발하고 유지해왔다. 품질에 대한 신뢰 위에서만 충성 고객이 존재한다. 합병 첫날부터 아마존이 홀푸드의 품질 철학을 존중해주었다는 사실은 나에게 큰 용기를 주었다.

• 홀푸드 구성원 ─홀푸드 구성원 대부분은 회사의 핵심 가치와 목적의식, 독특한 기업 문화에 끌려 입사한 경우가 많다. 아마존은 이런 홀푸드 문화의 고유성을 최대한 존중했다. 물론 두 개의 기업이 합쳐지면서 변화가 없을 수는 없었다.

시간이 흐르면서 아마존의 기업 문화가 홀푸드에 영향을 미치게 될 것이고, 그 반대의 변화도 생각할 수 있다. 합병은 그동안 힘들게 만들어온 홀푸드의 가치를 보호하고 미래에도 더 많은 가치를 창출하기 위해서지, 과거에 머물러 있기 위한 것이 아니었다. 앞으로도 홀푸드와 아마존은 계속 통합된 방향으로 나아가면서 서로 발전할 수 있도록 의식적인 노력을 계속할 것이다.

정규직, 파트 타임, 임시직, 계절 근로자를 구분하지 않고 미국 내 모든 매장 직원의 최저임금을 시간당 15달러로 인상하기로 한 아마존의 결정 덕분에 홀푸드 구성원들은 큰 혜택을 보았다. (이 결정을 내린 2018년 시점 미연방 정부가 지정한 시간당 최저임금은 7.25달러였음-옮긴이.) 이와 같은 투자는 단기적으로는 비용을 증가시켰지만 장기적으로는 구성원을 더 행복하게 하고 인재 확보 및 유지를 용이하게 하여 고객에게 더 나은 서비스를 제공할 수 있게 될 것이라 믿었다.

• **홀푸드 공급업체** —홀푸드에 제품과 서비스를 공급하는 파트너 회사들도 여러 가지 면에서 이익이었다. 일종의 로열티 프로그램인 아마존 프라임Amazon Prime이 도입되어 파트너 회사의 매출이 늘었고 새로운 성장 기회도 생겼다. 더 중요한 것은 소규모 지역 공급업체로 부터의 조달이 계속 이어졌다는 점이다. 아마존이 아닌 다른 유통회 사가 홀푸드를 인수했다면, 지역의 영세 업체가 계속 홀푸드에 납품 하기는 어려웠을 것이다. 아마존의 투자 덕분에 홀푸드는 현지 공급 회사들을 지속적으로 육성하고 활용하면서 지역 특색을 잘 반영하는 상품을 계속 판매할 수 있었다.

• **홀푸드 투자자** —아마존의 투자는 다른 주주들에게도 희소식이 었다. 헤지펀드의 지분 공개 매입을 발표한 날, 홀푸드는 주당 30달러 선에 거래되고 있었다. 그리고 불과 몇 달이 지난 후 아마존은 주당 42달러에 경영권을 인수했다. 아마존의 인수 가격이 경쟁력 있는 수 준이 아니었다면 홀푸드 주가는 더 떨어지고 주주들은 큰 손실을 입 었을 것이다. 하지만 아마존은 41%나 높은 가격으로 인수하면서 기 존 주주에게 엄청난 이익을 가져다주었다.

'오마하의 현인'으로 불리는 워런 버핏은 오랜 파트너 찰리 멍거 Charlie Munger의 지혜를 인용하여 "탁월한 회사를 제값 주고 사는 것이 괜찮은 회사를 헐값에 사는 것보다 낫다"고 말했다.

나는 아마존이 홀푸드를 인수한 것이 바로 '탁월한 회사를 제값 주 고 산' 전형적인 사례라고 생각한다. 높은 인수 가격 덕분에 홀푸드 주주들의 자산이 40억 달러(약 4조 8천억 원)나 늘었다.

• 지역사회 —홀푸드는 매년 이익의 10% 정도를 수천 개의 비영리 단체에 지원해왔다. 아마존 인수 후에도 홀푸드는 기존에 해오던 자선 사업, 5퍼센트 데이(해당일 매출의 5퍼센트를 매장이 속한 지역사회에 기부-옮긴이), 먹거리 기부 및 기타 후원 등을 변함없이 이어왔다. 홀푸드 본사 직속의 세 개의 재단(홀플래닛재단Whole Planet, 홀키즈재단Whole Kids, 홀시티재단Whole Cities) 역시 기존의 미션 달성에 필요한 임무를 계속 수행해왔다. 아마존은 홀푸드의 지역사회 공헌 활동을 지지할 뿐 아니라 체이스뱅크Chase Bank와의 파트너십을 통해 추가적인 재정 지원을 약속했다.

　이상의 내용을 종합하면 아마존과의 합병은 홀푸드를 위한 최선의 대안이었고 경쟁사들의 도전과 행동주의 사모펀드로부터의 위협에 대한 윈-윈-윈 해결책이었다. 어떤 합병에도 우여곡절은 있게 마련이지만 홀푸드는 아마존과의 합병으로 지난 몇 년 동안 엄청난 도움을 받았다. 아마존과의 합병이 실패했거나 다른 대안을 선택했더라면 어떤 상황이 벌어졌을까를 생각하면 지금도 등골이 오싹하다. 무차별적 분할 매각과 그로 인해 기업 문화의 파괴가 불 보듯 뻔했다. 그런 비극적인 결말 대신 홀푸드는 세계에서 가장 성공적이고 혁신적이며 역동적인 기업과 협업할 수 있는 기회를 얻었다.

　이 경험으로 나는 비즈니스 협상에서도 진정성과 창의성을 바탕으로 최선을 다한다면 새로운 가치를 창출하여 모든 이해관계자에게 도움이 되는 결과를 만들 수 있다는 믿음이 확고해졌다.

시스템 사고

시스템 사고Systems Thinking는 다른 말로 시스템 인텔리전스systems intelligence 또는 총체적 시스템 인식whole systems awareness이라고도 불린다. 이는 깨어있는 리더에게 필수적으로 요구되는 능력으로 특히 윈-윈-윈 솔루션을 추구할 때 꼭 필요하다. 윈-윈-윈 솔루션의 본질이 시스템 전체 및 각 부분 모두에게 가장 효과적인 해결책을 찾는 것이기 때문이다.

시스템 사고는 자연 생태계와 사회·정치·경제 시스템 등 우리를 둘러싼 세상이 모두 복잡계 시스템으로 구성되어 있고, 각 시스템 내에서 모든 부분이 상호 연관되어 있다는 인식에서 출발한다. 시스템 전체는 각 부분의 합보다 커서 시스템을 여러 부분으로 조각내어 분석하고 연구한다고 해서 그 전모를 이해하거나 관리할 수 있는 것이 아니다. 시스템을 이루는 각 부분 사이의 동적 관계를 파악하는 것이 훨씬 중요하다. 시스템의 어느 한 부분에서의 변화가 다른 부분에 어떤 영향을 미칠지에 대한 생각을 바탕으로 의식적인 결정을 해야 한다. 환원론적reductionist 접근을 지양하고 총체적holistic 접근을 취해야 한다.

시스템 사고의 뿌리는 생태학, 생물학, 수학, 게임 이론, 사이버네틱스cybernetics 등의 분야에서 찾을 수 있지만, 본격적으로 알려진 것은 피터 센게Peter Senge의 고전 《제5 경영The Fifth Discipline》의 출간에 힘입었다.

센게는 폭풍우의 비유로 시스템 사고의 개념을 설명한다. "먹구름이 드리우고 하늘이 어두워지면서 나뭇잎이 위로 뒤틀리는 것을 관찰하면 우리는 곧 비가 쏟아질 것임을 짐작한다. 또한 폭풍우가 휩쓸고 지나면 빗물이 몇 킬로미터를 흘러 지하수로 유입되고 다음 날이면 화창하게 개일 것이라는 것도 예측한다. 이 모든 사건은 시공간적으로 동떨어진 것처럼 보이지만, 실은 하나의 패턴으로 연결되었다. 각각의 사건은 다른 모든 사건에 영향을 미치지만 이런 영향은 대개 눈으로 직접 확인되지는 않는다. 따라서 자연 속에서 폭풍우가 발생하는 시스템을 이해하려면 어떤 개별 현상을 세심히 들여다보는 것만으로는 안 되고 시스템을 전체적으로 심사숙고contemplation해야 한다."[6]

인간으로 구성된 조직 역시 시스템이다. 큰 조직이나 작은 조직 모두 마찬가지다. 하나의 조직은 자기보다 더 큰 단위의 조직, 집단, 시스템의 한 부분이다. 시스템 사고는 조직 안팎에 존재하는 무수한 패턴, 연결 관계, 상호의존성 등을 제대로 이해할 수 있게 한다. 어떤 도전에 직면했을 때, 새로운 사업 기회가 찾아왔을 때, 중요한 프로젝트나 문제를 해결해야 할 때 시스템 전체를 고려할 수 있도록 생각과 마음을 충분히 확장시켜야 한다. 개별 요소 또는 각각의 이해관계자를 따로 떼어내서 생각할 것이 아니라 그들 간의 역동적인 관계까지 함께 생각해야 한다. '나의 선택이 시스템 전체와 각 구성 요소에 어떤 영향을 미칠 것인지, 시스템의 균형이 깨질 것인지, 좀 더 발전된 균형점을 찾으려면 어떻게 해야 할지, 시스템 전체의 건전도와 생산성을 높이는 방법은 무엇인지' 등의 질문에 대한 해답을 끊임없이 찾아야 한다. 진정한 원-원-원 결과는 개별 요소의 긍정적인 결과뿐만 아니라 시스템을 전체를 개선한다.

혁신

역사적으로 보면 혁신은 인센티브를 주는 것이 아니라,
아이디어가 서로 연결될 수 있는 환경을 제공하는 것에서 시작된다.

—스티븐 존슨Steven B. Johnson (과학 전문 작가)

거의 모든 전문가들이 입을 열 때마다 '혁신innovation'을 외친다. 토크
쇼, 팟캐스트, 패널 토론, 글로벌 정상회담, 학술 심포지엄, 방송 뉴스,
소셜 미디어 등 거의 모든 곳에서 혁신이 빠지지 않는다. 혁신은 끊임
없이 발전하는 세계 경제와 빠르게 변하는 사회 속에서 인류의 삶을
유지하는 강력한 엔진을 상징하는 것처럼 보인다. 그동안 혁신은 수
십억 인류에게 희망과 가능성을 보여주는 긍정적이고 낙관적인 약속
이었다. 혁신의 북소리는 경영, 과학, 기술, 경제 등 모든 분야에서 울
렸다. 실리콘밸리 사업가, 사회적 기업가, 비정부기구의 리더 모두가

한목소리로 외쳐왔다.

일리노이대학 경제학자 디어드리 맥클로스키Deirdre McCloskey는 혁신이 지난 250년 동안 사회적 부를 기하급수적 증가시키고 빈곤을 퇴치하며 "위대한 풍요Great Enrichment"를 만들어왔다고 말한다.[1] 예를 들어 1800년경 인류의 85%는 하루 2달러 미만으로 생계를 유지했으나 지금은 그런 사람이 전 인류의 9%에도 미치지 않는다.[2] 몇몇 예외적인 짧은 기간을 제외하면 인류는 수만 년 동안 극심한 빈곤과 결핍에 시달려왔다.

하지만 엄청난 경제 성장과 활발한 무역을 통해 이제는 수십억 명의 중산층이 비교적 풍요로운 삶을 누리고 있다. 물론 불평등과 분배의 문제가 여전히 존재하지만 더 중요한 질문은 '도대체 어디서 그렇게 많은 부가 생겨났을까'이다.

맥클로스키는 이에 대해 "인류의 부는 벽돌 쌓듯 산술적으로 쌓아 올린 것이 아니다"라고 강조한다.[3] 인류는 아이디어와 창의력, 사업가 정신, 상상력, 혁신 등을 통해 오늘과 같은 엄청난 부를 기하급수적으로 만들었다.

누군가 기업가 정신을 발휘하고 혁신을 통해 뛰어난 가치를 창출했다고 치자. 여기에 정부가 지나치게 간섭하지 않으면 기업가는 기존 업계를 뒤흔들고 높은 수익을 올려 순식간에 부자가 된다. 업계의 기존 플레이어들은 일시적으로 타격을 입고, 돈 있는 사람은 혁신적 기업가에게 투자하려 줄을 선다.

하지만 시간이 지나면서 혁신의 결과를 활용하기 위한 비용은 낮아지고, 혁신으로 인한 혜택은 더 많은 사람에게 돌아간다. 혁신은 이런 과정을 거치면서 사람들의 삶을 개선하고 사회를 풍요롭게 만든다. 장기적으로 보면 혁신을 만든 사람들은 사회 전체를 번영하게 만드는 셈이다.

그런 의미에서 본다면 '혁신주의innovationism'는 '자본주의capitalism'의 더 나은 별칭이다. 금융 자본이 아니라 인간의 창조성이 최고 수준의 자본주의를 완성하는데 기여한다. 혁신가, 기업가, 경영자가 이윤 추구보다 가치 창출에 초점을 맞춰야 하는 이유다. 가치는 질 좋은 제품과 서비스를 제공하고, 소비자가 이를 구매하며, 공급자와 지속적인 관계를 유지하는 과정에서 생긴다. 가치가 있는 곳에 이익이 자연스럽게 따른다는 사실을 잊어서는 안 된다.

혁신을 통한 가치 창출은 깨어있는 리더의 기본적인 자질이다. 새로운 가치를 만드는 기업이 곧 세계적인 명성을 얻는다. 증기 기관, 전기, 인터넷과 같이 처음부터 극적으로 등장하는 혁신도 있지만, 배관 기술이나 가정용 세탁기처럼 시간이 지나면서 인류 삶에 크게 기여하는 혁신으로 인정받는 사례도 있다.

맥도널드의 레이 크록Ray Kroc이 햄버거 프랜차이즈 사업 모델을 만든 것도 혁신이었다. 건강한 먹거리를 제공하는 사업이 엄청난 기회라는 사실을 받아들이지 못하는 환경에서, 홀푸드가 천연 유기농 식품 사업을 시작한 것도 같은 맥락으로 이해할 수 있다. 결국 몇십 년 후 이러한 혁신은 식품 산업 전체를 뒤바꿔놓았다.

혁신의 형태는 다양하지만 그 중심에는 인류의 삶을 향상시키는 가치를 만들고, 그것을 공유하려는 정신이 있다. 인류가 지금의 번영을 일군 배경에는 혁신을 통한 성장 DNA가 있었기 때문이다. 인류는 새로운 가치 창출을 통한 끊임없는 진화로 역동적인 환경에서 살아남을 수 있었다.

그것이 바로 사업가 정신의 원천이고, 벤처 투자자가 눈에 불을 켜고 찾는 것이며, 기존 산업이 도전받는 이유다. 혁신을 통해 가치를 만들어내는 시도는 조지프 캠벨Joseph Campbell의 고전적 영웅 서사에서 '모험을 떠나는 소명' 단계에 해당하는 것으로, 깨어있는 자본주의 안에서 깨어있는 리더가 삶을 향상시키고 부를 창출하기 위한 능동적이고 역동적인 미덕이다.

혁신이라는 미덕이 실천하기 너무 어렵고 고차원적이라 자신과 맞지 않다고 생각하는 사람도 있을 수 있다. 하지만 새로운 가치를 창조하는 것을 천재의 전유물로 생각할 이유도 없다. 스티브 잡스, 빌 게이츠, 제프 베이조스, 일론 머스크와 같은 위대한 혁신가들과 어깨를 나란히 하기는 어렵겠지만, 깨어있는 리더라면 그들의 사례를 통해 배우면서 자신의 창조력을 최대한 끌어낼 수 있다.

깨어있는 리더는 늘 이런 질문에 대답할 수 있어야 한다. '구성원의 창조적 정신을 고양하기 위해 나는 어떤 일을 해야 할까?', '어떻게 하면 혁신적인 문화를 조성할 수 있을까?', '혁신적인 아이디어가 나왔을 때 이를 어떻게 지원해야 하는가?', '참신한 아이디어가 진정한 가치로 전환되어 시장에서 인정받을 수 있도록 하기 위한 방법은 무엇일까?'.

리더는 조직에서 큰 영향력을 갖고 있다. 깨어있는 리더는 자신의 영향력을 잘 활용하여 팀과 조직 안에서 혁신과 가치를 만들어내는 사람이다.

천재에게도 팀이 필요하다

혁신은 영웅 한 명이 특별한 비전을 가지고 몰두할 때 생긴다고 믿는 사람이 많다. 유명한 예술 작품, 아름다운 음악, 천재적인 소프트웨어 프로그램, 까다로운 문제에 대한 기발한 해결책 등에는 실제 그런 사례가 존재하기도 한다. 개인의 창의성이 혁신에 필수적인 것은 맞지만 외로운 창조적 천재의 이미지가 너무 과장되어 있다.

퍼스널 컴퓨터 혁명의 기원에 관한 저서 《반문화에서 사이버 문화로From Counterculture to Cyberculture》에서 프레드 터너Fred Turner 스탠퍼드대학 교수는 "아이디어는 개인의 머릿속에 있을 때보다 공동체 속에서 소통될 때 더 오래 살아남는다"고 말한다.[4]

한 사람의 뇌에 존재하는 뉴런의 네트워크만으로 창조적이고 획기적인 아이디어를 진정한 혁신으로 끌어올리는 데는 한계가 있다. 다양한 생각과 재능을 가진 사람들이 혁신 아이디어를 공유하고 상상하며 협력하면서 결과물을 갈고 다듬어야, 혁신의 열매가 열리고 자란다.

역사 속 천재들의 사례를 들여다봐도 대부분의 천재는 창의적인 문화 또는 집단에 의해 영감을 받았거나 그런 집단의 일원이었음을 알 수 있다.

앰비언트 음악ambient music과 생성 음악generative music의 선구자로 알려진 영국의 브라이언 이노Brian Eno는 이런 집단 천재성을 묘사하기 위해 "scenius"라는 신조어를 만들었다. (scene + genius = 천재성은 유전자gene 안에 있는 것이 아니라 장scene,場에 있다는 의미-옮긴이.)

창의적인 문화와 집단 속에서 수많은 천재적 성과가 만들어졌던 사례를 구체적으로 이해하려면 미국 건국의 아버지들, 19세기 초 영국

낭만주의 시인들, 1920년대 벨 에포크^{La Belle Époque} 시대의 프랑스 파리를 떠올리는 것도 좋다. 1960~70년대 영국 런던의 로큰롤, 1970년대부터 지금까지의 실리콘밸리를 떠올리는 것도 방법이다.

이런 사례들의 공통점은 한 명 또는 소수의 뛰어난 사람의 아이디어를 집단이 이어받아 폭발적인 혁신으로 발전시켰다는 사실이다. 그집단의 구성원들이 모이는 장^{scene}은 혁신의 인큐베이터로서 예술, 철학, 문학, 정치, 비즈니스 등 다양한 분야의 새로운 사상을 품는 공간역할을 한다.

오늘날 혁신적인 기업들이 가장 잘하는 것을 비교해봐도 비슷하다. 재능과 아이디어를 가진 사람들이 일하고 싶은 창조의 장이 필요하다는 말이다. '발명왕' 에디슨 역시 수많은 발명을 혼자서 한 것이 아니라 유능한 조수와 직원에 의존했다고 역사가들이 말한다.

창의적인 조직 문화를 만드는 장치

그렇다면 깨어있는 리더는 어떻게 사람들의 창의성을 독려하고 혁신 DNA로 똘똘 뭉친 팀을 만들 수 있을까? 창의적이고 역동적인 조직 문화는 과연 어떻게 만들어지는 것일까? 이와 관련한 몇 가지 전략을 살펴보자.

• **적절한 인센티브 체계** ―인간은 사회적 동물로 끊임없이 주변

의 피드백과 인정 그리고 확인을 받으려 한다. 리더는 조직의 동기 부여 및 인센티브 시스템이 구성원에게 어떤 메시지를 주고 있는지 정확히 알아야 한다. 구성원은 인센티브에서 많은 메시지를 유추하기 때문이다.

'(조직에서) 바람직한 행동과 허용되지 않는 행동은 무엇인지', '조직이 어떤 아이디어와 제안에 관심을 갖고, 어떤 프로젝트에 자금을 지원하는지', '어떤 결과에 보상하는지' 등을 보면 그 조직이 어떤 목적과 문화를 지향하는지 알 수 있다. 낙천적이고 자유로움과 탐험을 권장하는 문화와 엄격함과 규율 그리고 직업윤리를 강조하는 문화는 전혀 다르다. 실험과 창의성을 권하는 문화와 일관성과 컴플라이언스를 권하는 문화도 다르다. 하지만 문화는 본질적으로 좋고 나쁜 것이 따로 없고, 각기 다른 특징을 갖고 있으며, 조직 목적을 달성하기 위해 존재할 뿐이다. 깨어있는 리더는 조직의 인격이라고 할 수 있는 문화를 어떤 모습으로 만들어갈지 신중하게 생각해야 한다.

전설적인 포크 가수 밥 딜런Bob Dylan은 명곡 '브라우스빌 걸Brownsville Girl'에서 "사람들은 믿는 대로 행동하지 않네 / 편리한 대로 행동할 뿐이지 / 그리고 그들은 회개한다네."[5]라고 노래했다. 노래 가사가 시사하는 것처럼 조직 문화를 만드는 데 있어서 중요한 것은 리더가 무엇을 믿느냐가 아니라 어떻게 행동하느냐 이다. 리더의 행동은 구성원에게 동기 부여 요인으로 작용한다. 리더의 말과 실제 인센티브가 따로 논다면 창의적인 조직 문화는 물건너간 것이 맞다. 인간은 언행 불일치 뒤에 숨은 위선을 알아차리는 촉각이 고도로 발달되어 있다.

인센티브가 항상 금전적 보상을 의미하는 것은 아니다. 때로는 적절한 타이밍에 하는 칭찬 한마디가 두둑한 보너스 이상의 가치를 주기도 한다. 진정성이 우러나는 감사의 표현이 갖는 힘을 과소평가해서는 안 된다. 창의성, 새로운 사고, 혁신적인 아이디어를 내는 구성원에게 진정성 있는 감사의 뜻을 전할 때, 더 많은 창의와 혁신이 보상으로 돌아온다. 창의적이고 혁신적인 문화를 원한다면 반드시 거기에 맞는 DNA를 일찌감치 인센티브 시스템에 반영해야 한다.

• **건전한 경쟁** — 홀푸드 매장이 고객 경험 측면에서 항상 우위를 점할 수 있었던 것은 매장 또는 지역 차원의 혁신을 마음껏 실험할 수 있는 자유를 구성원에게 주었기 때문이다. 매장 또는 지역의 운영 팀은 기존의 혁신 사례를 참고하여 새로운 아이디어를 제안할 수 있다. 제안된 아이디어는 다른 모든 팀과 매장에 전파되고, 그보다 더 낫고 혁신적인 아이디어를 만들기 위한 건강한 경쟁이 생긴다. 그런 과정을 거쳐 최적의 아이디어가 채택되고 이를 전사적으로 적용하면 초기의 아이디어는 자연스럽게 사라진다. 예를 들면, 최근 홀푸드 매장에서 선풍적인 인기를 얻고 있는 모찌바mochi bar 컨셉(다양한 색과 맛의 찰떡 안에 아이스크림을 넣은 제품을 취향대로 골라 먹는 메뉴. 개당 평균 2달러 정도다.-옮긴이)의 경우도 한 매장이 자체적으로 시도하여 성공한 것을 다른 매장이 따라 하면서 트렌드가 되었다.

본사가 각 매장의 설계나 운영 방식을 엄격하게 통제했다면 분산된 자율성에 기반한 혁신은 결코 일어나지 않았을 것이다. 권한을 현장에 위임하고 서로가 건전하게 경쟁하는 관행은 홀푸드가 업계 선두 주자가 되는 데 큰 역할을 했다. 오늘날 대부분의 식료품점에 들어가 보면 홀푸드의 방식을 모방한 흔적을 쉽게 찾아볼 수 있다. 이는 홀푸드 입장에서는 무엇보다 고마운 칭찬이다.

경쟁은 협력과 반대되는 개념이 아니다. 물론 '수단과 방법을 가리지 않고', '먹고 먹히는' 식의 무한 경쟁은 긍정적으로 평가될 수 없다. 경제 윤리학자 에드 프리먼Ed Freeman 교수는 그런 경쟁 문화를 '카우보이 자본주의Cowboy Capitalism'라고 표현한다. 경쟁이 '너 죽고 나 살자' 식으로 이뤄져서는 안 된다. 생산적이고 긍정적인 경쟁은 얼마든지 가능하다.

홀푸드는 오랜 세월 많은 경쟁자가 있었다. 가장 치열했던 경쟁자는 트레이더조Trader Joe's였다. 오랜 동안 트레이더조의 수장 역할을 한 더그 로치Doug Rauch는 나와도 꽤 잘 아는 사이다.

트레이더조는 홀푸드의 혁신을 재빨리 채택하는 편이었고, 홀푸드가 트레이더조를 베낀 것도 적지 않았다. 더그는 명예로운 리더다. 트레이더조와의 경쟁이 홀푸드를 더 좋은 회사로 만들었을 뿐 아니라, 두 회사의 선의의 경쟁으로 가장 큰 혜택을 누린 것은 소비자였다. 더그는 2008년 은퇴하고 '깨어있는 자본주의' CEO로 몇 년 동안 재직하면서 나와 더 많은 협력 작업을 해왔다. 명예로운 리더들이 선의의 경쟁을 벌이게 되면 그 혜택은 모두에게 돌아간다는 것을 알려준 좋은 사례다.

경쟁은 혁신을 촉발하는 건전한 자극제다. 피터 디아만디스Peter Diamandis가 설립한 엑스프라이즈 재단XPRISE Foundation이 좋은 사례다. 이

재단은 공모전을 열어 인류에게 혜택을 줄 수 있는 기술 개발을 장려하는데, 경쟁에서 우승한 팀에 상당한 금전적 포상을 제공한다.

이 포상금을 '엑스프라이즈'라고 하는데, 1996년에 이미 최초의 상금 1,000만 달러짜리 엑스프라이즈 프로그램이 발표되었다. 그 과제는 (정부 투자기관 제외) 재사용 우주 비행체를 2주 이내에 두 번 성공적으로 우주로 쏘아 올리는 것이었으며, 실제로 2004년에 수상 팀이 나오기도 했다. 엑스프라이즈 재단은 그 외에도 의료 혁신, 첨단 기술, 교육 개발, 자연 탐사, 기후 변화 등 다양한 분야의 경쟁 프로그램을 추진해오고 있다.

• **비밀 결사 문화** — 콜로라도에서 여러 차례 IT 스타트업을 창업한 경험이 있는 존 스트리트John Street는 창의성과 협업의 관계에 관해 흥미로운 생각을 가지고 있다. 진정으로 혁신적인 조직은 어느 정도 비밀 결사 조직과 같은 분위기가 있다는 것이다. 구성원은 세상에 잘 알려지지 않은 목표를 비밀스럽게 간직하며, 이를 달성하기 위해 창의성을 발휘하고, 서로가 끈끈한 유대감을 갖는다고 한다. 그리고 이런 특성은 인간이 가진 공동체 정신과 연결 본능을 자극하여 구성원 모두가 공통의 목적에 참여하고 있다는 흥분과 만족감을 가져다준다는 것이다.

스트리트는 특히 의사소통에 집중하며 자신의 회사에도 비슷한 문화를 만들기 위해 노력했다. 요즘 사람들은 맥락을 이해하고 싶어 하는데, 맥락에 대한 소통이 부족하면 자신이 왜 그런 목적에 참여해야 하는지 이해하지 못해 결국 비밀결사 조직을 만들고 거기에 참여할 수밖에 없다는 것이다.

구성원에게 '무엇을', '어떻게' 하라고 얘기해줄 것이 아니라, '왜' 그 일을 해야 하는지 이해하도록 돕는 것이 중요하다는 말이다. 구성원은 조직이 추구하는 목표를 이해하고, 자신이 그 목표 달성 과정에 어떤 식으로 기여하는지를 알고 싶어 한다. 자신이 하는 일이 조직에서 중요한 부분을 차지한다고 믿을수록 사람들은 효과적으로 일하기 때문이다.

《카테고리 킹: 누가 새로운 세상을 지배하는가Play Bigger: How Pirates, Dreamers, and Innovators Create and Dominate Markets》의 저자들도 이 부분에 동의한다.[6] 이 책은 가장 성공적인 기업을 '카테고리 킹'이라 부른다. 그런 기업은 기존 시장 질서를 해체하고 새로운 카테고리를 창조하여 시장을 지배한다는 관점으로 사업을 한다.

홀푸드의 경우 '건강한 식사'라는 관점으로 유통업에서 새로운 카테고리를 만들었다. 고객 관계 관리 솔루션 기업인 세일즈포스Salesforce는 '설치할 필요가 없는 소프트웨어'라는 관점을 기반으로 기업용 소프트웨어 시장을 재편했다. 에어비앤비AirBnB는 '자산을 보유하지 않는 숙박업'이라는 관점으로 새로운 가치를 만들었다.

이런 '관점'은 구성원 사이에 가슴 뛰는 공통의 세계관을 제공함으로써 조직 안팎을 구분해준다. 이렇게 강력한 문화를 가진 기업은 종종 '컬트cult' 집단에 비유되기도 한다. 컬트적 성격이 너무 극단으로 치닫지 않도록 하기 위해서는, 비밀결사 문화가 앞에서 설명한 자율성이나 창조적 자유 등의 가치와 균형을 이뤄야 한다. 하지만 그 조직만의 정체성과 세계관이 명확하고 구성원을 그 안으로 끌어들일 수만 있다면 혁신과 창조를 위한 강력한 동력이 확보된 셈이다.

주변부가 중심부를 포위하는 혁신

혁신이 조직의 중심부에서 일어나는 경우는 드물다. 창조와 혁신은 주변부나 경계에서 일어나는 경우가 많다. 그 이유는 서로 다른 문화적 패턴이 뒤섞이고, 규칙과 관습의 지배를 덜 받으며, 감독이 적은 환경에서 비교적 자유롭게 새로운 실험이 이뤄지고 있어서다. 이런 원리는 생명체의 진화, 문화의 변천, 비즈니스의 발전 등에 공통으로 적용된다. 재즈 음악이 하필 미국의 남부 끝자락에 위치한 뉴올리언스에서 태동한 것도 같은 이유다. 이 도시는 태생적으로 다양한 인종, 문화, 음악 스타일이 자유롭게 뒤섞여 창의적이고 역동적인 문화가 있었다.

미국의 스포츠 팬이 가장 좋아하는 주변부 혁신 사례로는 지난 십수년간 눈부시게 발전한 NBA 농구를 들 수 있다. 미국 프로 농구를 근본적으로 바꾼 혁신은 전통의 강호였던 LA 레이커스나 보스턴 셀틱스에서 시작되지 않았다.

2004~2005 시즌, 당시 피닉스 선즈의 지휘봉을 잡았던 마이크 댄토니Mike D'Antoni 감독은 선수들에게 속공과 3점 슛을 주문했다. '7초

이내 속공Seven Seconds or Less' 전술은 리그에 엄청난 혁명을 일으켰다. 댄토니의 스타일은 미국 농구 리그로부터 멀리 떨어진 이탈리아 리그에서 실험을 거쳐 미국에 수입되었고, 휴스턴 로키츠나 골든스테이트 워리어스 같은 팀에서 완성도를 높인 후 오늘날 NBA를 대표하는 농구 스타일로 자리 잡았다.

실리콘밸리에도 같은 패턴이 보인다. 샌프란시스코 남쪽의 반도 지역이 60년대 후반~70년대 초반 사이부터 혁신의 중심지로 부상했다. 그 지역은 당시 이미 잘 발달되고 안정적인 동부로부터 멀리 떨어져 있었던 탓에 미국 기업의 전통, 관습, 사회적 위계로부터 자유로웠고 스탠퍼드와 버클리 같은 대학으로부터 재정적 투자와 우수 인재를 쉽게 공급받을 수 있었다. 자유로운 사고, 열린 시도, 새로운 조직 실험, 기술과 비즈니스의 결합은 샌프란시스코 베이 에어리어Bay Area를 특징 짓는 단어였다. 주택의 차고와 지하실, 대학 기숙사에서 HP, 인텔, 구글, 애플 등 기라성 같은 기업이 탄생했다. 실리콘밸리가 혁신 비즈니스 도시로 부상한 지 반세기가 지나면서 (지금은 글로벌 대기업인) 초창기 스타트업 몇 개는 이미 수조 달러의 부를 만들어냈고, 실리콘밸리는 이제 인류 역사상 최대 기업을 만들어내는 대명사가 되었다. 이는 마치 성 밖에서 노숙하며 살던 야만인이 성을 차지하고 살게 된 것과 같은 변화다.

오늘날 베이 에어리어에는 돈이 물처럼 흐른다. 일류 대학 출신의 행복한 밀레니얼 직원들은 미래형 대학 캠퍼스 느낌의 사옥 옆으로 난 산책로를 따라 걷다가 특급 호텔 뷔페 수준의 음식으로 점심을 즐긴 후 오후의 나른함을 떨치기 위해 동료와 탁구를 치고 농구를 한다. 사무실에서는 화이트보드에 둘러쌓인 사람들이 모여 브레인스토밍을 한다. 이런 혁신 문화는 실리콘밸리의 상징이 되었다. 모두가 기대하는 곳에서는 혁신을 찾기 어렵다. 구글의 전 최고경영자 에릭 슈미트는 혁신을 이렇게 말한다.

"혁신의 원리는 변하지 않습니다. 좋은 사업 아이디어를 가진 소수정예의 팀이 혁신을 만들어내죠. 주변 사람이나 회사 경영진은 그들이 뭘 하는지 잘 이해하지 못 해요."[7]

경영진이 일하는 대기업 본사의 분위기는 아무래도 보수적일 수밖에 없다. 물론 그것 자체가 나쁜 것은 아니다. 신중하고 보수적인 의사 결정이 조직의 1차 목표가 되어야 하는 시기가 있다. 다만 그런 분위기 안에서 혁신을 기대하는 것은 무리다.

혁신은 주변부에서 시작해서 중심부로 이동한다. 제도와 관습은 중심부에서 출발하여 주변부로 전파된다. 두 가지 모두 필요하다. 다만 깨어있는 리더는 그 둘의 차이를 이해해야 한다. 혁신을 위한 새로운 시도가 성공을 거두기 위해서는 리더가 가끔씩 프로젝트 팀을 방문하여 격려하고 기도하는 것만으로는 충분하지 않다. 조직의 혁신을 드라이브하기 위해 리더는 조직의 외곽에서 고군분투하는 사람들을 찾아내야 한다. 미래를 위한 파괴적인 아이디어, 프로세스, 기술은 주변부에서 무르익고 있다.

모든 기업은 파괴적인 혁신을 원한다. 이를 위해 기존 조직 체계 밖에 별동대를 만들어 신제품이나 사업 아이디어를 구상하게 한다. 이러한 접근 방식을 성공적으로 적용한 사례가 나스닥Nasdaq이다. 나스닥의 전임 CEO 밥 그리펠드Bob Greifeld는 최근 저서《시장을 움직이는 손Market Mover》에서 혁신적인 프로젝트와 사업을 인큐베이션할 필요성을 설명했다. 예산 통제, 비용 절감, 자본 효율성과 같은 내부 지표는 비대하고 느려터진 조직을 개선하는 데는 매우 효과적이지만 장기적 관점의 혁신을 독려하지는 못했다. 그는 벤처캐피털의 투자 위원회와 유사한 투자심의위원회를 설립했다. 그리고 혁신적인 프로젝트 아이디어가 있는 팀은 투자심의위원회 앞에서 직접 발표하고, 괜찮다고 판단되면 연간 운영 예산과 별개로 펀딩을 받을 수 있게 했다. 이렇게 하자 다양한 팀이 소속 부문의 재무 실적에 구애받지 않으면서 새롭고 혁신적인 시도를 할 수 있게 되었다. 그리펠드는 이렇게 말한다.

"말처럼 쉽지 않았습니다. 모든 것을 재무적으로 통제하는 대기업이 이렇게 하려면 별도의 뇌가 있어야 하는 것만큼나 힘들었어요. 혁신 프로젝트를 평가할 때는 기존 재무 지표와는 완전히 다른 기준을 적용했어요. 안 그랬으면 아마 평가를 통과하는 프로젝트가 하나도 없었을 거예요."[8] 탈락한 프로젝트도 많았지만 심의를 통과한 프로젝트는 나스닥의 미래 성장 동력이 되었다.

혁신의 흐름을 포착하고 한발 먼저 움직여라

"퍽이 있는 곳으로 가지 말고 퍽이 움직이는 방향으로 가라." 왕년의

하키 스타 웨인 그레츠키Wayne Gretzky가 남긴 말이다. 이 말은 혁신 산업에 딱 들어맞는 진리이기도 하다. 지금은 수요가 없어 보이더라도 트렌드에 맞게 미래에 뜰 수 있는 제품과 서비스를 창조해야 한다는 얘기다. (빠르게 변화하는 세상에서 미래를 예측하는 방법과 관련해서는 6장 장기적 관점 참조.) 칼로타 페레스arlota Perez 유니버시티 칼리지 런던대학 교수는 "혁신적인 솔루션의 대부분이 단순한 상상력이 아니라 정확한 트렌드 파악과 가속화에서 오는 것"이라는 점을 강조한다.[9]

미래 지향적인 기업은 경쟁사나 기존 시장뿐 아니라 아직은 뚜렷하지 않은 시장의 전환점과 파괴적 혁신 방향에 주의를 기울인다. 시스코 시스템즈Cisco Systems를 세계적인 네트워크 장비 거대 기업으로 키워낸 전임 CEO 존 체임버스John Chambers는 "전환점이 왔을 때는 전체적인 변화의 방향을 봐야지 눈앞의 경쟁에 너무 신경 쓰면 안 됩니다. 지금의 경쟁 상황에 매몰되어 있으면 과거로 시야를 빼앗기니까요"라고 강조한다.[10] 체임버스 회장의 미래 지향적 관점 덕분에 시스코는 변화의 트렌드보다 몇 년 앞서 나갈 수 있었다. 시스코는 하나의 전장戰場에서 너무 오래 머무르는 실수를 피하면서 항상 업계 선두 지위를 유지하고 있다.

체임버스는 회사가 결정을 잘못했거나 시장 변화에 뒤처진다는 기미가 있으면 재빨리 이를 간파하는 능력이 있었다. 그는 시스코가 (잭웰치 GE 전 회장의 조언처럼) 시장 점유율 1위 또는 2위를 차지하는 업종에서만 경쟁하기를 원했을 뿐 아니라, 시장이 뜻하지 않은 방향으로 변할 때는 기꺼이 실패를 인정하고 사업 방향을 빠르게 바꾸려 애썼다. 플립Flip 카메라 사업이 좋은 사례다.

휴대용 비디오카메라 플립은 2008년 소비자 가전 분야 최고의 히트 상품으로, 시스코는 제조사 퓨어디지털Pure Digital Technologies을 5억 9,000만 달러에 인수했다. 그런데 얼마 지나지 않아 비디오카메라가 내장된 애플 아이폰이 출시되면서 시스코는 인수 2년 만인 2011년 실패를 인정하며 디지털카메라 사업을 접었다.

가망성이 없는 사업에 돈을 쏟아붓거나 매몰 비용을 회수하려고 시간을 낭비하지 않았다. 깔끔하게 손실을 털고 앞으로 나아갔다. 혁신 기업에도 위험은 찾아온다. 누구든 실패할 수 있다. 그럴 때 전략을 바꾸고 재빠르게 행동해야 좀 더 많은 에너지를 또 다른 혁신에 투입할 수 있다. 사람은 누구나 미래를 예측하는 비단 주머니를 갖고 싶어 하지만, 미래를 정확하게 예측하고 새로운 혁신을 만들어내기란 쉽지 않다. 게다가 혁신은 리더 한 사람의 손으로 만들어지지 않는다. 시장에서 패러다임을 바꾸는 혁신이 일어나고 있다며 이를 재빠르게 파악하고 그 가치를 좀 더 많은 사람에게 전달하려고 노력하는 것도 혁신의 일부다.

구글은 늦깎이로 검색 엔진 사업에 뛰어들었음에도 단연 최고의 제품을 갖게 되었다. 페이스북도 소셜미디어를 직접 발명한 것이 아니라 다른 소셜미디어 기업보다 쉽고 뛰어난 플랫폼을 만들었을 뿐이다. 홀푸드 역시 천연 유기농 식품 운동을 최초로 시작한 회사가 아니다. 하지만 홀푸드만큼 이 분야의 가능성을 크게 보고 전력투구한 회사도 없다.

전설적인 벤처 투자가 아서 록Arthur Rock은 깨어있는 리더를 발견해내는 재주가 있다. 그는 인텔이나 애플과 같은 혁신 기업을 창업하거나 직접 이끌었던 적도 없고, 마이크로프로세서와 집적회로 같은 혁신 제품을 발명한 적도 없다. 하지만 그런 모든 일이 일어날 수 있는 바탕을 만들었다. 아서 록은 1960년대 이후 샌프란시스코 남쪽 지역에서 일어났던 파괴적인 혁신을 일찍이 알아차리고 혁신을 돕는 역할에 집중했다. 경제적으로 불모지나 다름없던 서부 지역에 동부의 자본과 비즈니스 노하우를 전파했다. 그는 뛰어난 발명가도 기술자도 아니었지만, 자기만의 방식으로 1세대 실리콘밸리 기업에 엄청난 영향을 끼쳤다.

그의 주변에는 '반도체 산업의 아버지' 고든 무어Gordon Moore, 인텔 공동 창업자이자 위대한 사업가 로버트 노이스Robert Noyce, 인텔의 세 번째 입사자이자 11년 간 CEO로 회사를 이끈 앤디 그로브Andy Grove 등 스타급 인사가 즐비하다. 하지만 초창기 실리콘밸리 산업 생태계가 안착할 수 있도록 막후 조율을 도맡아 했던 것은 바로 록이었다. 그는 무명의 스티브 잡스Steve Jobs와 스티브 워즈니악Steve Wozniak에게 초기에 투자하여 잡스의 비전과 워즈니악의 공학적 재능을 기업화하는 데 큰 도움을 주었다. 그는 목적과 비전이 뚜렷한 창의적인 리더를 구별할 줄 알았고, 위대한 기업은 원대한 목적을 아래 이익보다 진정한 혁신을 추구한다는 것도 이해했다. "돈 때문에 사업을 시작한다면 꿈 깨는 것이 좋을 거예요. 어차피 실패할 테니까요. 뭔가 세상을 바꿔볼 만한 사업이라면, 한번 얘기해볼 수 있죠."[11] 투자 스타일이 무엇이냐는 질문에 대한 록의 대답이다.

혁신에 재미를 더하는 '아이디어 사냥'

투자 회사 모틀리풀Motley Fool은 혁신적이면서도 재미를 추구하는 문화로 잘 알려져 있다. 조직 내에 아이디어가 계속 샘솟게 하는 비결은 '아이디어 사냥Great Idea Hunt' 활동이다.

직원들은 조를 짜서 다른 사업부나 부서를 방문한다. 다른 조직 구성원이 일하는 과정을 관찰하면서 새로운 업무 방식이나 아이디어를 최소 한 가지 이상 찾아내 자기 부서로 복귀한다. 활동에 참여했던 사람은 자신이 발견한 것을 영상으로 제작하여 회사 전체에 공유한다. 이같은 활동을 통해 구성원들은 새롭고 흥미로운 방법을 배울 수 있을 뿐 아니라, 좀 더 많은 동료와 관계를 맺고, 평소 익숙한 업무 환경에서 벗어나 새로운 관점으로 관찰하는 기회까지 갖게 된다. 이는 다른 기업에서도 얼마든지 쉽게 적용해볼 수 있는 아이디어로, 큰 힘 들이지 않고 혁신적인 솔루션을 조직 내에 확산시키는 좋은 방법이다. '아이디어 사냥' 자체가 좋은 아이디어다.

조직 설계를 다시 생각한다

혁신이라고 하면 사람들은 제품이나 서비스에 집중하는 경향이 있다. 하지만 기업의 기본 설계, 다시 말해 조직 구조와 일하는 방식을 바꾸는 것도 중요한 혁신이다. 제대로 설계된 기업의 조직 문화와 구조는 구성원이 창의성을 발휘하고 고객과 다른 이해관계자에게 최상의 가치를 전달하는 데 필수적이기 때문이다.

지난 몇십 년 동안 기업은 정말 다양한 조직 설계에 대한 실험을 해 왔다. 그 결과 전통적인 조직 구조에서 벗어나 유연한 조직 구조를 선호하는 경향이 뚜렷해졌다.

역사적으로 보면 큰 조직은 대부분 조직 상층부에 권력이 집중된 관료제적 형태를 띠어왔다. 이런 위계적인 구조는 군대 조직에서 기원한 '명령과 통제' 방식에 의존해 운영된다. 명령과 통제 방식은 많은 사람이 일사불란하게 한 방향으로 움직이게 하고, 복잡한 조직 안에서 명확한 소통 체계를 확립하기 위한 방법으로서 잘 활용되어왔다. 조직을 적절히 통제하고 일관성과 표준화를 보장하는 데 효과적이었다. 많은 단점에도 불구하고 변화와 혁신이 드물었던 시기에는 가장 효과적인 조직 구조라 할 수 있다. 그러나 오늘날에 와서는 정부 기관을 제외하면 대부분의 기업은 이런 오래된 조직 구조에서 빠르게 벗어나고 있다. 기술과 경쟁 환경의 전례 없는 변화 속도를 따라잡기 위해 새로운 구조가 필요하다는 것이 증명되었고, 관료적 위계 구조로는 더 이상 살아남기 어렵다는 인식이 일반화되었다.

스스로 업무를 조직할 수 있고 빠르고 역동적으로 움직이는 조직이 되려면 어떤 구조를 갖는게 좋을까? 조직 구석구석 필요한 정보가 전달되고, 실무를 처리하는 구성원이 적절한 의사 결정권을 가지며, 조직 공통의 비전 달성에 참여하면서도 전체적인 조직 방향과 잘 조율되도록 하려면 어떻게 해야 할까?

사실 이런 조직이 되려면 전통적인 명령과 통제 방식으로는 한계가 있다. 새로운 조직은 구성원이 새로운 것을 창조하기 위해 스스로 협력하는 모델이 되어야 한다. 그러기 위해서는 구성원 개개인이 창의성을 발휘할 수 있도록 자유와 권한을 부여하면서 조직 역량을 효과적으로 결집해낼 수 있는 구조가 필요하다.

인간은 사회 집단을 형성할 때마다 필연적으로 강한 문화적 패턴을 형성하게 되는데, 그러한 패턴은 자기 복제를 통해 확대 재생산하며 결국 제도적 타성으로 자리 잡는다. 조직은 새로운 것을 가로막는 면역 체계 같은 것을 갖고 있어, 지배적 조직 패러다임에 맞지 않는 새로운 생각을 거부한다. 그러나 진정한 창의성이 살아 숨쉬기 위해서는 그와 정반대로 행동해야 한다.

'불문율'에 의문을 제기하고, 새로운 방향을 모색하며, 현상 유지를 거부하는 것이다. 철학자 아서 쾨슬러Arthur Koestler는 창의성을 "해방의 행위—독창성으로 습관을 극복하기"라고 말한다.[12] 창의와 혁신은 조직의 주류 문화와 대립하는 경우가 많다. 조직의 고위 임원 몇 명이 창의와 혁신을 외치는 것으로 끝나지 않게 하려면, 구성원이 진짜 자율성을 가지고 새로운 시도를 할 수 있는 조직 구조를 먼저 고민해야 한다.

린 제조lean manufacturing 기법이나 애자일 방법론을 조직에 적용하는 기업이 많다. 하향식 통제를 반대하며 자율 관리가 가능한 방향으로 조직을 다시 설계하고 있는 것이다. 물론 여기에도 다양한 접근법이 있지만 대부분 (1) 자기 주도형 팀과 (2) 네트워크형 구조라는 공통점이 있다.

홀푸드의 경우 상호 연결된 팀을 중심으로 한 조직 구조를 가지고 있다. 홀푸드의 모든 구성원은 하나 이상의 팀의 일원이고, 고객을 상대하는 매장에는 다양한 서비스 영역별로(청과, 육류, 해산물, 조리식품, 미용용품, 고객 서비스·프런트엔드 등) 담당 팀이 있다. 각 팀은 고유의 책임과 권한을 가지고 있지만, 모든 팀은 필요에 따라 서로 돕고 지원한다. 고객 서비스와 직무 만족도를 높이기 위한 팀 간의 교차 훈련도 중요하다.

홀푸드 조직 구조의 핵심은 각 팀이 충분한 권한을 가지고 대부분의 업무를 팀 스스로 관리하되 매장 내 다른 팀과도 긴밀히 연결되어 있다는 것이다. 각 매장은 북미 12개 권역 중 하나에 속해 있으며, 모든 권역은 글로벌 리더십 팀에 속해있다. 한마디로 홀푸드 조직은 팀으로 시작해서 팀으로 끝난다. 전체 조직을 놓고 봤을 때 위계가 전혀 없는 것은 아니지만 10만 명 이상의 구성원을 가진 기업임을 감안하면 홀푸드는 관료주의에 물들지 않았다. 덕분에 구성원과 고객을 배려하고 사업 목적을 효과적으로 달성하면서도 재무적으로 성공할 수 있었다.

전통적인 구조와는 다른 조직 구조를 유지하면서 훌륭한 문화와 혁신을 이루는 데 성공한 매력적인 사례가 홀푸드 외에도 많다. 애플, 아마존, 구글, 마이크로소프트, 넷플릭스와 같이 규모도 크고 혁신적인 기술 기업이 대표적이다. 이들 기업은 나름의 방식으로 조직 구조를 설계하고 적용하면서 50년 전에 대부분 대기업에서 거의 예외 없이 적용했던 관료주의적 위계 구조를 탈피했다.

조직 구조 관점에서 주목할 만한 회사는 아마존의 또 다른 자회사 재포스Zappos로 오늘날 세계에서 가장 흥미롭고 혁신적인 형태의 조직을 유지하고 있다. 재포스 CEO 토니 셰이Tony Hsie는 전직 소프트웨어 엔지니어 브라이언 로버트슨Brian Robertson이 창안한 홀라크라시Holacracy라는 조직 모델에서 영감을 얻었다. 홀라크라시는 전통적인 위계 조직을 대체하는 포괄적인 조직 운영 체계다. 재포스는 이 체계를 도입하는 과정에서 로버트슨이 운영하는 컨설팅 회사 홀라크라시원HolacracyOne과 긴밀하게 협력했지만, 그대로 받아들이기보다는 재포스에 맞도록 많은 부분을 변용했다. 그 결과 조직 위계는 최소한으로 축소되었고 대부분 업무가 팀 수준에서 결정되고 실행되는 구조를 만들었다. 이로 인해 재포스의 혁신 역량과 탁월한 고객 서비스에 대한 의지는 더욱 강화되었다.

깨어있는 리더는 조직을 새롭게 설계하는 다양한 접근 방식을 알아야 한다. 외부 환경 변화에 빠르게 대응하기 위해서는 조직 의사 결정 과정에서의 혁신이 필요하다. 서비스 정신이 현장에서 실천되기를 원한다면 최대한 현장 팀에 많은 권한과 책임을 부여해야 한다. 단순한 지시나 명령으로는 서비스 수준을 높일 수 없다. 관리 권한을 적절히 분산해야만 조직 내 모든 수준에서 창의성이 발현되고 관료주의와 병목 현상이 사라진다.

창의력과 권한 위임 그리고 자율성은 좋은 것이다. 하지만 아무리 좋아도 필요 이상으로 넘치면 문제가 된다. 영위하는 사업과 관계없이 모든 구성원이 일치된 방향성을 공유하고 함께 나아가야 할 때가 있다. 주어진 방향에 동의하고 공통의 미션을 위해 자신이 해야 할 일을 해내고 횡적으로 긴밀하게 협력하는 것은 모든 조직에 필요하다. 조직의 위계 자체가 본질적으로 나쁜 것은 아니다. 위계를 없애는 것이 도덕적인 것도 아니다. 깨어있는 리더는 창의성과 일관성, 자율성과 협업, 위계와 위임, 독창성과 제도화 사이에서 적절한 균형점을 찾아야 한다. 그리고 그 균형점을 판단하는 기준은 결국 조직의 목적이다.

독선과 자만은 혁신을 가로막는다

혁신은 어디에나 존재한다. 또한 새로운 비즈니스 모델, 파격적인 신기술, 효율적인 조직 구조 개편 등 어떤 형태로든 가능하다. 외부에서 일어나는 혁신에 관심을 거두는 것도 위험하다.

성공적인 기업은 스스로 혁신적이기도 하지만, 남의 혁신을 자기 것으로 만드는 데도 능숙하다. 혁신의 챔피언일 뿐만 아니라 모방에도 선수다. 혁신도 모방도 어렵다고 판단하면 아예 혁신 기업을 인수한다. 세계적인 기술 기업들이 쉬지 않고 인수 합병을 하는 이유가 여기에 있다.

결과적으로 조직 혁신에 도움이 된다면, 그 혁신이 반드시 내부에서 만들어져야 할 이유는 없다. 깨어있는 리더는 그 원천과 상관없이 항상 최고의 혁신 기회를 찾는다. 자기 조직에 대한 자부심이 너무 커서 내부에서만 혁신의 기회만을 찾는다면 제대로 된 혁신 아이디어를 발굴하지 못하고 성공의 기회를 날릴 수 있다.

조직 역량에 대한 과도한 믿음으로 외부에서 일어나는 혁신을 과소평가하는 편향적 사고를 하는 경우도 있다. 이는 일종의 '실명' 상태로, 내부 구성원은 이런 문제를 쉽게 인지하지 못한다. 지금까지 아무리 성공적이었던 조직이라 하더라도 이런 편향에 깊이 빠지게 되면 생존 자체가 위험해진다. 사실 내부적으로 혁신적인 결과물을 많이 만든 창의적인 조직일수록 이런 편향을 교정하기 어렵다. 가장 혁신적인 팀(그리고 리더)이 자만에 빠지기 쉬운 것처럼 말이다.

내부에서 만든 프로세스와 방법론을 맹신하고, 한 가지 관점으로만 문제를 바라보다 보면 어느새 변화에 대한 방향 감각을 잃고, 고객과 시장 요구를 읽지 못하며, 외부에서 일어난 커다란 변화에 아둔해진다.

깨어있는 리더는 누가, 언제, 어디서, 어떤 혁신을 만들었는지에 집중하기보다 혁신을 활용함으로써 얼마나 많은 가치를 창출할 수 있는지에 집중해야 한다. 그래야만 조직이 기민함과 유연성을 잃지 않으면서 올바른 방향으로 전환pivot을 할 수 있다. 이런 자세를 유지하기 위해서는 독선과 자만심을 버리고 새로운 변화를 겸손하게 받아들이는 것이 바람직하다. 겸손함은 리더 개인뿐 아니라 조직에도 적용되는 강력한 경쟁 우위다.

리더의 오만함처럼 팀과 조직의 창의성을 저해하는 것은 없다. 구성원들이 창의적으로 일하기를 원한다면 리더는 독선과 자만심을 쏙

빼고 사람을 대해야 한다. 오만한 리더일수록 자기 의견을 비판하거나 동조하지 않는 사람들에게 방어적이다. 이런 태도의 이면에는 '내가 옳고 너는 틀렸어'라는 암묵적 가정이 있다.

반대로 겸손한 사람은 상대의 의견을 경청한다. 피드백을 적극적으로 고려한다. 세계 최대의 헤지펀드 브리지워터 어소시에이츠Bridgewater Associates의 레이 달리오Ray Dalio 전 회장도 조직 문화를 과거 '내가 옳다'고 주장하는 분위기에서 '내가 옳은 근거가 뭔가?'라고 자문하는 분위기로 바꾸기 위해 무척 애를 썼다고 얘기한다.[13]

겸손한 사람은 자신이 '옳다는 것'을 증명하기보다 '옳은 결정'을 해야 한다. 리더라면 그렇게 행동해야 하고, 다른 사람도 그렇게 하도록 격려해야 한다. 깨어있는 리더가 항상 최선의 접근, 합리적인 주장, 창의적인 아이디어를 파악하기 위해 경청해야 하는 이유다.

겸손은 자신감 부족이나 소신의 결핍을 의미하지 않는다. 하지만 리더 자리에 오래 있다 보면 '좋은 게 좋은 것'이라는 분위기에 젖어 가급적 문제와 갈등을 직시하기보다는 적당히 타협하려는 경향이 강해진다. 그러면서 자신의 아이디어를 상대가 인정해주고, '정말 좋은 생각'이라고 치켜세우는 것에 익숙해진다. 그래서 이런 속담도 있다.

"당신이 그 방 안에서 가장 똑똑한 사람이면 거기 계속 있으면 안 된다."

조직 안에서 지위가 높아지고 권한이 커질수록 남들이 자신을 추켜세우고 떠받들어주는 것에 길들여져서는 안 된다. 겸손함을 유지하되 현실을 직시하는 책임감을 함께 가져야 한다는 의미다.

혁신을 위한 혁신이 아닌 가치 창출을 위한 혁신

혁신이 아무리 봇물처럼 터져나온다 하더라도, 기업이 너무 혁신적인 아이디어에만 매몰되어서는 안 된다. 깨어있는 리더라면 혁신의 결과가 고객과 이해관계자에게 실질적인 가치를 제공하는지 늘 확인해야 한다.

이와 관련한 전형적인 사례가 바로 제록스Xerox다. 1959년 세계 최초로 건식 복사기를 출시한 제록스는 1970년 실리콘밸리 북서부 도시 팔로 알토Palo Alto에 PARCPalo Alto Research Center라는 이름의 연구소를 설립했다. 연구소는 복사기 관련 기술 외에도 이더넷ethernet, 그래픽 사용자 인터페이스graphic user interface 등 미래 개인용 컴퓨터와 인터넷 분야에 응용될 수 있는 엄청난 신기술을 개발했다.

하지만 제록스 본사는 연구소가 만들어낸 혁신적 기술에 관심을 보이지 않았고, 어느 것 하나 제대로 사업화에 성공하지 못했다. 아이러니하게도 제록스가 외면한 기술에 영감을 받은 애플Apple, 마이크로소프트Microsoft, 스리컴3COM 등의 기업들이 이를 활용하여 새로운 시장을 만들었고 세계적인 기업으로 성장했다.

혁신에서 비롯되는 가치를 제대로 인지하고 이를 사업적으로 발전시키지 못하는 기업이 생각보다 많다. 조직이 혁신을 만들어낼 수 있도록 인정하고 격려하고 자극하는 것도 필요하지만, 혁신을 가시적인 성과로 이어지게 하는 일이 중요하다.

연구소나 실험실과 같은 특수한 환경에서 이론적으로만 검증된 혁신을 비즈니스로 발전시키기 위해서는, 혁신의 아이디어가 새로운 제품이나 서비스 혹은 업무 프로세스 등으로 구체화되어 고객 또는 이해관계자의 문제를 해결하거나 이들에게 새로운 가치를 제공할 수 있어야 한다.

비영리 단체나 정부 조직의 경우에는 경제적 가치보다는 사회적 가치에 더 초점을 맞춘다. 하지만 혁신을 통해 새로운 가치를 창출해야 한다는 본질은 같다. 동물보호단체 PETAPeople for the Ethical Treatment of Animals 활동가였던 브루스 프리드리히Bruce Friedrich의 사례를 보자.

동물 복지 증진이라는 목적을 달성하기 위해 브루스는 사람들의 육류 기반 식단을 바꾸려고 무던히 노력했다. 물론 본인도 철저한 채식을 고집했다. 하지만 육식을 중단하라는 설득이 현실적이지 않았고, 새로운 가치를 제공하지도 못한다는 사실을 깨달았다. 그렇다고 동물 복지에 대한 자신의 소신이 달라진 것은 아니었지만 뭔가 변화의 필요성을 느꼈다.

그는 한동안 활동을 멈춘 채 생각을 정리하면서 의미 있는 통찰을 얻었다. '사람들의 행동을 억지로 바꾸려고 하는 대신, 사람들이 먹는 음식을 바꿔보는 것은 어떨까?' 하는 생각이었다.

그러기 위해서는 사람들의 감정에 호소하며 행동 변화를 촉구하기보다 혁신적인 방법이 필요했다. 그런 통찰의 결과로 만들어진 것이 좋은식품연구소Good Food Institute다. 이 연구소는 지금도 식물성 대체육代替肉, 푸드 테크놀로지 투자, 동물 복지 기금 조성 등에 가장 활발하고 효과적인 지원 활동을 하고 있다.

혁신의 출처를 가리지 않는다

혁신은 뜻밖의 분야에서 일어나기도 한다. 예를 들어 사회적 기업가 미키 아그라왈Miki Agrawal은 생명을 유지하는데 있어서 가장 중요한 활동이지만 아무도 공공연히 얘기하지 않는 '생리', '배변' 관련 현실을 관찰하면서 혁신의 영감을 얻었다.

'어떤 분야에 뛰어들어 정말 많은 시간을 투자해야 한다면, 그게 그만큼 중요하다는 확신이 있어야 한다'고 생각한 그녀는 지난 반세기 동안 생리대, 생리컵, 탐폰으로만 구성되어 있는 생리용품 분야에서 제대로 된 혁신이 없었다는 사실에 주목했다.

자신의 쌍둥이 자매와 함께 싱크스THINX라는 회사를 설립한 그녀는 사용하기 쉽고 편안한 착용감을 주며 절대 새지 않는 속옷형 생리용품을 개발했다. 특히 이 제품은 폐기물이 발생하지 않도록 설계되어 환경적 측면에서도 지속 가능성이 컸다. 또한 투시Tushy라는 별도의 스타트업을 만들어 비데와 화장실용품도 개발했다. 투시 비데는 화장실용품 카테고리를 새롭게 정의한다는 목적 아래 저렴하면서도 환경친화적이며 밀레니얼 세대가 좋아할 만한 비데를 개발 중이다.

싱크스의 공동 창업주이자 미키의 자매이기도 한 라다 아그라왈 Radha Agrawal은 커뮤니티와 관련한 혁신에도 관심이 많았다. 그녀가 30

대 중반 즈음에 단골로 다니던 뉴욕 나이트클럽이 있었는데, 어느 날 새벽 4시에 클럽에서 팔라펠(병아리콩을 갈아 동그랗게 뭉쳐서 고로케처럼 튀겨낸 중동풍 음식-옮긴이)을 먹다가 문득 도시의 나이트클럽이 제공하는 라이프스타일에 관해 깊이 생각하게 되었다. 마약에 의존하여 현실을 도피하고, 진정한 기쁨과 소통이 부족한 사람들의 삶을 바꾸고 싶었다. 그녀는 이런 생각이 연대와 소속감을 중시하는 밀레니얼 세대에게 어필할 것이라고 확신했다.

그녀의 아이디어는 사람들이 모여서 즐기는 장을 제공하되 깊은 밤이 아닌 이른 아침으로 시간을 바꾸는 것이었다. 그렇게 하면 알코올과 마약에 취해 새벽까지 놀다가 아침에 녹초가 되어 늦게까지 곯아떨어지는 생활을 완전히 바꿀 수 있다고 생각했다. 그녀는 '데이브레이커Daybreaker'라고 불리는 모임을 만들어 사람들이 댄스, 요가, 시 낭송 등 다양한 활동을 즐기면서 다른 사람과 친밀한 관계를 쌓게 했다.

이 커뮤니티는 전 세계적인 인기를 얻었고, 30여 개 도시에서 수십만 명의 사람들이 참여하는 비즈니스 모델로 발전했다. 그녀는 이 모임의 상징적인 의미를 'DOSE'라는 약어로 표현하는데, 이는 사람이 행복, 사랑, 친밀감 등을 느끼는 데 관여하는 4가지 신경조절물질(도파민dopamine, 옥시토닌oxytocin, 세로토닌serotonin, 엔돌핀endorphins)의 앞글자를 딴 것이다.

'당신의 이윤은 나의 기회Your margin is my opportunity'라는 표현이 요즘 비즈니스 세계에서 많이 사용된다. 이 말을 조금 바꾸어 '당신의 무관심은 나의 기회'라고 생각해 볼 수 있다. 때로는 사람들이 전혀 생각지 못한 분야, 몇 년 동안 아무도 관심을 갖지 않았던 영역에서 변화와 혁신이 일어날 수 있기 때문이다.

아그라왈 자매의 사례는 혁신이 반드시 최첨단 기술을 적용한 제품이나 서비스일 필요가 없다는 사실을 잘 보여준다. 어려운 기술을 적용하지 않더라도 지금의 시대 상황에 꼭 필요한 독특한 비즈니스 모델이나 파격적인 미션은 얼마든지 가능하다. 혁신을 통한 가치 창출의 한계는 상상력의 한계와 같다.

인접 영역에서 혁신을 모색한다

외부 경제 환경이 이렇게 빠르고 급격하게 변하는 상황에서 어떻게 기회를 포착하고 미래를 위해 투자하며 효과적인 계획을 세울 수 있을까? 이렇게 어려운 과제를 좀 더 효율적으로 완수하는데 도움이 되는 개념이 있다.

복잡성 이론 전문가인 스튜어트 카우프만Stuart Kauffman은 그 개념을 '인접 가능성the adjacent possible'이라 부른다. 카우프만은 생물학 연구에서 이 개념을 도출했는데, 인접 가능성의 의미를 현재의 관찰에 비추어 가까운 미래에 나타날 수 있는 가능성의 공간으로 정의했다.

이 개념을 쉽게 이해하려면 인접 가능성이 낮은 것이 무엇인지 생각하는 것에서 시작하면 도움이 된다. 지금 현실에 비추어 너무 먼 미래를 상상한다거나, 현재로부터 여러 단계를 건너뛰어야만 달성 가능한 목표를 지향하는 것은 인접 가능성이 낮은 것이다. 예를 들어 나 같은 사람이 갑자기 헬스장에서 벤치 프레스 250kg에 도전하는 것은 인접 가능성이 지극히 낮은 일이다. 하지만 목표를 반 정도로 낮춰 125kg 정도를 들려고 시도하는 것은 어느 정도 인접 가능성이 높아진다.

스티븐 존슨Steven Johnson도 《탁월한 아이디어는 어디서 오는가Where Good Ideas Come From》에서 그 개념을 명쾌하게 설명한다. "인접 가능성은 변화와 혁신의 한계와 창조적 잠재력을 동시에 포착하는 개념이다. … 인접 가능성은 일종의 잠재적 미래상으로, 현재와 미래 사이의 경계에 존재하면서 현실이 어떻게 미래의 모습으로 재구성될 수 있는지에 대한 여러 가지 시나리오라 할 수 있다."[14]

변화가 빠른 환경일수록 인접 가능성 개념을 적용하면 큰 도움을 얻을 수 있다. 불확실성이 높은 미래의 여러 가지 잠재적 사건, 가능성, 시나리오 중에 어떤 것이 비교적 단기간 내에 현실화될 수 있고, 또 어떤 것이 서너 단계의 불확실성 너머에 존재하는지를 구분한다면 선택지를 보다 명확하게 이해할 수 있다.

체스에서도 한두 수 뒤의 상황과 서너 수 뒤의 상황은 예측할 수 있는 경우의 수가 크게 다르다. 따라서 인접 가능성 개념을 미래 예측에 활용하면 실용적인 계획과 무모한 모험을 쉽게 구별할 수 있다. 실제로 깨어있는 리더는 인접 가능성이라는 용어를 모르더라도 본능적으로 그 차이를 구별하여 사용하는 경우가 많다.

그렇다면 팀, 사업부, 회사의 입장에서 봤을 때 인접 가능성이 높은 것은 무엇인가? 리더기 해야 할 중요한 역할은 인접 가능성이 높은 상황을 미리 들여다보고, 어떤 것이 바람직하면서도 성취 가능한 활동인지를 파악하여 조직이 해당하는 목표에 도달하도록 길을 밝히는 것이다.

그리고 미래를 향해 한 걸음씩 나아갈 때마다 인접 가능한 목표도 함께 움직인다는 사실을 잊어서는 안 된다. 다시 말해 인접 가능한 목표는 항상 움직인다. 이전에는 보이지 않던 중장기 목표도 인접 가능한 목표를 반복적으로 추구하는 과정에서 점차 시야에 들어올 수 있다. 다시 카우프만의 말을 빌리자면, 인접 가능한 목표를 향해 전진하면 "잠재적 미래의 다양성이 커진다."[15]

중장기 관점

우리 시대의 대표적인 특징은 변화의 속도다.
지구상에서 135억 년의 진화 끝에 초超변화의 시대가 찾아온 것이다.
세상의 변화 속도가 기업의 회복 속도를 압도하고 있다.[1]

—게리 하멜Gary Hamel (경영전략가)

아이슬란드 출신의 할라 토마스도티르는 최고의 직장으로 꼽히는 펩시에서 훌륭한 리더로 인정받으며 직장 생활을 하던 중, 자신의 궁극적인 목적이 충족되지 않는다는 생각에 회사를 그만 두었다.

어려서부터 독립심이 강했던 그녀는 고등학교를 졸업하면서 고향을 떠나 미국 남부 앨라배마 주에 있는 오번대학을 다녔다.

졸업 후에는 미국 회사에 들어가 "낮에는 남자들보다 많이 일하고, 밤에는 남자들보다 더 많이 술을 마셨다." 그러고는 다시 경영대학원을 마쳤고 펩시에 입사했다. 펩시의 직원 수는 그녀의 고향인 아이슬란드 국민 수보다 많았다. 그녀는 펩시에서의 경력이 자랑스러웠지만, 자신의 삶에 더 의미 있는 일을 하고 싶었다. 탄산음료를 더 많이 파는 것만으로는 부족했다. 그녀는 결국 고향행을 결정했다.

아이슬란드에서 할라는 더 높은 목적을 추구하기 위해 기업보다는 학계에서 진로를 찾았다. 레이캬비크대학에서 여성 개발 및 기업가 양성 관련 이니셔티브를 설계하고 이를 주도했다. 열심히 일하다 보니 새로운 기회가 찾아왔다.

아이슬란드 상공회의소 대표직을 제안받은 것이다. 그녀가 2006년 상공회의소 대표로 첫 출근할 당시 아이슬란드의 금융 자산은 GDP의 4배 수준이었다. (참고로, 금융이 주요 산업인 스위스도 금융 자산 총액이 GDP의 2배 수준임.)

아이슬란드 정부가 몇 년 앞서 금융 규제를 풀고 금리를 높여 해외 부동 자금이 유입된 결과였다. 2008년 글로벌 금융위기가 닥쳤을 때는 무려 10배에 달했다. 나라 전체가 돈에 취해 있었다. 아이슬란드 기업은 돈을 빌려 유럽의 큰 기업을 사들였고, 부동산 가격은 치솟았으며, 몇 년 후 거품이 터지든 말든 모두 각종 자산 투자에 혈안이 되어 있었다.

아무도 장기적이고 지속 가능한 경제에 관심이 없던 그때, 할라는 소리 높여 경고하기 시작했다. 하지만 사람들은 그녀의 경고를 무시했다. 그녀는 "모두가 취해 있는 파티에서 '내일 숙취로 고생할 테니, 술 좀 작작 마시라'고 조언하는 기분이었다"라고 회고한다.

그런 가운데도 그녀의 목소리에 귀를 기울이는 사람이 있었다. 한

은행의 여성 임원으로 어느 날 두 사람은 와인을 한잔 하며 속 깊은 대화를 하게 되었고, 거기서 아이슬란드의 위태로운 상황에 대한 대안을 논의했다. 여성 주도의, 장기적 가치에 집중하는 투자 회사를 만들어보자는 것이었다. 할라는 자신이 쌓아온 모든 경험이 마치 그 계획을 위한 것이 아니었나 하는 생각까지 들었다.

물론 할라의 투자 회사가 아이슬란드의 금융 위기를 피해가게 만들지는 못했다. 기업의 주가는 5분의 1 수준으로 폭락했고 은행이 줄줄이 파산하면서 금융 시스템은 붕괴되었다. 정부가 2009년 IMF 구제금융을 신청했지만 대규모 반대 시위에 부딪혀 총리가 사퇴하는 사태까지 벌어졌다.

그러나 금융 위기가 터지기 전에 자금을 안전한 투자처로 옮기라는 조언을 따른 할라의 고객들은 피해가 거의 없었다. 당장의 수익보다는 장기적인 지속 가능성을 고려한 투자 배분이 필요하다는 것을 강조한 할라의 통찰이 빛을 발했다.

이 사례가 알려지자 아이슬란드 사람들도 할라의 말에 귀를 기울이기 시작했고, 그녀의 통찰력과 가치관은 아이슬란드 사회에 긍정적 영향을 미쳤다. 그녀는 대통령 선거에 출마하여, 당선이 되지는 못했지만 3분의 1 이상의 표를 얻었다.

모든 리더가 할라처럼 드라마틱한 경험을 하기는 어렵다. 하지만 기업이나 경제, 나아가 국가의 장기적이고 지속 가능한 번영을 고민하는 리더라면 같은 원칙에서 교훈을 찾아야 한다.

깨어있는 리더는 긴 안목으로 세상의 변화를 이해하고 장기적인 관점에서 투자할 수 있어야 한다. 그러기 위해서는 단기 이익에 큰 베팅을 하려는 유혹과 욕망에서 벗어나야 한다.

장기적 관점 지키기

빠르게 변화하는 세상에 살다 보면 단기 실적주의에 빠지기 쉽다. 금융 시장과 투자자는 당장 성과를 내놓으라고 재촉하고, 미디어는 24시간 연중무휴로 새로운 정보를 쏟아 낸다. 혼란스러운 경영자는 종종 진짜 중요한 것을 놓치고 조직을 위험에 빠뜨리기도 한다.

단기 이슈에만 매몰되지 않고 장기 관점에서 깊이 있는 고민을 늘 하는 것이 깨어있는 리더의 역할이다. 일주일 또는 하루 단위의 '긴급' 이슈에서 벗어나 몇 년, 몇십 년을 좌우할 문제를 검토하고 토론하는 데 시간을 써야 한다.

이를 위해서는 경영 평가에 장기 성과에 영향을 주는 지표를 포함해야 한다. 리더는 자신뿐 아니라 자신이 이끄는 구성원도 장기 목표를 세우고 추진하는 데 필요한 시간과 공간을 제공해야 한다. 하지만 금융 시장의 변동성이 기업 경영에 영향을 주는 환경에서 소신있게 장기적인 관점을 유지하며 회사를 운영하다가는 위험할 수 있다는 사실도 잊어서는 안 된다. 그것은 깨어있는 자본주의를 건설하는 과정에서 리더가 감수해야 할 위험이다.

나는 홀푸드를 경영하면서 당장 주가를 올릴 수 있는 일을 하라는 투자자의 요구에 맞서왔다. 그런 식의 경영은 장기적으로 기업 가치를 떨어뜨린다는 것을 잘 알기 때문이다. 특히 행동주의 투자자의 공격에 분개할 때가 많았다.

그들은 상당량의 지분을 확보한 뒤 이사회를 압박해 실적과 주가를 단기간에 높이라고 요구했다. 앞에서도 언급했듯, 그런 행동주의 투자 펀드의 공격이 계기가 되어 홀푸드가 결국 아마존과 합병을 한 것이다. 내가 아마존을 선택한 것은 공격적인 행동주의 펀드로부터 회사와 이해관계자들의 장기적인 이익을 지키기 위해서였다.

로널드 샤이치Ronald M. Shaich도 나처럼 행동주의 투자 펀드에 오랫동안 맞서온 경영자다. 그는 성공적인 레스토랑 체인 파네라 브레드Panera Bread의 설립자로, 깨어있는 자본주의의 진정한 본보기이기도 하다. 그동안 장기적 관점의 경영에 대해 샤이치만큼 명확하게 강조한 사람은 보지 못했다.

그는 2009년 CEO 자리에서 물러났는데 이유는 의례적인 활동과 대외 홍보 업무가 너무 많아서였다. 그는 "방금 한 일을 설명하는 데 20퍼센트의 시간을, 앞으로의 계획을 얘기하는 데 20퍼센트의 시간을 소비해야 한다. 너무 지친다"고 말할 정도였다. 회사의 장기적인 발전과 관련한 일에 자신의 시간을 충분히 쓸 수 없었던 그는 일상적인 관리 업무에서 벗어나 회장 직으로 물러난 후에야 장기적인 경영 이슈를 충분히 고민할 수 있게 되었다.

파네라 브레드는 오랫동안 '패스트 캐주얼' 레스토랑 혁명을 이끌었고 그 결과 치폴레Chipotle나 스타벅스Starbucks와 비슷하거나 더 나은 성과를 내며 놀라운 성장을 이루었다. 그는 파네라 브레드가 그렇게 성공적일 수 있었던 것은 단기적인 어려움을 겪더라도 장기적인 가치 창출 능력을 극대화할 수 있도록 필요한 변화와 투자를 기꺼이 수용했기 때문이라고 믿는다.

장기적인 관점은 전원 스위치를 내렸다가 금방 다시 켜는 것처럼 잠깐 휴식을 취하고 바로 일상으로 돌아오는 방식으로 생기지 않는다. 더 멀리, 더 깊게 보기 위해서는 충분한 시간적 여유가 필요하다.

CEO 자리를 내려놓은 후 샤이치는 사업에 대한 장기적인 고민을 지속했고 새로운 구상을 구체화시켰다. 샤이치는 해외 여행을 다녀온 후 파네라 브레드의 경쟁력 강화를 위해 향후 10년 동안 필요한 전략을 담은 20페이지 분량의 문서를 만들었다. 그 안에는 신기술 활용 방안, 고객 충성 프로그램, 위생 및 배달, '건강' 테마 강화 등의 내용이 포함되어 있었다. 파네라 브레드 경영진은 전략을 승인했고 샤이치는 다시 CEO로 복귀했다.

새로운 전략을 실행하는 데는 시간이 걸린다. 회사 주가가 일시적으로 정체되자 행동주의 투자자들이 다시 모여들었고, 일부는 그의 해임을 요구했다. 하지만 샤이치의 전략은 결국 성공했고 주가도 다시 회복했다. 그러나 행동주의 투자자에 더 이상 신경 쓰고 싶지 않았던 그는 파네라 브레드를 비상장 기업에 매각했다.

주주 행동주의는 깨어있는 자본주의 운동에 가장 큰 위협 중 하나다. 뿌리를 뽑지 않으면 숙주까지 죽이는 기생충처럼 자란다. 많은 사람들이 무분별한 주주 행동주의를 억제하기 위한 과세 체계, 회계 감사 방식, 자본 시장 메커니즘 등 법적, 구조적 변화를 제안하기도 했다.

최근에는 B코퍼레이션 인증 표준을 채택하는 기업도 많아지고 있다. B코퍼레이션은 미국 내 35개 주와 일부 다른 나라에서 법적으로 인정받고 있는 대안적인 기업 조직 형태로, 인증을 위해서는 사회적·환경적 영향을 포함한 여러 이해관계자의 이익을 충분히 고려하여 경영한다는 것을 증명해야 한다.

인증 주관 기관인 비랩B-Lab의 설립자 제이 코엔 길버트Jay Coen Gilbert는 이러한 형태의 기업이 "근시안적 경영이라는 전염병을 예방하기 위해 백신을 맞은 것과도 같아서 더 많은 이해관계자를 위한 번영을 지속적으로 실현할 수 있다"고 얘기한다.[2]

또 다른 새롭고 흥미로운 시도는 《린 스타트업Lean Start-up》의 저자이기도 한 에릭 리스Eric Ries가 설립한 장기 증권 거래소Long-term Stock Exchange인데, 이 거래소는 기업이 단기 재무 성과 압박에 시달리지 않으면서 자본 시장에 접근할 수 있는 방법을 모색하고 있다.

중요한 것은 새로운 시스템이나 접근법이 나오더라도 장기적 관점을 바탕으로 기업을 이끌어가는 책임은 결국 리더에게 있다는 사실이다.

자본시장의 압력 속에서도 장기적 관점을 유지하며 회사를 경영한다는 것이 때로는 쉽기도 하고 때로는 어렵기도 하지만, 궁극적인 성패는 깨어있는 리더의 관점에 달려 있다.

사후 검시 VS 사전 검시

요즘 비즈니스 분야에서 '사후 검시post-mortems'라는 말이 있다. 원래 '사망 후 사체 부검postm-mortem autopsy'을 줄여서 쓰는 말인데, 비즈니스 맥락에서는 '종료된 프로젝트의 성패 요인을 사후적으로 분석하기 위한 검토 또는 회의'라는 의미로 사용된다.

하지만 장기적인 관점의 경영을 원한다면 오히려 '사전 검시pre-mortem'가 더 중요하다. 파네라 브레드 설립자 겸 CEO 로널드 샤이치는 실제로 조직의 장기 미래와 관련한 사안에 대해서는 사전 검시를 통해 좀 더 전략적인 접근을 하려고 노력했다. 사전 검시 방식에 대한 그의 비유에 따르면 미래의 임종臨終 시점에서 현재의 자신을 되돌아보는 것처럼 비즈니스 현안을 검토하는 것이다.

내가 곧 죽는다고 가정했을 때, '지금 중요한 것이 무엇인가?', '내가 정말 지키고 싶은 가치는 어떤 것인가?', '지금 세운 계획이 위험을 감수할 만한 가치가 있는가?', '지금 문제가 굳이 걱정해야 할 것인가?', '새로운 시도를 할 만한 가치가 있는가?' 등의 질문을 던져보는 것이다. 이런 질문에 답하다 보면 복잡하고 답이 없어 보이던 난해한 문제들이 비교적 선명하게 들여다 보이기도 하며 해결책을 찾는데도 도움이 된다.

깨어있는 리더라면 인생의 중요한 시점마다 정기적으로 사전검시를 하는 것이 바람직하다. 자신에게 솔직하게 답하는 훈련을 통해 자연스럽게 리더로서의 자질과 장기적이고 긍정적인 관점을 기르고 유지할 수 있다.

무한 게임 마인드로 경영하기

회복 탄력성을 갖추고 장기적 관점으로 회사를 경영하면서 혁신성과 유연성을 키우려 노력하는 기업이 있는가 하면, 단기적인 시장 변화에 즉각적으로 대응하면서 눈앞에 닥친 경쟁에서 반드시 승리하기 위해 애쓰는 기업도 있다. 조직의 거의 모든 자원을 총동원하여 단기적 승리에 집중하는 것과 긴 안목으로 조직의 체력을 키우는 접근은 종종 '유한 게임finite game', '무한 게임infinite game'으로 비유된다. 이 개념은 원래 뉴욕대학 종교학과 제임스 카스James Carse 교수가 제안한 것으로, 그는 인생에서 경험하게 되는 게임을 아래와 같이 구분한다.

• **유한 게임**—게임에서 이기는 것이 목적이다. 게임의 규칙은 정해져 있고 바꿀 수 없다. 승자와 패자가 명확히 나뉘며, 승자가 모든 것을 얻는다. 플레이어는 상대를 무너뜨리고 경쟁에서 이기는 데 집중한다. 승리하면 게임은 끝난다.

• **무한 게임**—게임을 지속하는 것이 목적이다. 규칙은 합의를 통해 바꿀 수 있다. 단순하게 승패가 나뉘지 않으며, 플레이어는 게임을 더 잘하기 위해 스스로 개선하고 능력을 향상시키는 데 집중한다. 포기하지 않는 한 게임은 지속된다.

두 가지 게임 규칙을 읽어보면, 4장에서 다룬 윈-윈, 윈-루즈 개념과 매우 비슷하다는 것을 알 수 있다. 베스트셀러 작가 사이먼 시넥Simon Sinek 역시 2019년《무한 게임The Infinite Game》에서 기업 경영이 무한 게임의 전형임을 지적했다. 영속 기업이 영위하는 사업은 종료 시점이 정해져 있지 않고 승자와 패자가 명확히 나뉘지 않는 경우도 많으며 게임의 룰 자체도 끝없이 바뀌기 때문이다.

문제는 많은 경영자가 단기 성과에 집착하고, 경쟁사를 앞지르려고 하는 등 유한 게임 마인드로 기업을 경영한다는 것이다. 반면에 깨어 있는 리더는 무한 게임 방식으로 회사를 경영한다.

이에 대해 시넥은 이렇게 강조한다. "무한 게임에는 거기에 맞는 게임 규칙이 있습니다. 무한 게임에서 성공하려면 경쟁사를 찍어누르고 최고가 되겠다는 생각을 접고, 우선 조직을 강하고 실력 있게 만들어 남들이 넘보지 못할 경쟁력을 갖춰야 합니다. 역설적인 것은, 그렇게 하는 기업은 단기적으로도 탁월한 이익을 낸다는 사실입니다."[3]

장기적인 관점으로 혁신에 집중하는 것은 무한 게임 마인드를 가진 기업의 특징이며, 이런 기업은 건강한 문화와 강력한 회복 탄력성도 함께 갖고 있는 경우가 많다.

오늘날 자본주의에 대한 비판은 단기적 이익을 위해 시스템을 악용하고 다른 이해관계자에게 피해를 끼치는 일부 기업의 행태에 집중되어 있다. 하지만 이렇게 근시안적이고 탐욕스러운 기업 때문에 자본주의 시스템 자체를 부정하는 것은 옳지 않다. 오히려 자본주의 시스템이 좀 더 성숙하게 진화하는 방향으로 문제를 해결하는 것이 맞다. 그리고 이 과정에 장기적 관점과 무한 게임 마인드를 갖춘 깨어있는 리더가 필요하다.

물론 회사 경영에 있어서 단기 성과도 무시할 수는 없다. 기업은 효율적인 운영을 통해 이익을 내고 현금 흐름을 확보해야 하는 현실로부터 자유로울 수 없다. 미래를 위해 씨를 뿌리면서 오늘의 생존을 위한 작물을 수확해야 한다. 관건은 균형점을 찾는 것이다. 씨를 뿌리는데 게으르고 열매를 수확하는 데만 바쁘다면 식량은 곧 동난다. 지금까지 만들어놓은 혁신과 비즈니스 모델에 안주하는 기업이라면 한동안은 좋은 실적을 낼 수 있겠지만 망할 날이 잡혀 있다고 해도 무리는 아니다.

현재와 미래의 균형을 유지하고 지속적으로 성장하기 위해 중요한 것은 바로 인재 육성이다. 그래서 '승계 계획succession planning'을 잘 세우는 것이 깨어있는 리더의 중요한 임무다. 탁월한 기업에서도 리더의 세대 교체는 위험한 결과를 가져오곤 한다. 비즈니스와 조직을 키우고 궤도에 올려놓는 리더십과 그것을 물려받아 운영하는 리더십은 다르다.

혁신 기업을 승계받은 후계자는 비용 절감, 효율성 제고, 운영 등에 집중하는 경우가 많다. 이런 노력은 단기 실적과 이익을 끌어올리고 한동안은 기존의 명성을 유지하는데 도움이 되기도 한다. 하지만 승계받은 리더 자신이 장기적 관점으로 미래를 위한 씨앗을 뿌리지 않는다면 그 기업의 미래는 암울해진다.

사람들은 성공한 기업의 리더와 구성원 모두가 얼마나 오랫동안 여러 가지 어려움을 극복하고, 투자하며, 혁신해왔는지 알려 하지 않는다. 그러면서 자신의 사업에서는 즉각적 성과와 보상, 즉 기다림 없이 가파르게 우상향하는 실적이 나오기를 기대한다. 씨를 뿌리고 가꾸지 않으면서 수확을 하려는 것과 같다. 장기적인 성공을 원한다면 투자해야 한다. 그렇지 않으면 보상은 없다. 빠른 변화와 엄청난 불확실성 속에서 살아가는 오늘날에는 더욱 그렇다.

기하급수적 사고

옛날에 체스 게임을 좋아하는 왕이 있었다. 그는 자기를 이기는 사람에게는 원하는 것을 무엇이든 주겠다고 약속했다. 어느 날, 여행하던 한 현자가 왕의 제안을 받아들여 체스 게임에서 이겼다. 현자는 체스판의 네모칸 한 개마다 2배씩 늘어나도록 쌀알을 세어서 상으로 달라고 했다. 왕은 별 것 아닌 요구라 생각하고 흔쾌히 동의했다. 시종에게 쌀자루를 가져오게 하고 네모칸마다 곡식을 세어 올리기 시작했다. 첫 번째 칸에 하나, 두 번째 칸에 두 개, 세 번째 칸에 네 개, 네 번째 칸에 여덟 식으로 쌓아가다가, 이내 헤아리기 어려운 수준으로 쌀알의 수가 커졌다. 체스판의 중간 정도 갔을 때 이미 필요한 쌀알의 양은 세상의 모든 쌀을 동원해도 충당하지 못할 정도로 커졌다. 왕은 배수로 늘어난다는 것이 얼마나 무서운지 몰랐던 것이다.

오늘날의 비즈니스 리더 중에는 위의 왕과 별반 다르지 않은 사람도 많다. 원래 인간은 기하급수적인 성장을 잘 인지하지 못한다. 하지만 기하급수적인 성장은 오늘날 경제와 문화에 큰 영향을 끼쳤다.

이 책에서 강조하는 가치들은 새로운 게 별로 없다. 사랑, 진실, 목적의식 같은 가치가 지금 와서 갑자기 중요해진 것이 아니다. 하지만 최근 들어 새롭게 중요해진 것이 바로 '기하급수적 사고exponential thinking'다. 그것은 장기적 사고를 하기 위한 전제 조건 중 하나이기도 하다. 천재 물리학자 아인슈타인은 복리複利를 세계 8대 불가사의라고 얘기했다. 복리, 즉 기하급수적 성장률의 힘은 금융에만 적용되는 것이 아니다. 2019년 시작된 코로나19 감염자 수를 보여주는 곡선 역시 기하급수적 성장을 잘 알려준다.

조직의 미래를 책임지는 깨어있는 리더에게 기하급수적 사고는 중요하다. 그것은 단지 수학적 개념이나 경제적 성과를 예측하는 능력에만 필요한 것이 아니라, 기존에 경험해보지 못한 관점으로 상상력을 확대하여 세상의 변화 뒤에 있는 힘을 파악하려는 노력이다.

IT의 부상浮上이 어떻게 인간과 비즈니스의 삶을 근본적으로 변화시키는지 이해하기 시작한 것은 불과 수십 년밖에 되지 않는다. 1965년, 당시 인텔 CEO 고든 무어Gordon Moore는 집적회로integrated circuit 위에 올라가는 부품 수가 매년 두 배씩 증가하고 있다는 것을 관찰한 논문을 발표했고, 여기서 잘 알려진 '무어의 법칙Moore's Law'이 나왔다. 나중에 그는 1년이 아니라 2년마다 두 배씩 증가세가 이어질 것이라고 예측을 수정했다. 그의 예측은 지금까지도 대략 맞아떨어진다. 세계 반도체 제조사들의 사업 계획과 성장 예측치는 수십 년 동안 무어의 법칙에 따라 움직여왔다.

체스판 위의 쌀알처럼, 두 배씩 늘어나는 현상이 오랜 기간 지속되면 정말 놀랄 만한 결과를 낳게 된다. 1970년대 초, 한 개의 마이크로프로세서가 트랜지스터 수천 개 정도의 성능을 가졌다고 한다면, 지금은 수십억 개에 달하는 성능 수준에 와 있다. (50년 동안 약 100만 배는 연평균 32% 속도로 복리 성장하는 셈이다-옮긴이.) 그런 변화가 한 사람의 일생만큼의 시간도 걸리지 않는 사이에 현실화되었다는 게 놀라울 뿐이다.

요즘 누구나 한 대씩 가지고 있는 핸드폰 안의 프로세서 성능은 1969년 아폴로11호 달 착륙 프로젝트에 사용했던 컴퓨터의 성능과 비교되지 않을 정도로 강력하다. 사무실 바닥을 통째로 차지하던 거대한 메인프레임 컴퓨터 이상의 용량과 성능을 가진 단말기를 주머니속에 넣고 다니는 것이다. 이것이 바로 기하급수적인 변화의 현실이다.

IT 기술은 실리콘밸리를 변화시킨 것에서 멈추지 않았다. 산업과 직종을 가리지 않고 인류는 IT 기술로 인해 변화된 세상에서 살고 있고, 앞으로 수십 년 동안 또다시 그로 인한 기하급수적인 성장의 물결 속에서 살아가게 될 것이다. 깨어있는 리더라면 당연히 이런 힘을 제대로 이해하고 모든 구성원이 변화의 파고를 능숙하게 타고 넘을 수 있도록 방향을 제시해야 한다.

제로 그래비티Zero Gravity의 최고경영자이자 기술 분야 선구자인 피터 디아만디스Peter Diamandis는 "지금까지 인간은 선형적이고 어느 한 부분에 집중하여 생각하도록 진화해왔지만, 이제는 지수적이고 전체를 통찰하는 사고방식을 가져야 한다"는 점을 강조한다. 부분에만 집중해서는 상호 연결되고, 빠르게 변화하며, 세계화된 세상을 이해하기 어렵다. 직관에만 의존해서도 변화의 본질을 제대로 이해할 수 없다.

기하급수적 사고 능력 테스트

살림 이스마일Salim Ismail은 《기하급수 시대가 온다Exponential Organizations》에서 "30발자국을 그냥 걸어가면 30미터 정도 전진하게 된다. 하지만 한 발자국마다 보폭을 두 배로 키우면서 걸어가면 10억 미터를 갈 수 있다."[5]고 했다. 거짓말 같은가? 많은 사람들이 이 사실을 믿기 어려워 한다. 사실 기하급수적 성장률을 실제로 계산해보면 너무 어처구니없게 느껴지는 것이 당연하다. 다른 예를 들어보자. 종이는 한 번 접을 때마다 두께가 두 배가 된다. 만약 지구 표면에서 달까지 닿을 정도로 두껍게 하려면 몇 번 접어야 할까? 답은 마흔두 번이다. 말도 안 된다고 생각되면 진짜 계산기를 두드려보라. 간단한 연습으로 기하급수적 사고에 대한 이해력을 시험할 수 있다.

우선 앞에서 언급한 체스 게임 사례를 상기해보자. 체스판에는 총 64개(8x8)의 네모칸이 있다. 여기에 1번에서 64번까지 번호가 있다고 생각하고, 32번에서 64번 사이의 네모칸을 임의로 선택하자. 우화에서 현자가 요구한 방식대로 쌀알을 계산했을 때 당신이 선택한 네모칸에 해당하는 쌀알은 몇 개인가? 계산기를 쓰지 말고 얼른 추측해서 적어보자. 그리고 나서 계산기로 확인해보라. 추측한 값이 얼추 비슷한가? 만약 그렇다면 당신은 기하급수적 사고 능력이 비상한 셈이고 리더로서 매우 유리한 자질을 갖춘 것이다. 만약 추측치와 계산한 값이 크게 다르다면 당신은 대부분의 일반인과 다르지 않다. 앞으로 좀 더 겸손한 자세로 세상에는 자신이 상상하지 못하는 거대한 가능성이 존재한다는 것을 이해해야 한다.

인간 게놈(유전자 총 염기서열을 포함하여 한 생물 종의 완전한 유전 정보의 총합-옮긴이) 정보의 완전한 해독을 목표로 하는 '인간 게놈 프로젝트 Human Genome Project'는 1990년에 시작되었다. 프로젝트를 15년 안에 완성한다는 계획이었는데, 비현실적이라는 비난이 쏟아졌다. 최소 수십 년, 길게는 몇 세대가 걸릴 수도 있다는 주장도 나왔다. 프로젝트 기간의 절반이 지났는 데도 게놈 정보 해독 진척률이 1%밖에 안 되자, 비판가들의 주장이 맞는 듯 보였다.

하지만 《특이점이 온다The Singularity Is Near》의 저자 레이 커즈와일Ray Kurzweil 같이 기하급수적 사고를 하는 사람들이 보기에는 그 정도의 진척률이 지극히 정상이었다. 왜냐하면 지수 그래프exponential growth의 특징은 일정 기간 동안은 성장이 없는 듯이 보이다가 어느 순간 갑자기 극적으로 치솟기 때문이다. 실제로 게놈 프로젝트에서 해독률 1%는 지수적 관점에서 볼 때 이미 절반 이상의 진척을 보인 것이었다. 프로젝트는 인간 게놈에 있는 약 32억 개의 뉴클레오타이드 염기쌍의 서열을 모두 밝혀내면서 예정보다 2년 빠른 2003년에 성공적으로 종료되었다.

인류가 지속적으로 진화와 발전을 이룰 것이라고 생각하기 시작한 지는 그리 오래되지 않았다. 역사를 조금만 거슬러 올라가봐도 사람들은 이 세상이 계속 발전할 수 있다는 사실조차 믿지 못했다. 어찌 보면 인류가 세계의 진화와 발전을 이해하기 시작한 것도 과거를 되돌아볼 수 있는 능력을 가졌기 때문이다.

시간과 변화에 대한 사람들의 관점은 '순환적cyclical'이었다. 전근대적 시대에는 세대가 몇 번 바뀌어도 사람들의 삶에 큰 변화가 없었다. 왕이 바뀌고 영토의 경계가 달라지고 작황이 달라질 뿐, 삶의 양식은 크게 변하지 않았다.

근대로 접어들면서 눈부신 기술 발전으로 상상조차 하지 못했던 변화와 진보, 개선이 이뤄지면서 풍요로운 세상이 펼쳐졌다. 기술이 정치, 경제, 문화에 미치는 영향을 조명하는 〈와이어드Wired〉 매거진의 전 편집인 케빈 켈리Kevin Kelly는 이렇게 말한다.

"요즘 사람들은 '새로운' 것이 너무 당연한 시대에 살고 있다 보니 과거에는 그렇지 못했다는 사실 자체를 잊고 있습니다. 미래에는 당연히 발전할 것이라는 생각을 불과 수십 년 전까지만 해도 보편적이지 않았습니다."[6]

오늘날 시시각각으로 변하는 현실은 인류의 의식세계를 강하게 지배하고 있다. 하지만 사람의 인지능력은 과거와 본질적으로 달라지지 않았다. 그러다 보니 "현대인들은 소설보다 더 소설 같은 현실을 주입받고 있다고 느낀다"고 공상과학소설가 윌리엄 깁슨William Gibson은 말한다('사이버스페이스'라는 단어를 최초로 사용한 소설가 – 옮긴이).

깁슨은 또 "이런 가속화된 변화는 우리 시대의 특징입니다. 우리 할아버지 때만 해도 그런 변화를 감당할 일이 없었어요."[7]라고 덧붙인다.

장기적인 관점을 유지하기 위해서는 미래 지향적이면서도 변화 중심적인 사고를 해야 한다. 변화 중심적 사고란 '시간의 흐름에 따른 변화'를 알아채는 것을 말한다.

2009년 구글 창업주들이 우스꽝스럽게 생긴 도요타 프리우스 자율 주행 차량 위에 크고 비싼 라이다^{Lidar} 센서를 부착하고 실험하는 사진을 봤을 때 기존 글로벌 자동차 기업의 임원들은 상업화되기 어려운 비실용적인 기술이라 치부했다. 물론 그 시점에는 그런 판단이 맞았다. 하지만 변화 중심적 관점으로 그 사건을 바라봤다면 훨씬 다양한 질문을 던졌을 것이다.

'이 기술이 어느 정도 성숙한 것일까?', '어떤 방향으로 발전하고 있는가?', '어떤 프로세스로 진행되고 있는가?', '장기적으로 어떤 가능성이 있을까?' 등의 질문 말이다.

10년 후 그 기술이 어떤 위치에서 무슨 역할과 가치를 제공할 것인지 예측하기 위해, 당시의 현상을 변화 중심적으로 본 사람이 얼마나 있었을까? 실제로 자율주행과 관련된 기술 비용은 지난 10년 동안 급격히 떨어졌고, 지금도 여전히 빠른 속도로 하락하고 있다.

기하급수적이면서 변화 중심적으로 생각하는 훈련이 되어 있다면 어떤 기술이나 트렌드를 볼 때, 10년 혹은 20년 앞을 내다보는 선견지명을 갖게 되고, 그렇지 못한 사람과는 관점에서 확연한 차이를 보이게 된다.

깨어있는 리더라면 제품, 기술, 산업과 관련한 중요한 통찰은 오직 시간의 변화라는 관점에서 바라볼 때만 얻을 수 있다는 사실을 잊어서는 안 된다.

'곱하기 10배' 마인드 트레이닝

장기적이면서 기하급수적으로 생각한다는 것이 그럴듯하게 들리기는 하지만, 사람들은 어떻게 해야 그럴 수 있는지 잘 모른다. 궁금할 것이다. 창의적이고 전략적인 생각을 할 수 있도록 마인드를 어떻게 바꿀 것인가?

실리콘밸리의 점프 어소시어츠Jump Associates 최고경영자 데브 팻나이크Dev Patnaik는 이런 아이디어를 제안한다. 방법은 정말 간단하다. 아침에 일어나서 하루 일과를 시작하기 전에 몇 분 정도 시간을 내어 아래의 질문을 자신에게 하고 대답하는 것이다.

– 어떻게 해야 지금보다 10배 더 많이 생각할 수 있을까?
– 업무나 조직과 관련하여 지금보다 훨씬 더 잘하는 방법은 무엇인가?
– 나의 리더십 능력을 한 단계 끌어올리는 방법은 무엇인가?
– 지금 하는 일을 더 잘했을 때 얻을 수 있는 최대의 결과는 무엇인가?

잠자리에서 막 일어났다면 머리는 비교적 맑고 창의적이며 개방적인 상태일 것이다. 아직 복잡한 하루 일과에 대한 생각이 뇌를 침범하기 전에 이런 질문을 던지고 그에 대한 해답을 생각하면서 의식 수준을 한 단계 높일 수 있다.

내일 아침부터라도 당장 '곱하기 10배' 마인드 트레이닝을 시작해보자!

업의 본질은 무엇인가?

장기적인 사고를 원한다면 '업의 본질'을 정확히 알고 있어야 한다. 이유는 간단하다. 사업 자체는 변하지 않지만 사업 환경은 과거와 비교할 수 없을 정도로 빠르게 변하기 때문이다. 업의 본질을 너무 좁게 정의하면 좋은 기회를 놓치거나 파괴적인 혁신이 전개되는 상황을 간과하기 쉽다. 절호의 기회에도 '저건 우리 사업과 무관한 분야'라고 생각하게 된다.

10년 전에 넷플릭스의 핵심 사업이 무엇이냐고 물었다면 '우편주문 DVD 대여업'이라고 대답했을 것이다. 물론 틀린 얘기는 아니다. 넷플릭스는 실제로 DVD 대여업 비즈니스 모델을 발명한 것이나 다름없다. 하지만 넷플릭스 창업주 리드 헤이스팅스Reed Hastings의 생각은 달랐다. 그는 넷플릭스가 이미 엔터테인먼트 사업을 하고 있다고 판단했다. 그리고 기술 발달로 기존 비즈니스 모델이 쓸모없어지기 전에 온라인 스트리밍과 컨텐츠 제작 사업으로 방향을 전환하는 데 성공했다.

그는 업의 본질을 유연하고 폭넓게 가져가면서 밝은 미래를 연 것이다. 넷플릭스 사례에서 알 수 있는 것처럼, 비즈니스 환경의 변화 속도는 기술 융합convergence에 의해 가속화된다. 여러 가지 신기술이 융합되면서 종종 강력한 플랫폼이 탄생한다.

대표적인 사례로 개인용 컴퓨터, 스마트폰, 인터넷, 인공지능 등을 들 수 있다. 이러한 의미에서 플랫폼은 다른 기술의 번창을 위한 가상의 공간 혹은 물리적 서식 환경을 제공한다.

새롭게 조성된 환경에서 혁신과 낡은 것에 대한 파괴가 빠른 속도로 일어나고 기존의 플랫폼은 어느새 쓸모없어 진다. 엔터테인먼트 산업의 경우만 봐도 비디오 컨텐츠 전달 플랫폼은 지난 수십 년 동안 극장 → VHS → DVD → 인터넷 스트리밍 순서로 몇 차례 거대한 변화를 경험했다. 이런 과정에서 기존 플랫폼에 얽매이지 않고 자신만의 가치를 창출하며 지속적으로 활로를 모색한 기업만이 계속 번창할 수 있었다.

플랫폼의 변화는 기술의 진화가 아니라 진화 그 자체다. 20세기 초 프랑스 철학자 피에르 테야르 드 샤르댕Pierre Teilhard de Chardin은 "솟아 오르는 모든 것은 결국 만나게 되어 있다"고 했다.[8]

그는 많은 이로부터 인터넷의 도래를 예측한 최초의 이론가 중 한 명이다. 그가 남긴 글은 기술이 아니라 생물학적 진보에 관한 것이지만 어떤 면에서 생물학적 진화와 기술적 진화는 비슷한 특성을 갖고 있는 것도 사실이다.

예를 들어 세포 분열은 전형적인 기하급수적 성장이다. 생물학적 진화 과정에서는 새로운 플랫폼이 만들어지고, 그 위에서 또 많은 생물의 진화가 일어난다. DNA는 생물학적 다양성을 가속화하는 놀라운 플랫폼이다.

캄브리아기 폭발(지구상에서 약 5억 4200만 년 전 캄브리아기에 극도로 다양한 종류의 동물 화석이 갑작스레 출현한 사건-옮긴이)은 특정 시기에 종의 다양성이 폭발적으로 증가했음을 보여준다. 사실 인간의 정신 능력 역시 진화의 플랫폼으로 볼 수 있으며, 거기에 기반해 인류의 문화가 출현하고 번성했다.

다시 기술 얘기로 돌아가자. 인터넷은 그 자체가 융합의 전형으로 모든 면에서 인류 문화의 진화를 가속화했으며 수천 가지 새로운 비즈니스를 가능하게 한 플랫폼이다. 물론 인터넷 기반 비즈니스 가운데 일부는 성공했고 일부는 실패했다.

새로운 플랫폼의 초창기에는 '골드 러시'와 같은 기회가 존재한다. 마이크로소프트는 워드 프로세서와 스프레드시트 소프트웨어를 기반으로 사업을 구축했다. 이들 소프트웨어의 성공은 마이크로소프트가 개인용 컴퓨터의 플랫폼인 운영 체제(윈도우)를 가지고 있었기 때문이다. 플랫폼을 소유한 기업은 그 위에서 운영되는 다른 모든 사업에서도 우위를 가질 수 있다.

좀 더 최근의 사례를 보자. 스마트폰 운영 체제 역시 대표적인 플랫폼 비즈니스 사례다. 애플의 iOS와 구글 안드로이드Android가 스마트폰 운영체제 시장을 양분하고 있는데, 우버Uber나 리프트Lyft와 같은 승차 공유 앱은 스마트폰 운영 체제의 위치 정보 기능이 없으면 성립할 수 없다.

이렇게 모든 스마트폰 앱이 운영 체제라는 플랫폼 위에서 작동하고, 지금도 수없이 많은 앱이 돌아가고 있다. 하나의 플랫폼이 만들어지면 그 안에서 어마어마한 혁신 생태계가 조성된다.

깨어있는 리더라면 어떤 분야에 속해있든 융합과 플랫폼의 힘 그리고 비즈니스에 미치는 영향에 촉각을 곤두세워야 한다. 무한 게임에 임한다는 마인드로 민첩하고 가볍게 움직여야 하며, 산업을 좁게 보는 오류를 경계해야 한다. 자동차 판매업의 미래는 불확실해도 '모빌리티' 산업에서의 기회는 무궁무진하다. 파괴적 기술 혁신으로 사업에 부정적인 영향이 올까 걱정하거나 두려워할 수는 있지만 막연한 걱정보다 기술 변화로 생기는 미래를 적극적으로 준비하는 것이 훨씬 건강한 대응 방법이다.

깨어있는 리더는 미래를 두려워하기보다는 미래를 주도적으로 만들어나가는 데 관심을 갖는다. 현재 사업 모델을 방어하기보다 변화에 동참하여 미래를 창조하는 데 초점을 맞춘다. 긍정적 미래에 대한 확신으로 혁신의 씨앗을 심는 것이 깨어있는 리더의 역할이다.

계획 수립할 때 해야 할 것과 하지 말아야 할 것

덴마크에는 "예측을 하는 것은 어렵다. 미래를 예측하는 것은 더욱 그렇다"라는 속담이 있다. 빠르게 변화하는 세상에서 더욱 공감이 간다.

1980년 미국의 통신 회사 AT&T는 최고의 컨설팅 기업 매킨지에 휴대전화 사업의 미래에 대한 자문을 의뢰했다. 2000년경 세계 휴대폰 수요가 몇 대나 될지 물어본 것이다. 면밀한 연구 끝에 매킨지는 기껏해야 30만 대를 넘지 않을 것이라고 결론지었다. 그 정도로 작은 시장 규모로는 AT&T 같은 대기업이 본격적으로 뛰어들기 어려웠다. 막상 2000년이 되자 휴대폰 판매량은 사흘에 30만 대 수준이 되었다.

매킨지를 탓할 수는 없다. 그때만 해도 기하급수적인 성장 곡선의 본질을 이해하는 사람은 드물었다. 기술 발전 덕분에 통신 산업이 가격과 성능 면에서 기하급수적인 변화를 겪을 것이라고 예측한다는 것은 거의 불가능했다. 하지만 지금은 상황이 다르다.

물론 깨어있는 리더에게 완벽한 예측자가 되라는 말은 아니다. 기하급수적인 변화와 예상치 못한 혁신은 언제나 우리를 놀라게 할 것이다. 갑작스러운 시장 붕괴에 대처하기는 점점 어려워지고 있으며, 가속화된 기술 발전으로 큰 폭의 변화는 더 자주 일어나고 있다. 그러나 다가오는 미래에 블록버스터보다는 넷플릭스, 노키아보다는 애플이 되고 싶다면 현재 일어나고 있는 변화의 흐름 속에서 밀려오는 거대한 파도를 주시하고 있어야 한다. 물론 그 파도는 쉽게 모습을 드러내지 않는다.

양질의 정보를 바탕으로 좀 더 정확한 예측을 위해 노력해야겠지만, 그것이 완벽할 수는 없다. 기술적으로 앞선 혁신 기업들도 기술의 미래를 쉽게 예측하지 못한다.

19세기 프로이센 육군 참모총장을 30년간 역임한 몰트케Helmuth von Moltke 원수는 "어떤 계획도 적과의 첫 접촉에서 살아남지 못한다"고 말했다. 전성기 때 '핵주먹' 별명으로 유명했던 WBC 복싱 헤비급 챔피언 마이크 타이슨Mike Tyson의 말은 더 실감난다.

"어떤 선수든 경기에 대한 계획은 있죠. 링에 올라 한 방 얻어맞기 전까지는 말이에요."

깨어있는 리더 역시 이런 얘기에 귀 기울여야 한다. 분석과 예측이 아무리 완벽해도 언제나 틀릴 수 있기 때문이다. 중요한 것은 틀렸다고 판단되는 순간 이를 인정하고 빠르게 방향을 바꾸는 능력이다. 이는 정말 갖추기 어려운 자질이다. 마크 트웨인의 유명한 말처럼 "우리를 곤경에 빠뜨리는 것은 우리가 모르는 것이 아니다. 그것은 우리가 확실하다고 잘못 알고 있는 것이다."[9]

장기적 사고에 익숙한 리더는 명백한 실수를 저지르거나 편견에 사로잡히는 경우가 적다. 모든 문제를 장기적으로 생각하는 습관을 들이면 성공할 가능성이 높아지고, 최소한 같은 실수를 반복하는 경우는 적어진다. 이미 겸손에 대해 여러 번 언급했지만 여기서 다시 한번 강조할 필요가 있다. 겸손하다고 해서 자신감이나 신념이 없는 것은 아니다. 깨어있는 리더는 자신감이 넘치지만 늘 겸손하다.

현명하게 판단하기 위해 필요한 것은 자기 성찰이다. 이와 관련하여, 세계 최고의 예측 전문가 중 한 명인 필립 테틀록Philip Tetlock이 최근 저서《수퍼 예측Superforecasting》에서 강조한 내용을 살펴보자.

현명한 판단을 하려면 겸손해야 한다는 말이 자기 자신을 의심하라는 의미가 아니다. 자신이 재능이 부족하거나 현명하지 못하거나 가치 없는 존재라고 생각하는 것과도 다르다. 진짜 필요한 것은 지적 겸손이다. 지적으로 겸손한 사람은 현실의 복잡성을 인정하고 사물을 꿰뚫어보는 것이 어렵다는 사실을 알고, 그렇기 때문에 인간의 판단은 실수투성이라고 인식한다. 이런 태도는 바보와 천재 모두에게 적용된다. 따라서 높은 자부심을 가지면서도 지적으로 겸손해 하는 것은 불가능한 일이 아니며, 실제로 이런 태도를 갖춘 사람은 크게 성공할 수 있다. 우리는 지적 겸손 덕분에 신중한 성찰을 하면서도 자신감에 기반한 단호한 행동까지 할 수 있다.[10]

건전한 낙관주의

나폴레옹은 "리더는 희망을 파는 상인"이라고 말했다.[11] 장기적인 안목으로 일을 계획하고 실행해 나가려면 희망을 가져야 한다는 사실을 강조한 것이다. 의미 있는 일을 계획하고 실행하는 데는 오랜 시간이 걸린다. 먼 미래에 자신이 원하는 결과를 반드시 얻을 수 있을 것이라는 희망을 가져야 하는 이유다.

사회 분위기가 비관적일수록 깨어있는 리더는 사람들에게 더 나은 미래가 기다리고 있다는 믿음과 예지foresight를 줄 수 있어야 한다. 의지를 갖고 헌신과 노력을 통해 긍정적인 미래를 만들어 나가야 한다는 신념이 있어야 한다. 이는 순진하거나, 거만하거나, 뽐내는 것이 아니다.

경제학자 디어드리 맥클로스키Deirdre McCloskey는 사업가란 "용기와 신중함을 갖추고 거기에 약간의 희망을 품는 사람"이라고 표현했다.[12] 물론 희망 하나만으로 더 나은 미래를 만들 수 있는 것은 아니지만, 희망이 없어서는 안 된다.

건전한 낙관주의를 몸에 베게 하고 싶다면 기술의 기하급수적 성장 추세를 이해해야 한다. 기술 발전이 모든 것을 해결한다는 기술 만능주의를 얘기하는 것은 아니다. 앞으로도 많은 혼란과 예상치 못한 어려움은 있을 것이다. 그럼에도 불구하고 우리는 역사상 가장 건강하고 번영한 시기를 살고 있다.[13] 아직도 다양한 도전이 남아 있지만 기술 발전은 인류의 삶을 크게 향상시켰다. 현실이 아무리 불만스러워도 2~300년 전의 세계로 돌아가고 싶은 사람은 없다. 특히 기하급수적으로 발전할 미래는 쉽게 예상하기 힘들 정도의 혁신을 바탕으로 엄청난 변화가 생길 것이고, 그것은 모든 조직과 리더에게 기회가 될 것이다.

앞으로의 기술은 지금까지 인류가 문명의 이기라고 생각해온 많은 것을 원시적으로 느끼게 할 정도로 획기적인 모습을 선보일 것이다. 유전학, 로봇 공학, 자율주행, 양자 컴퓨팅, 가상현실, 증강현실, 3D 프린팅, 재생 에너지, 생명공학, 나노 기술, 그리고 아직까지 들어보지도 못한 새로운 기술 발전이 우리를 기다리고 있다.

아직은 변화의 속도가 그렇게 놀랄 정도가 아니라고 속단하는 사람도 있을지 모르겠다. 착각하면 안 된다. 기하급수적 성장 곡선이 급격하게 상향하는 순간 놀라운 변화가 순식간에 전개된다. 그런 변화를 현실화하는 데 앞장서는 기업이 분명히 있을 것이고, 거기에는 장기적인 안목을 가진 깨어있는 리더의 지혜와 통찰이 필요하다.

새로운 기술에 대한 성급한 기대

종말론은 대부분 파멸 시점을 10년 후로 설정한다. 10년이라는 기간은 대중의 관심을 끌기에 충분할 정도로 가까운 미래지만, 실현 가능성이 없어지더라도 사람들이 잊어버릴 만큼 충분히 멀기 때문이다.

그레그 이스터브룩Gregg Easterbrook은 10년 후에 파멸이 올 것이라고 얘기하는 것을 '종말론의 법칙the Law of Doomsaying'이라고까지 표현했다. 미래 예측과 관련하여 사람들이 쉽게 속아넘어가는 인지적 함정이 있는데, 종말론도 그중 하나다.

기술과 관련한 미래 예측에서 흔한 유형은 놀라운 기술이 곧 현실화될 것이라고 성급하게 과대평가하는 것이다. 대표적인 최근 사례가 바로 자율주행 기술이다. 이 기술이 언젠가는 상용화될 것임은 누구나 예상할 수 있지만 정확히 언제쯤일지에 관해서는 전문가의 예측이 지난 10년 동안 계속 바뀌어왔다. 결국 시장 조사 업체 제이디파워J.D. Power가 소비자를 대상으로 자율주행차 출시 예상일에 대한 설문 조사를 실시했다. 조사 결과는 평균 10년이었다.[14]

미국의 미래학자 로이 아마라Roy Amara는 "사람들은 기술의 효과를 단기적으로는 과대평가하고 장기적으로는 과소평가하는 경향이 있다"고 말한다. '아마라의 법칙'이 말해주듯이 획기적인 신기술의 등장에 사람들이 과잉 반응하는 것은 어찌 보면 자연스럽다. 그리고 어떤 기술에 대한 사람들의 반응이 과장되었다고 해서 그 기술이 별것 아니라고 할 수는 없다. 시간이 지나고 기하급수적 곡선의 상승 구간에 접어들면 정말 극적인 결과를 만들기 때문이다.

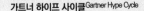
가트너 하이프 사이클 Gartner Hype Cycle

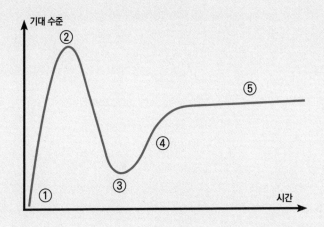

IT 컨설팅 전문 기업 가트너Gartner는 신기술이 처음 대중적인 주목을 받고 다양한 시도와 실패를 거쳐 궁극적으로 안정적 확산기에 접어들 기까지의 과정을 패턴화하여 다음과 같은 사이클로 정리했다.

① 기술 촉발Technology Trigger: 신기술에 대한 연구가 처음 대중적으로 알려지고 관심을 받는 단계다. 아직 누구도 상용화할 생각이 없고 가설에 불과하지만 미디어에서 자꾸 조명을 하면서 사람들이 관심을 갖는다.

② 기대 거품의 정점The Peak of Inflated Expectations: 신기술에 대한 사회적 기대가 정점에 이른 단계다. 소수의 선도 업체가 기술을 현실에 적용하면서 성공 또는 실패 스토리가 조금씩 나오기 시작하지만 대부분의 기업은 관망한다.

③ 환멸의 계곡Trough of Disillusionment: 높은 기대를 모았던 신기술이 실제로 삶을 변화시키지 못한다는 인식이 팽배해지는 단계다. 고군분투

하던 대부분의 도전이 실패하면서 사업화를 포기하는 기업이 속출한다. 일부 업체만 살아남아 투자를 지속한다.

④ 깨우침의 단계Slope of Enlightenment: 기술이 점차 성숙하면서 성공 사례가 나오고, 소비자의 삶 속에 침투하기 시작하는 단계다. 기술 투자가 점차 늘어나지만, 보수적인 기업은 여전히 투자를 주저한다.

⑤ 생산성의 안정기Plateau of Productivity: 신기술이 시장에서 완전히 자리잡아 폭넓은 분야로 확산되는 단계. 사업화 가능성에 대한 평가 기준이 명확해지고, 일찍부터 투자한 기업이 큰 성공을 거두기도 한다. 해외 시장 진출에 대한 모색이 활발해진다.

새로운 기술의 현재 수준과 미래 경로를 제대로 이해해야 성급한 과대 평가나 환멸에 찬 부정적 평가에 빠지지 않고 적절히 대응할 수 있다. 기술 변화의 흐름을 예측하기가 어려울수록 균형 잡힌 시각을 유지해야만 현명한 의사 결정을 할 수 있다.

제3부

사람과 문화

팀

누구도 혼자서는 위대한 일을 하지 못합니다. 나도 마찬가지입니다.
하지만 누구나 작은 일은 할 수 있습니다. 거기에 큰 사랑이 더해지고
함께 할 수 있다면 위대한 일도 해낼 수 있습니다.
—테레사 수녀Mother Teresa

리더십과 관련하여 잘못된 사회적 통념이 있다. 세상을 바꾸는 혁신
이나 기업의 큰 성공이 개인의 천재성에 기인한다고 믿는 것이다. 천
재 프레임에 기반한 언론의 반복적인 보도는 이런 잘못된 믿음을 확
산시킨다.

흔히 인용되는 인물로 스티브 잡스Steve Jobs, 제프 베이조스Jeff Bezos,
일런 머스크Elon Musk, 빌 게이츠Bill Gates, 마크 저커버그Mark Zuckerberg, 세
라 블레이크리Sara Blakely(세계 1위 보정속옷 브랜드 스팽스Spanx 창업주), 래
리 페이지Larry Page, 세르게이 브린Sergey Brin, 리드 헤이스팅스Reed Hast-

ings, 메그 휘트먼Meg Whitman(이베이eBay CEO), 마이클 델Michael Dell, 앤 워치츠키Anne Wojcicki(생명공학 기업 23앤드미 CEO), 마윈Jack Ma 등이다. 모두 똑똑하고 탁월한 재능을 가진 사람임에는 틀림없다. 그렇다고 어벤져스나 저스티스 리그같이 초능력을 가진 수퍼 히어로는 아니다.

그들의 성취 뒤에는 다재다능한 인재들로 구성된 '환상적인 팀'이 있어 리더의 강점을 두드러지게 하고 약점을 보완했다.

현실 세계에서의 위대한 성취 대부분은 다른 사람들과 함께 또는 다른 사람들을 통해서 이루어진다. 리더 개인의 성공이 그가 이끄는 팀의 성공을 넘어설 수 없다. 진부하지만 진실이다. 물론 리더는 성공으로 얻은 이익을 더 많이 챙기기도 하고, 실패에 대한 비난을 과도하게 뒤집어쓰기도 한다.

하지만 팀의 성공은 궁극적으로 모든 구성원이 함께 만들어낸 결과다. 최고의 구성원을 선발하여 동기부여하고 육성하기에 팀이 성공할 수 있다. 깨어있는 리더는 끊임없이 팀을 위해 투자하고 팀을 발전시켜야 한다. 이는 자신의 재능을 발휘하는 것보다 훨씬 중요하다.

건강한 팀을 만들려는 노력은 깨어있는 리더가 평생 매달려야 할 프로젝트다. 건강한 팀은 살아 있는 유기체와 같아서 계속 돌봐야 하고, 끊임없이 변하는 입체 퍼즐과도 같아서 완성하기 위해 늘 노력해야 한다.

인사 부서가 위대한 팀을 만들 수는 없다. 위대한 팀은 깨어있는 리더의 열정과 헌신으로 만들어진다. 외부 여건이 어렵더라도 구성원이 성장과 긍정성, 시너지를 이룰 수 있는 환경을 조성해야 하며, 리더 자신이 건강한 팀, 성장하는 팀, 생산적인 팀을 만들기 위해 어떻게 해야 하는지 끊임없이 자문하고 답해야 한다.

팀의 결속력

리더는 항상 팀의 결속력에 관심을 가져야 한다. 구성원 사이에 존재하는 갈등이나 문제가 있는지, 있다면 무엇이 원인인지를 파악하기 위해 늘 노력해야 한다. 이런 질문들이 도움이 될 수 있다.

'팀원끼리 사이는 좋은가?', '팀원 서로가 신뢰하는가?', '혹시 팀의 사기를 떨어뜨리는 사람이 있는가?', '그렇다면 나는 리더로서 무엇을 해야 하나?' 이런 질문을 던지고 문제를 해결하는 것은 코치이자 리더인 당신의 책임이다.

입사와 퇴사 그리고 그 사이에 벌어지는 모든 일

누구나 "똑똑하고 능력 있는 사람으로 팀을 만들고 구성원이 성장하고 좋은 성과를 낼 수 있는 문화를 만들어야 한다"고 말한다. 하지만 실제로 그런 일을 해내는 것은 그리 간단하지 않다. 제3부에서는 그 방법론을 다룬다. 우선 한 가지 명확하게 해두고 시작하자. 사람과 문화의 문제는 채용과 해고만으로 해결되지 않는다. 조직의 성과는 오로지 누구를 채용하느냐에 달려 있다고 생각하는 리더가 있다면, 그 조직은 진정으로 깨어있는 리더십 문화를 만들고 발전시켜 나갈 가능성이 낮아진다. 그럼에도 탁월한 팀을 만드는 여정은 채용을 잘하는 것에서 시작된다.

성공적인 중고차 매매 전문업체 드라이버스셀렉트Driversselect의 설립자 스티브 홀Steve Hall은 인재 채용의 중요성을 정확하게 이해하고 있다. 그는 사업 초창기부터 사람을 뽑는 데 상당한 시간을 투자했다.

신입 사원을 뽑을 때도 두세 단계 위 직급의 업무까지 해낼 수 있는 사람을 뽑았다. 예를 들어, 매장 리셉션 담당자를 뽑을 때 나중에 오피스 매니저로 승진할 만한 자질이 있는 사람을 뽑는 식이다. 그리고는 직급이 낮은 직원에 대해서도 리더십 트레이닝을 실시했다. 물론 교육 비용은 많이 들지만 이직률은 업계 평균의 3분의 1 수준으로 낮아 교육비 투자 이상의 인건비 절감 효과를 누릴 수 있었다.

공석이 된 자리를 채울 때 기업은 외부 채용과 내부 발탁이라는 두 가지 선택지를 갖는다. 둘 사이에서 고민하는 리더라면 조직은 아주 복잡한 생태계와 같다는 사실을 알고 있어야 한다. 조직 내부에 존재하는 모든 요소는 서로 복잡하게 얽혀 있고, 역동적이며, 진화하기 때문이다.

시스템의 어느 한 부분에서 균형이 무너지면 그것은 연쇄적으로 전체 시스템에 영향을 미친다. 조직 외부에서 새로운 구성원을 고용하는 것은 긍정적이든 부정적이든 시스템의 균형에 영향을 주는 사건이다.

조직의 내·외부 인재 비율을 적절하게 유지하는 것 또한 간단치 않다. 어느 한쪽에 치우치면 기업 문화와 비즈니스에 상당한 영향을 미친다. 조직 역량을 극대화하기 위해서는 외부에서 영입한 인재와 내부 승진 인재 간에 적절한 균형을 맞춰야 하는데, 조직의 연속성과 안정성을 유지하는 것도 중요하지만 때로는 외부 수혈을 통해 신선한 자극을 도모할 필요도 있다. 리더는 항상 몇 걸음 앞을 내다보며 스스로에게 질문해야 한다.

'내부에 인재가 충분한가?',

'새로운 역할을 추가할 필요는 없는가?'

외부 영입이 불가피한 경우도 있지만 그것을 기본으로 삼아서는 안된다. 많은 리더가 외부에서 스타급 인재를 영입하는 것이 최고의 대안이라고 착각하는 경우가 많다. 남녀 간의 로맨스에서도 눈에 콩깍지가 씌었을 때는 상대의 장점만 보이는 것처럼, 외부 영입 인재에 대한 환상이 있으면 마치 그 사람만이 문제를 해결할 수 있고 조직을 활성화할 것이라 생각할 수 있다.

그런 믿음은 쉽게 깨진다. 그리고 시간이 지나 최고 적임자가 이미 조직 내부에 있었음을 깨닫는 경우가 많다. 내부의 고성과자를 보상하고 발탁하는 것은 차세대 리더를 육성하는 좋은 기회다. 내부 발탁 인재가 외부 영입 인재보다 자신의 역할을 더 성공적으로 수행하는 경향이 크다는 연구가 있을 뿐 아니라, 내부 인재 발탁은 구성원의 사기를 높이는 데도 효과적이다.

높은 성과를 보인 사람에게 승진이나 새로운 역할을 부여하는 보상이 임원에만 국한될 필요는 없다. 홀푸드의 장점 중 하나는 대학 학위가 없어도 충분한 보상을 받을 수 있으며 누구나 임원으로 승진할 기회를 제공한다는 것이다. 홀푸드에는 매장 직원으로 시작해 20년 이상 근무한 끝에 지역 총괄대표나 수석 부사장까지 올라온 사람들이 많다. 물론 다른 회사의 경력 계발 체계는 홀푸드와 다르겠지만, 조직 내부 사정을 누구보다 잘 알고 회사의 성공을 위해 전념하는 유능한 내부 리더들을 과소평가해서는 안 된다.

내부 발탁에 의한 육성이 제대로 이뤄지기 위해서는 직원 교육 투자에도 인색해서는 안 된다. 홀푸드의 모회사 아마존은 2019년 이후 6년 동안 7억 달러(한화 약 8,400억 원)를 투자해 10만 명의 구성원을 재교육하겠다고 발표했다. 직원들이 교육을 받은 후 다른 직장으로 옮길까봐 교육 투자에 인색한 기업도 적지 않다는 점을 감안하면 대단한 결정이다.

그렇다면 조직의 내·외부 인재 비율은 어느 정도가 적절할까? 상황에 따라 다르겠지만 홀푸드의 경우는 리더 포지션의 약 75퍼센트를 내부 후보자로 채우기 위해 노력하고 있다. 비율이 그보다 낮아질 경우 직원 사기가 떨어진다고 판단했기 때문이다. 하지만 외부 인재 영입이 너무 적어지는 것에도 주의를 기울여야 한다. 내부 인재로만 리더십 포지션이 많이 채워질 경우 조직의 지적 자산이 약화되고 새로운 시각으로 조직 문화를 성찰할 수 있는 기회를 놓칠 수 있다.

홀푸드 역시 과거에는 여러 해 동안 외부에서 리더를 채용하지 않은 적도 있다. 돌이켜보면 그 기간 동안 홀푸드는 회사를 효과적으로 성장시키지 못했다. 최고의 인재가 조직 밖에 있을 수도 있다는 것을 깨닫

는 데 20년이 걸렸다. 그 결과 홀푸드는 외부 영입 인사가 경영진의 20
퍼센트 이하로 떨어지지 않게 한다는 원칙을 잘 지키고 있다.

보상에 대한 고려

1996년 영화 "제리 맥과이어Jerry Maguire"에는 풋볼 선수로 나온 쿠바 구
딩 주니어Cuba Gooding Jr.가 자신의 에이전트(톰 크루즈Tom Cruise)에게 "쇼~
미~더 머니Show me the money!"라고 외치는 장면이 있다.[1] 그 후 이 표현
은 미국 사회의 강력한 밈meme이 되어 사람들은 협상이 필요한 다양
한 상황에서 이를 인용했고, 예능 프로그램의 제목이 되기도 했다. 그
것 때문일까? 그동안 성과에 대한 금전적 보상 효과가 어느 정도 과대
평가되어 왔다.

유능한 리더에게는 경쟁력 있는 보상을 해야 한다. 자신의 가치가
저평가되어 있거나 회사가 자신을 속인다고 생각하면서 회사에 남
아 있을 사람은 없다. 하지만 조직 목적이나 가치는 아랑곳하지 않
고 오로지 돈만 따지는 사람도 오래 가지 못한다. 조직에 머무르면
서 의미 있는 기여를 하기보다는 보수를 조금 더 주는 일자리를 끊
임없이 찾는 사람이 많고, 훌륭한 실적과 화려한 이력서를 제시하면
기꺼이 더 많은 돈을 지불하는 기업도 있다. 따라서 지원자가 이력서
를 업그레이드하기 위해 회사에 지원하는 것은 아닌지 신중하게 살
펴봐야 한다.

보상에 대해 살펴보자면, 내부 형평성과 대외 경쟁력 간의 균형이 필요하다. 경쟁력이 없는 수준으로 임금을 지급한다면 우수한 외부 인재를 선발할 수 없다. 대부분의 사람은 "회사는 좋지만 그렇게까지 급여를 낮춰가며 옮기기는 어렵다"며 입사를 포기한다. 그렇다고 외부 영입 인재에게 상대적으로 높은 임금을 지급하면 기존 구성원들이 불만을 갖는다. 내부 형평성과 대외 경쟁력이 모두 중요한 이유다.

두 가지 목표를 동시에 달성하기 위해 홀푸드는 임금 투명성을 중시한다. 홀푸드는 이미 수십 년 동안 임원-직원 급여 비율과 성별 임금 격차를 포함하여 모든 임금 정책을 투명하게 밝혀왔다. 경영진을 포함한 모든 구성원의 총보상(연봉, 보너스, 복지 등을 모두 포함) 정보는 임금 공개 보고서를 통해 누구나 볼 수 있다. 이렇게 함으로써 구성원은 보상의 공정성을 명확하게 이해하고, 보상의 형평성 관련 이슈가 생기면 누구라도 리더와 상의한다. 회사도 임금 정책에 일관성이 부족한 부분이 생기면 개선하고, 조직 전반에 연대 의식을 조성하면서, 급여에 대한 구성원의 불평불만을 최소화하는데 많은 노력을 기울인다.

화려한 언변에 속지 않기

면접을 하다 보면 입이 딱 벌어질 정도로 언변이 좋고 카리스마 넘치는 후보자를 만날 때가 있다. 하지만 인재 중에도 그런 재능이 부족한 사람이 있다. 자기 포장을 잘하는 것 때문에 불이익을 주어서도 안 되겠지만, 과대 평가를 해서도 안 되는 이유다. 회사가 뽑아야 하는 인재는 인터뷰 잘하는 사람이 아니라 일을 잘하는 사람이다. 언변에 휘둘려 그릇된 선택을 해서는 안 된다.

첫인상만으로 성급하게 채용을 결정할 게 아니라 충분한 시간을 갖고 후보자를 깊이 알아야 한다. 홀푸드는 사람을 뽑을 때 여러 차례의 면접(특히 집단 면접)을 한다. 조직에 잘 맞는 후보를 찾으려면 충분한 시간을 들여서 숙고하고, 많은 대화와 깊은 고민이 필요하기 때문이다.

언변과 카리스마가 뛰어난 후보자가 면접관 한 명을 사로잡을 수는 있지만 여러 사람의 마음을 사로잡기는 어렵다. 사람은 누구나 의식적 또는 무의식적 편견이 있다. 하지만 집단 지성과 다양한 관점을 반영하여 채용한다면 개인의 편견에서 벗어날 확률이 높아진다.

물론 채용에 대한 최종 결정권은 팀 리더에게 있지만 그렇다고 독단적으로 결정해서는 안 된다. 팀 구성원의 집단적 피드백을 바탕으로 사람을 뽑는 것이 가장 좋다. 홀푸드의 경험에 비춰볼 때 잘못된 채용은 대개 리더가 최종 그룹 인터뷰를 실시하지 않고 일방적으로 결정하거나 다른 구성원들이 제기한 우려와 피드백을 무시했을 때 일어났다.

물론 지능이 높은 똑똑한 사람을 선발하는 것이 중요하다. 특히 지적 수준이 높은 일이나 까다로운 포지션의 사람을 뽑을 때는 더 그렇다. 하지만 그것만으로는 충분하지 않다. 홀푸드가 가장 이상적인 후보를 선발할 때 눈여겨보는 요소가 있다.

• **감성 지능**Emotional intelligence—감성 지능은 갈수록 중요해지고 있다. 특히 다양한 팀으로 구성된 복잡한 조직에서 더 필요하다. 감성 지능이 높은 사람은 다른 사람들과 쉽게 가까워지고, 상대의 말을 경청하며, 타인의 감정을 읽고 느끼는 데 어려움이 없다. 갈수록 소통하고, 아이디어를 나누고, 공유와 협업이 필수가 되어가는 조직 현실 속에서 이런 자질이 부족한 사람이 들어오면 팀은 삐걱거리고 구성원의 사기가 떨어진다.

• **성품**Character—성품은 후보자가 윤리적이고 정직하게 행동하는 사람인지에 관한 것이다. 성품이 결여되었으면 능력과 지능은 의미가 없다. 현명한 투자자 워런 버핏 역시 "우리는 사람을 고용할 때 세 가지를 눈여겨본다. 그것은 바로 '지능', '에너지(주도성)', '정직성'이다. 하지만 두 가지는 강하고 정직성이 없는 후보를 뽑으면 우리는 금방 망할 것이다"라고 했다.[2] 인터뷰 몇 번으로 정직성을 판단하기가 쉽지는 않지만 그 중요성을 충분히 감안해야 한다.

• **문화적 적합성**Cultural fit—조직 문화의 힘은 생각보다 강하다. 모든 조직에는 고유의 문화가 있고, 팀 단위에도 하위 문화가 존재한다. 조직 문화와 맞지도 않고 융화될 마음도 없는 사람은 결국 회사를 떠난다. 조직 문화가 전혀 다른 기업에서 일했던 사람은 아무리 뛰어나

더라도 지금의 회사에서 똑같은 능력을 발휘할 것이라는 보장이 없다. 위험한 박테리아나 바이러스가 침입했을 때 신체가 면역 반응을 일으키는 것처럼, 회사는 문화와 맞지 않는 구성원이 들어오면 배척한다. 외부 침략자를 물리치기 위한 면역 반응을 만드는 것이다.

홀푸드는 그동안 아주 신중하게 외부 인력을 채용해왔음에도, 영입한 16명의 고위 임원 중 성공적이었다고 할 수 있는 사람은 50퍼센트에 지나지 않았다. 하지만 그동안 뽑았던 사람들은 모두 명석한 두뇌와 탁월한 경력의 소유자였을 뿐 아니라 업계의 평판도 좋았다. 실패의 이유는 예외 없이 문화적 적합성 부족이었다.

깨어있는 조직 문화 만들기

적합한 인재를 선발했다면 그들이 성장하고 능력을 십분 발휘할 수 있는 문화를 지속적으로 만들어가는 것이 깨어있는 리더의 다음 과제다. 건강한 조직에서만 구성원의 성장과 지속적인 성과가 가능하기 때문에 조직 문화의 힘은 아무리 강조해도 지나치지 않다. 깨어있는 리더의 목표는 최대한 건강한 조직 문화를 만드는 것이고, '조직 곳곳에 건강한 문화를 심자'가 모토가 되어야 한다.

조직 문화를 중요하게 여겨야 이직률이 낮아지고, 비용도 절감되며, 구성원의 충성도도 올라간다. 그러면 고객은 자연스럽게 그 회사의 팬이 되어 최고의 마케터 역할을 하며, 결국 모든 이해관계자에게 이익이 된다. 문화가 번창해야 비즈니스는 훨씬 더 높은 수준으로 도약하며, 조직 전체가 기능적으로 잘 돌아간다.

건강한 조직 문화를 만들기 위한 첫걸음은 문화에 높은 우선순위를 부여하는 것이다. 문화를 중시한다고 말하면서도 충분한 시간과 관심을 쏟지 않는 리더가 생각보다 많다. 조직 문화는 밭을 가꾸는 것과 비슷하다. 작물이 잘 자라려면 땅을 비옥하게 가꾸고 환경을 건강하게 만들어야 한다. 관리를 소홀히 하는 순간 온갖 잡초가 번성하고 작물은 말라 죽는다.

구성원의 직무 만족, 성장, 행복을 추구하는 제도와 프로세스를 구현하고 건강하지 못한 요소를 제거하는 데도 주의를 기울여야 한다. 높은 생산성을 유지하면서도 즐겁게 일하고 서로 감사하며 일을 통해 성장하는 문화가 조직 전체에 널리 공유될 수 있어야 한다.

팀을 이끌다 보면 오르막도 있고 내리막도 있다. 깨어있는 리더는 자신의 감성 지능과 문화에 대한 통찰력을 바탕으로 그때그때 상황에 맞는 결정을 해야 한다. 은근한 넛지nudge 또는 강한 압박으로 변화를 드라이브해야 할 때가 있는가 하면, 어떤 순간에는 "수고했어" 하며 지지와 감사를 표현하는 것이 중요한 경우가 있다.

팀을 이끄는 기술에도 양극성이 중요하다. ('양극성'과 관련해서 45페이지, "리더는 양극성의 눈으로 복잡한 문제에 접근한다" 부분을 참조.) 깨어있는 리더는 특히 '도전challenge'과 '지지support'의 양극성을 각별히 살펴야 한다. 두 가지 모두 리더십의 중요한 요소다. 따라서 어느 한 측면에만 집중하는 불균형이 생겨서는 안 된다.

지지의 리더십은 인내심을 가지고 구성원 개인과 그들의 욕구를 잘 보살피는 것이고, 도전의 리더십은 목적의식에 맞는 성과를 내도록 압박을 가하는 것이다.

다시 말해 깨어있는 리더의 역할은 사람에 대한 관심과 조직의 목적을 하나로 묶어 잠재력을 최대한 발현시키는 것이다. 이것은 목적 달성을 위해 구성원을 무자비하게 희생시키거나, 목적의식 없이 구성원을 감싸는 태도와 뚜렷이 구별된다. 구성원을 키우고 배려하는 서번트servant 리더로서의 역할과, 조직 목적 달성을 위한 챔피언으로서의 역할을 통합적으로 수행할 때 진정한 리더가 될 수 있다. 깨어있는 리더로서 조직 문화를 발전시키기 위해 참고할 수 있는 몇 가지 가이드라인을 살펴보자.

• **구성원의 행복을 핵심 가치로 삼기**—구성원은 조직의 필요에 따라 적당히 쓰다 버리는 '인적 자원'이 아니다. 조직의 목적 달성에 자발적으로 참여하며 혁신과 창의성, 생산성과 같은 무형의 가치를 만드는 주체로서 마땅히 존중과 지지를 받아야 한다. 이렇게 생각해야만 구성원을 위해 어떤 업무 환경을 만들어야 하는지 쉽게 이해할 수 있다.

깨어있는 비즈니스를 영위하는 사우스웨스트항공Southwest Airlines이나 모틀리풀The Motley Fool 같은 회사는 구성원이 항상 재미있고 즐거운 분위기에서 일할 수 있게 노력한다. 그런 분위기는 꼭 실리콘밸리 수준의 복지를 제공하고 복도에 당구 테이블을 갖다 놔야만 조성되는 것이 아니다. 구성원이 조직 안에서 '행복', '재미', '신뢰' 같은 가치를 느낄 수 있도록 깨어있는 리더가 창의적인 접근으로 조직 문화를 디자인해야 한다.

사람들은 자신의 일에서 가치를 느끼고 싶어하고, 또 리더가 그것을 알아주기를 원한다. 리더가 어떻게 구성원의 경험을 디자인하는지가 결국 구성원의 행복을 결정하는 것이다. 조직 생활에서 '재미'를 느끼는 사람은 좀처럼 회사를 그만두지 않고 스스로 열심히 일한다.

관찰하고 생각하기

부모가 매일 자녀를 생각하듯 리더도 같은 방식으로 구성원을 생각할 필요가 있다. 리더는 코치로서 구성원이 성장할 수 있도록 최선을 다해 도울 책임이 있다. 리더는 구성원과 관련하여 습관처럼 자문해야 한다.

'어떻게 하면 우리 팀이 성공할 수 있을까?', '구성원의 잠재력을 극대화하기 위해 어떤 기회를 주는 것이 좋을까?', '그들의 성공에 필요한 자원은 어떻게 확보해야 하는가?', '그들의 장단점은 무엇인가?', '조직 바깥에서 리더십 개발이 필요한가?', '발전의 기회가 가로막힌 것은 아닐까?', '외부의 코치가 필요할까?'

구성원이 조직 생활에서 맞닥뜨리는 도전과 진척 상황을 잘 관찰하고 기록하는 것도 좋은 방법이다. 구성원이 일을 통해 성장하고 행복을 느끼는지 늘 신경을 써야 한다.

• **솔선수범**— 리더의 역할을 수행하는 데 가장 중요한 것은 솔선수범이다. 사람들은 리더의 말보다 행동에 더 주의를 기울인다. 원하든 원하지 않든, 사람들은 리더의 일거수일투족에 주목하고 리더의 행동을 기준으로 삼는다. 따라서 리더의 행동은 자기 자신뿐 아니라 구성원, 나아가 조직 전체에까지 큰 영향을 미친다.

깨어있는 리더는 항상 타의 모범이 될 수 있도록 행동한다. 좋은 리더는 팀원을 존중하고 배려한다. 폄하하고 무시하면서 팀원의 사기를 북돋울 수는 없다.

리더는 결국 자신의 수준에 맞는 팀을 갖는다. 팀의 수준은 리더의 성품, 도덕성, 목적의식 그리고 역량에 달려있다. 훌륭한 리더와 함께 일하는 구성원들은 긍정적 영향력을 받으며 성장한다.

리더로서 솔선수범하려는 노력이 자칫 가식적인 모습으로 비치지 않도록 주의하는 것도 잊어서는 안 된다. 리더십에서는 진정성이 특히 중요하다.

진정성이 결여된 채 보여주기 식의 리더십을 발휘하면 사람들은 귀신같이 알아차린다. 그렇기 때문에 누구도 자신의 의식 수준을 넘어서는 리더십을 발휘할 수는 없다. 올바른 내면 세계를 갖추고 그에 맞게 행동하는 리더만이 구성원을 포함한 주변 사람들에게 자연스러운 영향력을 행사할 수 있다. 리더가 끊임없이 자기 성찰과 성장을 위해 노력해야 하는 또 다른 이유다. (관련해서 9장 학습 참조.)

• **자기 인식**— 대부분의 조직 문화는 초창기 창업주가 만든 토대

에서 벗어나기 어렵다. 창업주의 개인적인 장단점이 조직 문화의 기본 특성을 규정한다고 해도 과언이 아니다. 그러나 시간이 흐르면서, 리더는 더욱 철저한 자기 인식과 구성원의 피드백을 바탕으로 조직 문화의 역동성을 살려 나가야 한다. 리더십과 조직 문화에 대한 인식을 강화하고 약점을 보완할수록 더 효과적인 팀을 구축하고 생산성도 높일 수 있다.

홀푸드의 성장 과정을 되돌아보면서 나는 이런 사실을 확인했다. 초창기 홀푸드는 나의 개인적 강점을 잘 반영하는 조직 문화를 형성했지만, 내가 그다지 좋아하지 않는 약점도 있었다.

예를 들어 나는 브레인스토밍을 통해 새로운 아이디어와 혁신적 솔루션을 즐겨 찾는 창의적인 성향인 반면 디테일에는 약했다. 홀푸드 역시 혁신적인 문화라는 강점을 갖고 있었지만 운영 측면에서는 약점이 많았다. 약점은 창업 후 20년 동안 지속되며 홀푸드의 큰 문제로 남아있었다.

시간이 흐르면서 내 강점과 약점을 좀 더 명확하게 인식하게 되었고, 약점을 보완할 수 있는 리더십 팀을 만들었다. 그 결과 지금의 홀푸드 경영진은 혁신적이고 기업가적인 문화를 유지하면서도 구조화된 사고를 통해 복잡한 문제를 능숙하게 해결할 수 있게 되었다.

지난 수년간 홀푸드 경영진으로 활약한 리더십 팀에는 글렌다 플래너건Glenda Flanagan, 에이시 게일로A.C. Gallo, 월터 롭Walter Robb, 제이슨 부첼Jason Buechel, 소냐 가프시 오블리스크Sonya Gafsi Oblisk, 짐 수드Jim Sud, 키스 맨벡Keith Manbeck 등 깨어있는 리더가 많이 있다.

• **안전과 신뢰**—"구글은 전통적인 기업이 아니고, 그렇게 될 생각이 없습니다."[5] 지난 2004년 구글 상장 시 투자자 서한에 있던 말이다. 지난 10여 년 동안 구글은 이 약속을 지켜왔다. 전통적인 대기업의 경우 해결하기 어려운 문제에 직면하면 그것을 컨설팅 과제로 만들어 외부에 의뢰하는 경우가 많다.

2012년 구글 리더들이 가장 성공적인 팀은 무엇이 다른지를 연구하기로 결정했을 때 매킨지와 같은 컨설팅 업체의 도움을 구하지 않고 내부적으로 해결했는데, 그것이 바로 아리스토텔레스 프로젝트Project Aristotle다. (프로젝트 명칭은 "전체는 부분의 합보다 크다"라는 이 철학자의 유명한 말에서 기원했다.)

구글 내부의 180개 팀을 대상으로 실증적인 조사와 연구가 이뤄졌고, 동원 가능한 모든 내외부 자료를 철저히 검토했다. 수집된 데이터에 대해서는 엄격한 정성적·정량적 통계 분석을 통해 팀의 성공 요인을 규명했다.

연구 결과의 일부는 이미 잘 알려진 내용이었다. 예를 들어 팀이 명확한 구조와 투명한 역할 외에 책임과 목표 의식을 공유해야 한다는 것은 상식에 속하는 것이었다. 동료 간 상호의존성이 클 때 팀원들이 가장 생산적이라는 것도 마찬가지였다.

하지만 기존 통념과 다른 결론도 있었다. 예를 들어 성공적인 팀을 만드는 가장 중요한 요인 다섯 가지 중 두 가지가 '업무 자체의 의미'와 '자신의 일이 어떤 영향을 미치는가'로 밝혀진 것이다. 모든 일이 의미 있는 것은 아니며, 의미 있는 일이 전부 세상에 긍정적인 영향을 주는 것은 아니지만 이 두 가지가 결합될 때 팀의 성과가 가장 높아졌다는 사실이 중요하다.

아리스토텔레스 프로젝트의 진짜 중요한 결론은 따로 있었다. 최고의 팀에 가장 중요한 것이 바로 '심리적 안전psychological safety'이라는 사실이다. 심리적 안전이 높은 팀에서는 누구나 부담없이 자기 취약점을 드러내고, 위험을 감수하며, 모르는 것을 묻고, 도움을 요청하고, 어려운 문제를 제기하고, 심지어 실수를 하더라도 불이익을 당하지 않을 것이라 믿는다.

진정한 신뢰와 상호 배려를 바탕으로 하는 심리적 안전이야말로 팀의 성과를 높이는 원천이다. 리더의 역할은 바로 그런 환경을 조성하는 것인데, 그러기 위해서 자신부터 먼저 위험을 감수하고, 도전적인 질문을 던지고, 실수를 인정하고, 자신보다 구성원을 먼저 생각하는 자세를 가져야 한다.

• 명확한 목표와 평가—깨어있는 리더는 일을 통해 성장하겠다는 구성원의 욕구를 존중해야 한다. 좀 더 나은 성과를 내고, 승진하고, 새로운 역할을 수행하기 위해 무엇을 배우고 어떻게 해야 하는지 알려줘야 한다.

명확한 방향을 제시하면 구성원들은 뚜렷한 목표를 세우고 이를 달성하기 위해 노력한다. 회사가 직원들의 육성과 발전에 투자할 의지를 보이지 않으면 인재들은 회사를 떠난다. 결국 회사의 전반적인 인재 수준은 떨어진다.

업무 평가를 제대로 하지 않는 소규모 기업이 많다. 사람은 솔직하고 일관성 있는 피드백을 받았을 때 자신의 객관적인 능력과 성과, 강약점 등을 알 수 있다. 부하나 동료들과 업무 성과와 관련한 건설적인 대화를 할 수 있어야 한다. 자신의 성과, 기여도, 리더십에 대한 스스로의 평가와 동료들의 평가 사이에 괴리가 큰 경우가 있다. 360도 다면평가가 필요한 이유다. 다면평가를 하면 여러 사람이 일관되게 문제라고 말하는 행동이나 태도를 간과하기는 어렵다.

360도 다면평가는 일부 저성과자가 현실을 직시하는 데도 도움이 된다. 일을 못하는 구성원은 관리자가 솔직하고 건설적인 피드백을 해도 자기합리화로 회피하는 경우가 있다. "난 잘하고 있는데, 상사가 개인적 감정으로 안 좋은 평가를 한다"는 생각을 한다.

360도 다면평가는 부당한 대우를 받는다고 생각하는 저성과자를 일깨워 준다. 저성과에 대한 평가가 한두 명이 아니라 여러 사람으로부터 나오기 때문이다. 한 사람의 피드백은 편견으로 치부할 수 있지만, 여러 사람의 일관된 피드백은 부정하기 어렵다. 홀푸드는 오랜 세월 동안 360도 평가를 실시해왔고, 이를 통해 저성과의 깊은 잠에 빠져 있는 사람들을 많이 깨웠다.

• **코칭 문화**— 조직 내부의 유망한 리더를 코치하기 위해 외부 인력을 고용하는 관행이 갈수록 확대되고 있다. 상당한 비용이 소요되지만 리더에 따라 재무적 성과가 크게 영향을 받는 대기업은 가치 있는 투자로 생각한다.

홀푸드의 경우 비교적 최근에 이런 종류의 외부 리더십 코칭 프로그램을 활용하면서 상당한 성공을 거두었다. 자기 인식, 감성 지능, 소통 능력 등 특정 측면에서 어려움을 겪었던 리더들이 눈에 띄게 개선된 경우가 많았다.

코칭의 힘에 대해 당대 최고로 인정받았던 전문가의 견해가 궁금하다면 《빌 캠벨, 실리콘밸리의 위대한 코치Trillion Dollar Coach》를 읽어보기 바란다. 2016년 타계한 캠벨Campbell은 구글 임원만 해도 래리 페이지Larry Page, 세르게이 브린Sergey Brin, 에릭 슈미트Eric Schmidt, 조너선 로젠버그Jonathan Rosenberg, 순다르 피차이Sundar Pichai 등을 코칭했고, 그 외에 애플Apple의 스티브 잡스Steve Jobs, 인튜이트Intuit의 브래드 스미스Brad Smith, 이베이eBay의 존 도나호John Donahoe, 야후Yahoo의 마리사 메이어Marissa Mayer, 트위터Twitter의 딕 코스톨로Dick Costolo, 페이스북Facebook의 셰릴 샌드버그Sheryl Sandberg 등 유명한 테크 분야의 전설적인 리더들의 코치로 활약했다.

외부 코치를 활용하는 것도 훌륭한 선택이지만 기업 내 코칭을 외부 전문가에게만 의존할 필요는 없다. 사실 깨어있는 리더는 코칭이 자신의 역할이라는 사실을 충분히 인식하고, 조직 내 다른 리더와 구성원들도 그러한 인식을 갖게 만든다.

리더십 전문 기업 블루포인트Bluepoint Leadership Development 창업자 그레그 톰슨Gregg Thompson은 저서 《마스터 코치The Master Coach》에서 이렇게 썼다.

"코칭은 모두의 일이다. 코칭의 장점은 특정한 전문 지식이나 권한을 가진 사람만 하는 일이 아니라는 것이다. … 조직 내 누구라도 다른 임직원과 마주 앉아 성과를 높일 방법을 함께 고민하고, 새로운 가능성을 보도록 격려하며, 상대의 강점을 확인하고, 성공적으로 원하는 결과를 만들어내는 것이 얼마나 기분 좋은 일인지 일깨우고 있다면 코치로서 역할을 하는 것이다."[4]

톰슨은 그 외에도 코칭은 다른 사람의 문제를 대신 해결해주는 것이 아니라 자신의 문제를 스스로 해결할 수 있도록 맥락을 만드는 것이라고 한다. 그는 코칭이 조직 문화의 한 부분으로 자리 잡는 '코칭 문화'가 필요하다고 강조한다.

• 공식적인 멘토링 — 공식적인 멘토링 프로그램도 리더가 주도하는 코칭 못지않게 가치 있다. 효과적으로 운영되는 대표적 사례가 아마존의 테크니컬 어드바이저Technical Advisor 프로그램이다. 아마존의 고위 경영진은 '테크니컬 어드바이저TA' 한 명을 1년 이상 맡으며 멘토링을 하는데, TA는 자신과 매칭된 임원의 일정에 맞추어 그림자처럼 따라다니며 업무를 배운다.

엄청난 책임과 권한을 가진 아마존 경영진의 일상 업무를 가까이서 관찰한다는 것은 TA 역시 아마존의 촉망받는 리더 후보라는 의미다. 높은 잠재력을 보유한 TA는 성공적으로 멘토링을 마친 후 대개 아마존 주요 조직의 리더십 포지션에 배치된다.

나는 홀푸드를 공동 창업한 스물네 살 때부터 마흔이 될 때까지 중요한 멘토가 있었다. 바로 나의 아버지 빌 매키Bill Mackey다. 1978년에 회사를 막 설립했을 당시 나는 경험이 거의 없었고, 대학에서 경영학 수업을 들은 경험조차 전무했다. 라이스대학 회계학과 교수였던 아버지가 교직을 떠나 직접 비즈니스에 뛰어든 것은 나에게 행운이었다. 아버지는 공공 병원 관리 회사 라이프마크Lifemark의 최고경영자까지 역임한 후 회사를 1984년 매각했다.

아버지의 멘토링이 아니었다면 홀푸드는 진작에 실패했을 것이다. 나는 홀푸드 초창기 16년 동안 아버지와 먼저 상의하지 않고 중요한 의사 결정을 한 적이 없다.

그러나 마흔이 될 무렵, 나는 멘토링을 끝내고 혼자 힘으로 회사를 이끌 준비가 되었다. 어려운 이별이었지만 궁극적으로 '윈-윈'의 해결책이라는 것이 증명되었다. 나와 아버지는 물론 회사에도 좋은 결정이었다. 연륜과 지식이 풍부한 리더로부터 멘토링을 받는 것은 귀중한 경험이지만, 어느 시점이 지나면 리더는 온전히 자기 힘으로 앞날을 헤쳐나가야 한다.

세계적인 가공식품 기업 캠벨수프Campbell Soup Company의 전 CEO 데니스 모리슨Denise Morrison은 자신의 초기 성공이 적절한 멘토들의 도움 덕분이었다고 말한다. 1980년대에 네슬레Nestlé에서 일할 때 그녀는 자신이 접한 고객 피드백을 공유하기 위해 회사 CEO 앨런 맥도널드Alan MacDonald를 찾았다.

고객을 이해하고 자신의 업무 수행과 관련한 조언을 구했다. 모리슨은 맥도널드의 추천으로 승진까지 하게 되었고, 이는 그녀의 경력을 크게 바꿔 놓았다. 자신도 CEO가 된 후 모리슨은 멘토에게 받은 고마움을 후배들에게 멘토링을 하며 되돌려주었다. 모리슨은 차세대 여성 리더와 기업가를 멘토링하는 '캠프 캠벨Camp Campbell' 프로그램을 시작하여, 여성 리더십과 창의적인 협업 고취에 힘썼다.

모리슨은 "누구나 자신의 목표를 달성하고 경력을 개발하기 위해 멘토나 지지자가 필요하다"라는 말을 남겼다.[5]

• 저성과자 관리 — 아무리 채용을 잘하고 코칭과 리더십 개발에 투자해도 성과를 내지 못하는 사람이 있다. 그런 경우 어떻게 대응해야 하는가? 리더는 구성원이 성과를 내거나 고전할 때 모두 명확하고 솔직한 피드백을 줘야 한다. 사람은 누구나 칭찬과 격려에 잘 반응하기 때문에 긍정적 피드백에 집중하는 것이 좋지만 그렇다고 건설적인 개선 의견을 주지 않는다면 개인과 팀 모두에 나쁜 영향을 주게 된다.

기대에 미치지 못하는 성과를 내는 구성원에게는 반드시 피드백을 주고 개선 방향에 관해 자세히 설명해야 한다. 이와 관련해서 리더십 코칭 전문기업 스타겐Stagen의 창업주이자 CEO인 랜드 스타겐Rand Stagen은 "피드백을 주지 않는 것은 상대방의 성공을 가로막는 것이다."[6] 라고 말한다.

리더가 저지르는 많은 실수 중 하나는 불편한 대화를 피하기 위해 구성원에 대한 평가를 마음속으로만 하고 피드백을 주지 않는 것이다. 이런 실수가 반복되면 리더의 불평불만은 한계에 이르고, 어느 순간 구선원의 사소한 실수에도 불같이 화를 내게 된다.

명확한 피드백을 준 후, 리더가 해야 할 두 번째 일은 구성원이 스스로 행동을 수정하고 이를 통해 배우고 성장할 수 있도록 돕는 것이다. 여기에는 약간의 인내심이 필요하다. 인내심은 미덕이지만, 그것을 이유로 어렵고 힘든 결정을 미루어서도 안 된다.

충분한 피드백과 성과 개선에 필요한 시간을 주었는데도 개선의 여지가 없다면 팀 전체의 성과를 위해서라도 그 사람을 조직에서 배제시키는 결단이 필요하다. 조직이 계속 전진하기 위해서는, 어려운 일이지만, 팀 성과를 끌어내리는 사람을 조직에서 배제시킬 수도 있어야 한다.

팀에서 배제한다는 것이 해고만을 의미하지는 않는다. 실적이 저조한 이유에 따라 다른 대안이 있을 수 있다. 깨어있는 리더라면 성과가 낮은 이유를 정확히 파악하기 위해 노력한다. 어떤 사람은 자신이 감당하기 어려운 포지션을 맡아 성과를 내지 못하는 경우가 있다. 과거 포지션에서는 좋은 성과를 냈던 충성도 높은 직원이 승진 후에 역할을 제대로 수행하지 못했다고 해고하는 것은 현명하지 않다. 차라리 이전 포지션으로 복귀시키거나 수평 이동을 통해서 새롭게 시작할 수 있는 기회를 주는 것이 바람직하다. 이것을 증명하는 좋은 사례가 있다.

1988년 홀푸드 일곱 번째 매장을 댈러스주 리처드슨에 오픈했을 때 매장 관리자는 마크 딕슨Mark Dickson이었다. 리처드슨은 부유한 교외 지역이었지만 친환경과 유기농 제품에 대한 관심도가 낮아 회사가 시장 개척에 고전할 것이라 예상되는 곳이었다. 초기 매출이 너무 낮아

그 지역에 매장을 연 것 자체가 실수라는 생각이 들 정도였으니, 마크의 마음 고생이 익히 짐작할 만했다.

홀푸드는 마크에게 2년의 시간을 주고 매출 정상화를 기대했지만, 결국 성공하지 못했고 매장 구성원들의 사기도 바닥에 떨어졌다. 홀푸드는 새로운 리더를 영입하기로 결정했다. 마크의 후임자는 뛰어난 아이디어와 열정으로 엄청난 성과를 냈다. 매출은 10년 연속 매년 25퍼센트 이상씩 성장했다. 홀푸드에서 최저 매출을 기록하던 매장이 최고의 실적을 내는 곳으로 바뀌었다.

그렇다고 마크를 해고한 것은 아니다. 그 전에 했던 역할로 돌려보냈다. 그는 이런 좌천성 인사를 겸허하게 받아들였다. 리더들의 피드백을 주의 깊게 듣고 실패로부터 배웠다. 그리고 리더로서 성장하기 위해 필요한 노력을 기울였다.

그는 결국 다시 매장 관리자로 승진했을 뿐 아니라, 최고의 매장 관리자로 인정받고 세 개의 매장을 성공적으로 이끌었다. 불과 몇 년 만에 그는 지역 총괄 부대표를 거쳐, 남서부 지역 총괄 대표까지 승진하여 10년 넘게 이 역할을 수행하다가 2017년 은퇴했다. 마크 딕슨은 2020년 홀푸드 명예의 전당에 헌액되었는데, 이는 소수의 사람들에게만 주어지는 영예로운 자리다.

저성과자를 둘러싼 이야기가 항상 이렇게 해피엔딩으로 끝나지는 않는다. 직급이 강등되는 경험을 견디고 자신의 실수로부터 배워 더 큰 성공을 만드는 일을 아무나 할 수는 없다.

때로는 성과를 내지 못하는 사람을 내보낼 수밖에 없다. 하지만 이런 힘든 인사 결정을 내리는 것도 리더의 역할이다. 새로운 사람을 뽑고, 코칭하고, 팀의 한 부분으로 융화시키고, 때로는 기대에 미치지 못하는 사람들을 내보내는 과정을 통해 팀 전체의 역량을 끊임없이 진화시켜야 한다. 그것을 꺼리는 사람은 깨어있는 리더로서 자신의 잠재력을 충분히 실현하기 어렵다.

사람을 내보낼 때는 어떻게 해야 하는가? 우선 해고 결정이 그 구성원에게 놀랄 일이 되어서는 안 된다. 그 얘기를 듣고 놀랐다는 것은 리더가 평소 피드백을 제대로 하지 않았다는 말이다. 청렴 위반이나 비윤리적인 행동 때문이 아니라면* 시간적 여유를 주지 않고 너무 급하게 내보내는 것도 좋지 않다. 끝으로 나가는 직원의 미래에 대한 배려와 격려가 있어야 한다.

홀푸드의 경우 성과가 지속적으로 떨어지는 직원들에게 충분한 피드백을 주면서 회사의 결정에 동의하게 만들었고, 해고된 직원들과도 상당 기간 좋은 관계를 유지하기 위해 노력해왔다.

파네라Panera 설립자 겸 CEO 론 샤이치Ron Shaich는 자신이 해고한 직원들로부터 나중에 감사 서한을 받은 적도 있다. 해고당하는 순간은 고통스러웠지만, 나중에 되돌아보면서 많은 교훈을 얻었고 더 나은 사람이 되었다는 말을 들었다고 한다.

---

* 성과 부진과 관련한 근거는 명확하게 문서로 기록되어야 하며, 고용 관련 법률 및 인사 지침을 준수해야 한다. 이는 회사의 규모와 관계없이 공통적으로 적용되는 것이며, 요즘처럼 복잡한 세상에서는 정당한 절차와 퇴직에 관한 규정을 일관되게 지키지 않으면 조직을 위험에 빠뜨릴 수 있다.

• **공동체 건설**─사회적 동물인 인간은 공동체 안에서 번성한다. 건강한 인간관계처럼 우리 영혼에 안식을 주는 것은 없다. 매일 출근하고 함께 일하는 조직은 사회 공동체의 일부다. 기업 또는 비영리 단체라는 조직 형태가 내부 구성원의 모든 정서적 욕구를 충족시킬 수는 없겠지만, 출발점이 되어야 한다.

때로는 조직 구성원 간의 긴밀한 유대 형성을 위해 회사를 벗어나야 하는 경우도 생긴다. 야외활동, 리더 워크숍, 외부모임, 봉사활동, 바비큐 파티 등 다양한 형태가 있을 수 있는데, 회사라는 업무 공간에서 잠시 벗어나 함께 먹고, 즐기고, 하이킹을 하며, 같은 호텔에서 숙박하는 등의 활동을 통해 자연스럽게 공동체로서의 유대감을 형성할 수 있다.

비코프B-Corp 기업이자 빠르게 성장하는 데이터 전문 회사 데이터월드Data.World의 창립자 브렛 허트Brett Hurt는 구성원들이 사내에서 다양한 그룹을 만들도록 격려한다. 그룹을 만드는 데는 회사의 허가가 필요 없고 전적으로 구성원 자율에 맡긴다. 내부적으로는 이런 그룹을 '부족tribe'이라 부르는데, 예를 들어 한 직원은 근무 시간 시작 전에 '스케이트보드 부족' 멤버들과 운동을 하고, 점심에는 '쿠킹 부족' 멤버들과 함께 요리를 하여 식사를 즐긴 후, 퇴근해서는 '요가 부족' 사람들과 수련을 할 수 있다. 이 회사가 미국에서 일하기 좋은 최고의 직장Best Place to Work 중 하나로 꼽힌 중요한 요인 중 하나가 바로 이런 사내 커뮤니티 경험이다.

기업에서 이런 형태의 공동체를 구성할 때 기억해야 할 것은 여기에 지나친 통제나 간섭을 해서는 안 된다는 점이다. 인류는 수천 년 동안 자연발생적으로 공동체를 만들어왔다. 회사가 이래라 저래라 하지 않아도 사람들은 충분히 자기 관심사에 맞는 모임과 그룹을 만들고 활동할 수 있다. 회사 입장에서는 약간의 지원이나 격려만 하면 나머지는 구성원 모두가 알아서 한다.

성격 유형과 심리 검사

인간은 모든 사물을 범주에 넣어 분류하기를 좋아한다. 인류는 모든 생명체의 종에서부터 밤하늘의 별에 이르기까지 많은 것을 분류해왔다. 이런 분류 대상에는 인간 자신도 포함된다. 예전부터 사람들의 다양한 성격을 유형화하려는 시도가 있어왔다. 혈액형이나 인종을 구분하듯이 성격 유형도 나눌 수 있을지에 대한 관심이 반영된 것이다.

'의학의 아버지'로 불리는 고대 그리스의 히포크라테스Hippocrates는 인간의 몸은 네 가지 체액으로 차 있으며 체액 사이의 비율에 따라 네 가지 기질이 나타난다는 사체액설四體液說을 주장했다. (네 가지 체액·기질은 '담즙질', '다혈질', '우울질', '점액질'이다—옮긴이.) 철학자 아리스토텔레스와 플라톤 역시 각각의 인격 분류 체계를 고안했다.

성격 유형에 대한 관심은 현대로 접어든 이후에도 계속되고 있다. 많은 기업과 컨설턴트가 현대적 성격 유형 시스템을 조직 개발 도구로 채택하고 있다. 리더가 조직 관리를 할 때 가장 어려운 부분 중 하나가 다양한 구성원 사이에서 적절한 균형을 유지하는 것인데, 이는 동기 부여, 창의성 촉진, 팀내 협업, 갈등 관리 등과 직결된다. 구성원이 어떤 성향이고 다양한 조직 상황에서 어떻게 반응하고 행동하는지를 유형적으로 알 수 있다면 조직 관리에 큰 도움이 된다.

성격 검사는 '내향성'과 '외향성', '사고 중심'과 '감정 중심', '집단 지향성'과 '자기 의존성' 등과 같은 측면을 측정한다. 그리고 사람들의 소통과 교류 방식, 갈등 처리와 문제 해결 방식, 집단 내 행동 양식 등에 주목한다. 평가에는 좋고 나쁨이 없고 도덕적 판단이 개입되지 않는다. 다만 평가를 통해 알게 된 개인적 차이점은 리더로서 구성원을 대할 때 중요한 참고 정보가 된다. 성격이나 성향에 관계없이 모든 사람을 똑같은 방식으로 대한다면 조직 내의 다양성이라는 현실을 외면하는 셈이다.

성격 유형에 관한 큰 관심에도 불구하고, 특정 성격 검사에 대해서는 찬반양론이 맞선다. 반대론자들은 일부 성격 검사의 경우 과학적 증거가 부족하고 점성술보다 나을 것이 없다고 혹평한다. 일부 검사는 과학적 근거 없이 만들어졌으며 어떤 것은 출처가 상당히 의심되기도 한다. 옹호론자들은 검사 도구가 현실적으로 유용하고 사람들의 다양한 성격 특성을 정확하게 묘사할 수 있다고 주장한다. 어느 쪽 주장이 옳건 실제로 많은 기업이 이미 성격 검사를 채택하여 사용하고 있다. 깨어있는 리더는 이런 검사에 대해서 교조적인 찬반 입장을 취하기보다 검사의 특성을 정확히 이해하고 활용에 따른 실익을 판단해야 한다.

국제심리유형협회the Association for Psychological Type International 회장 린다 베렌스Linda Berens는 "성격 유형론 프레임은 사람들의 행동 양식, 본원적 동기, 내적 욕구, 재능과 역량 등 다양한 주제를 이해할 수 있는 언어를 제공한다"고 얘기한다.[7] 따라서 적절한 성격 유형론을 활용함으로써 '나처럼 되어라'라는 식의 편향에서 벗어나는 데 도움이 될 수 있다는 것이다.

성격 유형 검사 중에서 가장 많이 알려진 것은 마이어스–브릭스 유형 지표Myers–Briggs Type Indicator, MBTI다. 또 다른 유형 검사로는 커시 기질 분류법Keirsey Temperament Sorter/KTS, 에니어그램Enneagram, 빅파이브Big Five, 16PF 등이 있다.

이런 유형 검사를 적절히 활용하면 사람들의 가치와 행동 양식에 대한 차이를 이해하고 존중할 수 있다. 하지만 검사를 맹신하는 것은 곤란하다. 베렌스의 말처럼 "성격 유형은 사람들 사이의 차이를 이해하기 위한 언어로 봐야지, 직원의 이마에 낙인을 찍는 것은 아니기" 때문이다.[8]

활력

몇 분만 전원을 껐다 켜면 다시 작동합니다.
모든 것이 그래요. 당신도 마찬가지고요.

—앤 라모트Anne Lamott(소설가)

세계적인 투자자 스탠리 드러켄밀러Stanley Druckenmiller는 2000년 말부터 2001년까지 미국 재무부 채권 시세의 변동 방향을 정확하게 예측했다. 그의 예측은 시장의 통념과 정반대였는데, 이렇게 흐름을 거스르는 과감한 베팅으로 어마어마한 수익을 올렸다.

어떻게 그런 놀라운 예측이 가능했는지 묻자 그는 의외의 답변을 내놓았다. 바로 '충분한 휴식.'

드러켄밀러는 4개월 동안 월스트리트를 벗어나 휴식과 충전의 시간을 가졌다. 투자와 관련된 뉴스를 모두 차단하고 몸과 마음을 완전히 쉬게 했다. 그렇게 몇 달의 휴식을 마치고 돌아온 그는 이전과는 전혀 다른 눈으로 큰 그림을 볼 수 있었다. 그리고 새로운 관점이 그의 인생을 완전히 바꾸었다.

드러켄밀러는 몇 년 후 인터뷰에서 "그 몇 달 동안의 안식기가 없었다면 결코 그런 과감한 투자를 하지 못했을 것"이라고 말했다. 그런 판단을 내릴 수 있었던 것은 "마음이 자유로워졌기 때문이고, 그때는 정말 정신이 맑고 깨끗했기에 가능했다"고 강조한다.[1] 명확한 사고와 올바른 의사 결정에 성과가 좌우되는 비즈니스 세계에서는 어느 정도의 휴식과 긴장 해소만으로도 큰 차이가 난다.

모든 리더에게 휴식을 통한 충전과 재정비는 필수적이다. 아무것도 하지 않으며 소극적으로 쉬는 것이 역동적 에너지와 창의성의 원천이라고 말하면 역설적으로 들린다. 하지만 그것이 바로 휴식의 핵심이다.

리더는 가끔씩 일상에서 벗어나 머릿속을 깨끗이 비워야 생산성이 높아진다. 휴식의 방법은 명상, 수면, 운동, 숲속 산책 등 사람마다 다를 수 있다. 고요한 휴식 상태에 접어들면 평소 머리를 가득 채웠던 온갖 잡다한 걱정이 물 흐르듯 빠져나간다. 잡념이 없어져야 평소 억눌렸던 직관이 마법처럼 살아난다. 그리고 창의적인 통찰과 확신이 생긴다.

비자Visa의 공동창업주 디 호크Dee Hock는 휴식과 충전에 관해 이런 말을 했다.

"문제는 어떻게 새롭고 혁신적인 생각을 하느냐가 아니라 어떻게 낡은 생각을 끄집어내느냐 하는 것입니다. … 마음 한구석을 깨끗이 비우면, 그 공간을 창의적인 아이디어가 즉시 채웁니다."[2]

최근 직장인을 대상으로 한 조사에서 60퍼센트 이상이 번아웃burn-out되거나 과도한 스트레스에 시달리는 것으로 나타났다.[3] 〈하버드비즈니스리뷰〉는 직장 내 번아웃이 연간 약 1,250억 달러에서 1,9000억 달러의 의료비 지출을 야기하며 다양한 만성질환의 원인이라는 칼럼을 실었다.[4]

하버드 의과대학이 기업 임원을 대상으로 실시한 연구에서는 96퍼센트의 응답자가 업무로 인해 탈진을 경험했다고 보고했고, 그중 3분의 1은 자신의 상태가 '심각한' 수준이라고 평가했다.[5]

사람들은 스트레스의 원인을 성과 압박, 직장 문화, 주주의 기대, 재무 실적 책임 등으로 돌리지만, 인간은 자신의 정신 상태를 스스로 결정할 수 있는 상당한 힘이 있다는 사실을 잊어서는 안 된다. 스트레스의 원인까지 제거하지는 못하더라도 스스로의 회복 탄력성resilience을 향상시킬 수 있는 일을 찾아서 해야 한다.

사람들은 심각한 위기가 닥치기 전까지는 어떤 대비도 하지 않는 경우가 많다. B코퍼레이션 운동의 선구자인 제이 코엔 길버트는 2016년 말 비호지킨 림프종Non-Hodgkin lymphoma(면역 체계를 구성하는 림프 조직에서 발생하는 악성 종양의 일종-옮긴이) 진단을 받고 나서야 삶의 속도를 완전히 바꿨다. 병세는 결국 회복되었지만 그는 질병과 싸우면서 얻은 교훈을 잊지 않으려고 노력한다.

"일부러 삶의 속도를 늦추면 항상 (개인적 또는 직업적 측면에서 모두)

더 나은 의사 결정을 하게 되고 상대와 더 깊은 관계와 신뢰를 쌓을 수 있어 오히려 보상을 받게 됩니다."[6]

깨어있는 리더는 건강이 망가지거나 위기가 닥치기 전에 자신의 습관을 먼저 되돌아볼 수 있어야 한다. 삶에 활력을 불어넣는 것은 작은 노력으로 맺을 수 있는 가장 달콤한 과실이다. 몰입과 분리, 열정과 휴식, 집중과 이완 간의 적절한 리듬을 찾는 것은 장기적으로 리더십을 유지하는 중요한 기술이다.

스트레스를 느끼거나 스트레스에 무너지는 시점은 사람마다 다를 수 있지만 재충전은 누구에게나 필요하다. 우리 모두에게는 휴식을 통해 재충전하고, 스스로 활력을 되찾기 위한 시간과 공간이 필요하다. 그것이 단지 몇 분 또는 몇 시간이 걸리든, 몇 주 또는 몇 달이 걸리든 마찬가지다. 휴식을 잘 취하는 사람들은 높은 삶의 질을 누릴 수 있고 신체적·정신적 측면에서도 강력한 우위를 갖게 된다.

자기 자신의 최고 에너지 책임자 되기

활력을 되찾는 것은 결국 에너지를 어떻게 관리할지의 문제다. 깨어있는 리더에게 에너지 관리는 필수인데, 리더로서 효과적으로 조직을 이끌기 위해서는 우선 자신부터 강한 동기를 가져야 한다.

《몸과 영혼의 에너지 발전소The Power of Full Engagement》, 《루틴의 힘 Manage Your Day-To-Day》 등을 저술한 토니 슈워츠Tony Schwartz가 '에너지

프로젝트Energy Project'라는 컨설팅 회사를 설립하게 된 배경도 그런 이유다. 그는 유명한 리더들이 자신과 구성원의 에너지를 능숙하게 관리할 수 있게 하여 지속적으로 높은 성과를 달성하도록 도왔다. 슈워츠는 코칭받은 리더들에게 자신이 조직의 '최고 에너지 책임자Chief Energy Officer'라 생각하라고 조언한다.

토니 슈워츠가 에너지에 관심을 갖게 된 것은 그가 스포츠(특히 테니스)를 좋아했기 때문인데, 동료이자 스포츠 임상 심리학자인 짐 로어Jim Loehr의 연구가 출발점이 되었다.

프로 선수들의 테니스 경기를 관찰하던 로어는 최고의 선수들이 경기 사이뿐만 아니라 경기 도중에도 의식적으로 휴식을 취한다는 사실을 알았다. 몸을 풀거나 공을 튕기지 않으면서 정지상태를 유지하고, 심호흡을 하는 등의 방식으로 휴식을 취했다. 선수들을 연구하면서 그는 경기 도중에 자기만의 방법으로 짬짬이 휴식을 취하고 에너지를 효과적으로 관리하는 선수일수록 격렬한 경기에서 탁월한 성적을 낸다는 사실을 알았다.

이런 노하우는 테니스에만 적용되는 것이 아니다. 물리학에서는 에너지를 '일을 할 수 있는 능력'이라고 설명하는데, 그렇게 본다면 휴식 역시 일의 일부다. 이런 통찰로 슈워츠와 로어는 직장인들이 에너지를 올바르게 관리하고 활용하면서 성과를 극대화할 수 있는 사업을 시작했다.

슈워츠는 21세기 들어 기술의 영향력이 꾸준히 커지면서 그것이 오히려 사람들의 시간을 소모하고 주의력을 빨아들이며 일상에 깊숙이 침투하고 있는 점에 주목했다. 이러한 도전에 대응하기 위해서는 시간 관리보다 개인의 에너지를 효과적으로 관리하는 쪽으로 접근해야 한다는 것을 깨달았다. 그러려면 우선 인간의 에너지에 대한 인식 자체가 근본적으로 달라져야 한다.

기업은 전통적으로 구성원이 일정한 속도로 멈추지 않고 일하는 기계와 다르지 않다고 암묵적으로 가정해왔다. 슈워츠의 연구는 이런 가정이 잘못되었음을 강조한다.

인간은 기계의 사이클이 아니라 생명체의 리듬에 따라 활동하므로, 일하면서 소모된 에너지를 재충전하는 시간이 필요하다. 자연스러운 생명의 리듬을 무시하고 일에 빠지는 것은 심각한 에너지 고갈을 야기한다. 사람은 하루나 한 달, 혹은 한 해에 걸쳐 장기적인 에너지 리듬을 갖고 있어 이를 제대로 파악하고 적절하게 관리하는 것이 중요하다.

슈워츠의 연구에 따르면 평상시 일하는 사람의 에너지 수준은 자연적으로 대략 90분 주기로 오르내린다. 한 가지 업무 상태를 한 시간 반 정도 유지한 다음에는 휴식이 반드시 필요하다는 말이다. 다음 주기가 시작되기 전에 산책, 간식, 스트레칭 또는 다양한 방법으로 리프레시해야 한다. 높은 생산성을 유지하기 위해서는 오히려 업무량을 효과적으로 줄일 수 있어야 한다는 의미다.

사람은 대개 하루 3번의 작업 사이클을 갖는다. 이를 감안하면 최고의 에너지 수준을 유지하며 일할 수 있는 시간은 하루에 4시간 30분 정도다. 물론 이 때문에 8시간 근무를 하면 안 된다는 것이 아니라, 집중 근무 시간 외에는 정신적으로 에너지를 덜 소모하는 일을 해야 한다는 의미다. 이것은 어디까지나 일반적인 경험 법칙이기 때문에 절대시하기보다는 에너지를 효율적으로 활용하면서 일상 활동을 관리하는 방법에 대한 인식의 프레임으로 생각하는 것이 좋다. 인체의 에너지 사이클에 맞추어 집중과 휴식을 적절히 조절함으로써 일하는 능력이 개인 또는 조직 차원에서 크게 달라진다는 사실이 중요하다.

슈워츠의 회사('에너지 프로젝트')는 개인의 에너지를 신체적physical, 감정적emotional, 정신적mental, 영적spiritual으로 구분하여 세심하게 분석한다. 네 가지 에너지는 상호 밀접하게 연관되어 있으면서도 구별되는데, 서로 다른 형태의 에너지를 회복하기 위해서는 그에 맞는 실천 방법이 필요하다.

슈워츠의 에너지 모델은 리더가 자신과 구성원의 에너지를 어떻게 관리해야 할지에 대해 종합적인 관점을 제시한다. 에너지 형태별 주요 특징들을 간단히 살펴보자.

• **신체 에너지** — 신체의 항상성을 유지하기 위한 에너지다. 적절한 수면, 충분한 영양 공급, 규칙적인 운동을 통해 지속적으로 재생하고 보충할 수 있다. 신체 에너지는 다른 에너지의 기반이 되는 중요한 요소임에도 간과되는 경향이 있다. 이 장의 후반부에서 이 내용에 관해 깊이 다룬다.

• **감정 에너지** — 에너지의 질적 측면을 가리킨다. 감정을 효과적으로 통제하면 어떤 도전에 직면하더라도 긍정적으로 대응하고 높은 회복 탄력성을 발휘할 수 있다. 리더의 역할을 수행하다 보면 좌절하거나 감정을 추스리기 힘든 순간을 자주 접하는데, 그런 과정에서 쌓이는 부정적 감정을 해소해야 한다.

• **정신 에너지** — 리더는 대부분 호기심, 창의성, 집중력 등 정신 에너지가 많이 소모되는 일을 한다. 또한 한 가지 주제에 오랜 시간 몰입하기 위해서는 고도의 정신 에너지가 필요하다. 주의를 집중하는 능력은 근육을 강화하는 것과 같은 방식으로 규칙적인 훈련을 통해 강화할 수 있다. 훈련 못지 않게 중요한 것은 앞서 언급한 90분 주기 접근법으로 회복과 재생의 시간을 갖는 것이다.

• **영적 에너지** — 의미와 목적에 관련된 에너지다. 하고 있는 일이 자신의 핵심 가치와 일치되고 다른 사람들의 삶에 의미 있는 영향을 끼치고 있다는 것을 아는 데서 오는 만족감과 영감이다. 이 에너지에 접근하기 위해서는 항상 우선순위를 명확히 하고, 직장에서든 개인적인 삶에서든 진정으로 중요하다고 판단되는 것에 의식적으로 시간을 배정하는 습관을 가져야 한다.

부정적 감정 내보내기

주기적으로 자신의 감정 상태를 점검하면서 현재 기분이 어떤지에 주목해야 한다. 만약 부정적인 감정이 지배적이라고 느껴지면 다음의 4단계 방법을 활용하여 자신의 감정을 바꿀 수 있다.

(1) 몇 차례 심호흡을 한다. 발이 바닥에 닿아 있는 것을 느끼고, 의식을 자신의 몸 안으로 집중시킨다. 이렇게 하면 일단 진정되는 느낌이 들기 시작한다

(2) 불만 요인을 인지한다. 객관적인 팩트와 나의 해석을 명확히 구분하여 생각하는 것이 중요하다

(3) 불안과 관련된 상대가 있다면 자신의 관점을 내려놓고 상대의 입장이 되어 상황을 생각한다. 상대와 자신의 관점 사이에 차이가 있음을 인지한다.

(4) 마음속에서 상황에 대한 스토리를 적절히 바꾼다.

주어진 사실을 좀 더 낙관적으로 바라볼 수 있는지 자신에게 묻는다. 자신도 모르게 가지고 있는 두려움, 무지, 편견이 부정적 감정의 주된 원인인 경우가 있는데, 이를 직시함으로써 부정적 감정을 해소할 수 있다. 또한 긍정적인 에너지에는 전염성이 있으므로 가능하다면 밝은 상태를 유지하도록 노력한다(최소한 짜증을 내지는 않는다).

어쩔 수 없이 화가 솟구치거나 실망스러운 상황에서도 '최고 에너지 관리자'라는 자신의 역할을 상기하고 부정적인 감정을 밖으로 쏟아내지는 않도록 노력한다. 스스로 통제할 수 없는 요인으로 인한 좌절감 또는 부정적인 감정과 자신의 선택에 의한 것을 구분하는 것도 긍정성을 유지하는 데 중요하다.

수면의 비밀

인간의 모든 활동은 끊임없는 순환한다. 숨을 들이쉬고 내쉬는 것이 그렇고, 낮에 활동하다가 밤에 쉬는 것이 그렇다. 살면서 경험하는 여러 가지 순환 중에서도 가장 근본적인 것은 잠들고 깨는 활동이다. 수면은 스트레스에서 벗어나 활력을 되찾는 기본적인 활동이다. 잠을 충분히 자야 한다는 얘기는 귀에 못이 박일 정도로 듣는다.

하지만 사람들은 늘 한 귀로 듣고 다른 귀로 흘려보낸다. 이는 수면의 중요성을 제대로 체험하지 못해서다. 천근만근인 몸으로 잠자리에서 겨우 일어나고, 점심만 먹으면 꾸벅꾸벅 졸면서도, 밤잠이 조금 부족한 것이 별일 아니라고 생각한다.

수면에 대한 욕구는 보편적이다. 그럼에도 다양한 이슈에 빠르게 대응하고 빡빡한 일정에 시달리며 중요한 의사 결정을 해야하는 리더는 잠을 조금 줄여서라도 일에 집중하고, 부족한 수면은 나중에 보충하겠다고 생각하는 경우가 많다. 좋지 않은 생각이다. 수면은 그렇게 고무줄처럼 마음대로 줄였다가 늘려도 상관없는 것이 아니다.

최근 수면이 뇌와 신체에 미치는 영향에 대한 연구가 줄을 잇고 있다. 아직 밝혀지지 않은 것도 많지만 기본적인 메시지는 명확하다. 일정하게 질 좋은 수면을 취하는 것은 절대적으로 중요하다. 충분한 수면을 취하지 않으면 다양한 방식으로 자아가 고갈된다. 제대로 수면을 취하지 못한 리더가 조직을 경영하는 것은 수비 라인 무너진 풋볼

팀이 경기에서 이기려고 애쓰는 것과 같다. 수면 부족은 다른 모든 것을 어렵게 만든다. 터치다운(득점) 한 번 한다고 해서 경기를 이길 수 있는 것은 아니다.

캘리포니아대학버클리 신경과학 교수 매튜 워커Matthew Walker는 최근 저서《우리는 왜 잠을 자야 할까Why We Sleep》에서 놀라운 주장을 한다.

"수면 장애로 인한 신체적, 정신적 손상은 섭식 장애나 운동 부족 등 다른 문제로 인한 손상과는 비교도 되지 않을 정도로 크다. 어떤 기준으로 분석해도 신체적·정신적 건강 회복에 수면보다 강력한 영향을 미치는 것은 존재하지 않는다."[7]

이것만으로는 부족하다는 듯 그는 이렇게 덧붙인다.

"수면은 매일 우리의 뇌와 신체 건강을 정상 상태로 되돌려놓는 데 가장 효과적이다."[8]

전문가들은 하루 7~9시간의 수면을 권장한다. '나는 5~6시간 정도로 버틸 수 있다'고 생각하는 사람이 있다면 이 흥미로운 통계를 보자.

〈하버드비즈니스리뷰〉가 기업체 리더 약 3만 5,000명을 대상으로 분석한 결과, 조직 내에서 직위가 높은 사람일수록 야간에 충분한 수면을 취하는 것으로 나타났다.[9]

"이미 승진할 만큼 했으니 야근할 필요가 없어서 그런 것 아니냐?"라고 반론할 수도 있지만 연구자들의 결론은 반대였다. 즉 충분한 수면 습관이 이들의 승진 요인 중 하나였다는 것이다.

이 연구는 또한 질 좋은 수면이 '문제 해결', '기억력', '주의 집중력'

등 리더에게 요구되는 중요한 능력에 주목할 만한 영향을 미친다는 내용도 담고 있다. 일관되게 적절한 수면을 취하지 못할 경우 인체 면역 기능이 저하될 뿐 아니라 고혈압, 심장병, 뇌졸중과 같은 만성 질환, 치매와 알츠하이머와 같은 각종 퇴행성 뇌 질환의 발병 위험을 높이는 것으로도 나타났다.[10]

먹고 마시는 것에 대한 미신

프랑스어에서 '음식food'에 해당하는 단어는 'nourriture'인데, 영어 단어 '영양nourishment'과 어원이 같다. 먹는 행위가 곧 영양을 섭취하는 것이다.

그럼에도 사람들은 영양이 풍부한 균형 잡힌 식사의 중요성을 종종 간과한다. 바쁘고 정신없이 일에 빠져 지내면서 삶의 기본이 되는 영양 섭취에서 점점 멀어져간다.

제대로 된 건강한 식사보다 간편하게 때우거나 필수 영양이 결여된 자극적인 인스턴트 음식을 선호한다. 안 좋은 식습관이 당장 몸에 이상 신호를 보내지는 않는다. 하지만 지속 가능한 리더십을 발휘하기 위해서는 자신의 몸을 돌보는 것을 소홀히 해서는 안 된다. 이를 위해 가장 필요한 것이 바로 음식(영양)이다.

홀푸드는 건강한 식습관이 질병, 번아웃, 피로를 극복하고 구성원의 일상 업무와 성과에 부정적 영향을 미치는 신체적·정서적 문제에 대한 일차적 방어 수단이라고 믿는다. 홀푸드는 다양한 방식으로 구성원이 건강한 식습관을 갖도록 장려한다. 금연을 포함한 다양한 건강 지표를 세워 이를 달성하도록 장려하고, 홀푸드가 판매하는 다양한 건강 식품 및 유기농 제품을 할인된 가격으로 구입할 수 있게 제공한다.

좀 더 집중적인 건강 관리가 필요한 직원에게는 '토털 헬스 이머젼Total Health Immersions'이라는 무료 프로그램을 통해 생활 습관을 바꿀 수 있도록 돕는다.

임직원 건강을 위한 다양한 노력은 구성원, 회사, 지역사회 모두에게 혜택이 돌아가는 윈-윈-윈 정신이다. 나는 회사를 이끌어온 수십 년 동안 수천 명의 홀푸드 구성원이 다양한 프로그램에 참여해 건강을 되찾는 모습을 큰 자부심과 감사함으로 지켜볼 수 있었다.

작가 안드레이 코드레스쿠Andrei Codrescu는 미국을 "어떤 유행도 오래가지 않는 끊임없는 유행 중독의 나라"라고 통찰력 있게 묘사했다.[11]

식이요법 분야야말로 유행에 대한 그의 관찰이 딱 들어맞는 곳이다. 최근 유행한 대표적인 것만 해도 '사우스 비치South Beach 다이어트', '저탄수화물 식사법', '앳킨스Atkins 다이어트', '존Zone 다이어트', '글루텐 프리gluten-free', '혈액형 다이어트', '혈당 다이어트', '비건주의veganism', '신석기paleo 다이어트', '저당지수low-glycemic 다이어트', '대시DASH 다이어트', '페건pegan 다이어트(신석기 다이어트+비건주의)', '키토제닉Ketogenic 다이어트' 등이 있다.

하지만 꼭 여러 권의 베스트셀러 책을 읽어야 건강한 식생활 패턴을 찾을 수 있는 것은 아니다. 유명한 다이어트 전문가이자 예일대학 예방의학연구센터 데이비드 캐츠David Katz 박사의 말처럼 "사람들이 건강한 식습관이 무엇인지 모르는 것은 아니다. 수명을 연장하고 삶의 질을 높이는 식사 및 생활 습관의 기본에 대해서는 이미 충분히 알려졌고 과학적으로도 검증되었다. 아직도 충분히 모른다고 생각하는 사람이 있다면 그것은 실천하기가 귀찮아서 미적거리는 것일 뿐이다. 식습관을 개선하여 건강을 되찾으면 삶의 질이 훨씬 좋아지는데, 그 기회를 스스로 걷어차는 셈이다."[12]

그렇다면 건강한 식습관의 공식은 무엇인가? 이 문제에 대해 베스트셀러 작가이자 캘리포니아대학 교수인 마이클 폴란Michael Pollan만큼 간단명료하게 표현한 사람도 없다. 세심한 연구를 바탕으로 저술한 식생활 관련 저서에서 그는 "진짜 음식을 먹는다. 주로 채식을 하고 과식은 피한다"라고 정리했다.[13]

사실 위에서 언급된 온갖 다이어트 방법도 핵심은 이 세 가지에서 크게 벗어나지 않는다. 다이어트에 관해 깊게 다루지는 않더라도, '진짜 음식'을 먹어야 한다는 점만은 재차 강조하고 싶다. 추천하는 식재료는 대표적으로 통곡물, 콩류, 야채, 잎이 많은 채소, 과일, 견과류, 씨앗 등이다. 반대로 동물성 식품, 정제된 당류, 정제된 곡물, 가공식품의 섭취는 제한한다. 이것만 지켜도 건강할 수 있다. 미덥지 않다면 이런 식생활 패턴이 세계의 대표적인 장수 지역, 즉 블루 존Blue Zones 에서 공통적으로 발견된다는 점을 생각해보라.[14]

블루 존 주민들의 또 다른 특징은 바로 활발한 신체 활동이다. 끊임없이 몸을 움직이는 생활 습관은 육체적 건강과 웰빙뿐만 아니라 감정적, 정신적, 영적 생명력에도 큰 영향을 미친다.

헬스클럽에서 무거운 쇳덩어리를 들어올리거나 마라톤을 해야 한다는 것이 아니다. 틈날 때마다 자기 체력과 취향에 맞는 운동을 활기차게 하면 그만이다. 어떤 사람에게는 그것이 댄스, 요가, 걷기, 달리기, 자전거 타기가 될 수 있고 어떤 사람에게는 테니스, 농구 같은 스릴 넘치는 운동이 될 수 있다. 건강을 증진하는 신체 활동은 다양하지만, 오래 지속할 수 있으려면 무엇보다 자신이 하고 싶은 것을 선택해야 한다.

아무것도 하지 말고 그냥 앉아 있기

누구라도 쉽게 하루에 몇 분만 투자하여 집중력과 창의성, 생산성을 끌어올릴 수 있는 방법이 있을까? 물론이다. 불면증을 개선하고, 만성 통증을 완화하며, 혈압을 낮추는 등 건강에도 유익한 영향을 미치는 방법이 있다.

빌 포드Bill Ford(포드Ford 회장), 마크 베니우프Marc Benioff(세일즈포스Salesforce.com CEO), 잭 도시Jack Dorsey(트위터Twitter CEO), 제프 와이너Jeff Weiner(링크드인LinkedIn CEO), 레이 달리오Ray Dalio(브리지워터 어소시어츠Bridewater Associates 창업주), 러셀 시몬스Russel Simons(러시커뮤니케이션Rush

Communications CEO) 등 유명한 기업 경영자들도 하고 있고, 2014년 내셔널 풋볼 리그NFL 수퍼볼Super Bowl 우승컵을 거머쥔 시애틀 시호크스 Seattle Seahawks 선수들도 많이 하는 것인데, 바로 명상meditation이다.

명상에는 고대와 현대가 공존한다. 명상에 관한 가장 오래된 기록과 벽화를 보면, 기원전 5,000년에서 기원전 3,500년 사이 인도에서 이미 시작된 것으로 알려졌다.

지난 수천 년 동안 많은 종교 수도사들이 명상에서 영감을 얻었다. 미국에서는 약 50년 전 서부 지역 위주로 히피 문화와 영성 추구 운동가들이 불교와 힌두교 등 동양적인 전통에 대한 관심과 함께 명상을 탐구하기 시작했다. 불과 수십 년 만에 명상은 미국 기업과 사회 속에서 주류 문화의 위치를 차지했다. 그도 그럴 것이 투자한 시간 대비 명상과 같은 정도의 휴식과 재충전이 가능한 활동은 거의 없기 때문이다.

수면이 피로에 지친 몸을 쉬게 하고 정신적 스트레스로 뒤죽박죽이 된 머릿속을 깨끗이 비워주는 것과 같이, 명상 역시 두뇌에 쌓인 스트레스를 걷어내고 명징明澄한 사고와 인식을 가능하게 한다. 다만 차이가 있다면 수면은 무의식 상태에서 이뤄지고 명상은 의식이 또렷한 상태에서 이뤄진다는 것이다.

명상은 '존재'의 깊은 차원에서, 예측 또는 측정하기 어려운 회복 경험을 준다. 끊임없고 무의미한 '행위'로 가득찬 인간의 삶에 균형감을 제공한다. 명상을 하는 동안 사람들은 평소의 분주하고 혼란스러운 세상에서 빠져나와 깊은 고요와 평안 속으로 들어갈 수 있다. 눈앞의 유리창 너머에서 스쳐 지나가는 정신없고 바쁜 업무와 생활의 이면에 좀 더 깊은 존재의 의미가 있다는 것을 기억할 수 있다.

대부분의 영적 활동이 그렇듯 명상도 사람에 따라 정의와 실천 방식, 기법 등이 다르다. 명상은 기도나 종교적 의례 또는 다른 형태의 영적인 활동과 유사한 이점을 주기도 한다.

어쩌면 이미 자신에게 가장 잘 맞는 영적 재생과 성장을 위한 방법을 가지고 있을 수도 있다. 아무튼 명상 방식은 크게 '집중concentration'을 강조하는 유형과 '놓아주기letting go'를 강조하는 유형으로 나뉜다. 어떤 방식이 자신에게 더 효과가 있는지는 실제 체험을 통해 판단할 수 있다.

집중을 강조하는 명상

집중을 강조하는 명상에는 대상물이 있다. 예를 들어 만트라mantra 명상에서는 산스크리트로 된 특정 단어나 구절에 주의를 집중하고 다른 잡념을 차단한다. 경우에 따라서는 만트라 대신 자신이 만든 긍정적인 표현을 되뇌이기도 한다. 이런 방식은 집중 상태로 기도문을 암송하면서 영적 갱신을 일으키는 것과 유사하다.

위빠사나vipassana 명상의 경우 집중의 대상이 호흡이다. 말이나 표현이 아니라 들숨과 날숨의 리듬에 초점을 맞추면서 명상을 한다. 집중을 강조하는 명상은 영적 에너지를 강조하고 극대화하는 데 효과가 있다. 다만 구체적인 집중 방식은 개인적 취향에 따라 다를 수 있다.

놓아주기를 강조하는 명상

놓아주기를 강조하는 명상은 의미상으로는 아주 간단하게 들리지만 막상 실천하기는 어렵다. 예를 들어 2~30분 또는 1시간 동안 조용히 앉아서 머릿속에서 떠오르는 온갖 잡생각에 휘둘리지 않고 평온한 상태를 유지하는 것은 쉽지 않다. 마음속에서 일어나는 동요에 끌려가지 않고 존재의 심연으로 깊숙이 가라앉는 것 또한 어렵다.

놓아주는 명상은 마음속에서 일어나는 어떠한 의식의 흐름이나 감정에도 초연超然한 상태를 유지하는 것이다. 좀 더 생생한 비유를 위해 마음을 컴퓨터 화면이라 상상해보자. 갑자기 경고 문구가 휙휙 지나가고, 팝업창이 연달아 뜨고, 캘린더의 알림이 화면 하단에서 들락날락하는 상황에서 그저 물끄러미 바라만 보며 클릭도 하지 않고 주의를 빼앗기지도 않는 것과 같다. 만약 명상 도중에 자기도 모르게 잡념에 이끌리게 되면 다시 내려놓고 존재적 명상 상태로 돌아간다.

명상의 많은 장점에도 불구하고 한 가지 주의할 점이 있다. 명상의 실천과 그로 인한 결과 사이에 명확한 인과관계를 찾기 어려운 경우도 있다는 사실이다. 인풋과 아웃풋이 비례하지 않을 수도 있다. 물론 명상 경험이 풍부한 사람은 다르겠지만, 어떤 구체적인 성과를 얻겠다는 생각 없이 그냥 하는게 좋다. 결과에 대한 집착을 내려놓고 시작하는 것이 중요하다.

자신의 모든 활동의 가성비를 측정하고 통제하려는 욕구를 어느 정도 포기하지 않으면 안 된다. 바로 이 점 때문에 명상을 어려워하는 리더가 많다. 성공을 거둔 리더들은 명상과 정반대의 생활 습관을 갖고 살아왔기 때문이다.

물론 가시적인 결과를 바라고 명상을 하는 것이 잘못은 아니다. 하지만 명상의 오랜 역사와 특성을 감안하여 나름의 가치에 대한 겸손과 존중을 바탕으로 명상에 접근하는 것이 좋다. 능숙하게 명상을 할 수 있는 단계가 되면 다른 방법으로는 체험할 수 없는 깊은 자아에 접근할 수 있다. 그런 경험은 진정한 영적 또는 종교적 경험을 통하지 않고는 하기 어려운 것이 사실이다.

20세기 인도의 현자 니사르가다타 마하라지Nisargadatta Maharaj가 설명하듯이, "명상의 주된 목적은 자기 내면 세계를 이해하고 친숙해지는 것이다."[15]

내면 깊숙한 세계에 접근하여 좀 더 명확한 자기 인식과 자신감, 영감을 얻을 수 있다는 것만으로도 명상의 가치는 충분하다. 다만 통제된 실험에서 얻는 것과 같은 결과를 명상에서 얻으려고 하는 것은 지나치다.

일상에서 벗어난 휴식

사람마다 다양한 방법으로 활력을 되찾는다. 호수, 해변, 산 정상, 깊은 숲속, 황야의 오두막 등 인적이 드문 곳에서 조용한 시간을 가질 수도 있고, 고급 휴양지나 온천에서 편안한 휴식의 시간을 즐길 수도 있다. 아무것도 하지 않고 온전하게 휴식을 즐기려는 사람도 있고, 여행이나 새로운 체험을 하고 싶어하는 사람도 있다. 익스트림 스포츠를 즐기고 싶은 사람이 있는가 하면 친구나 가족과 최대한 많은 시간을 보내는 것이 최고의 휴식인 사람도 있다. 사람은 누구나 몸과 영혼의 원기를 회복하는 자기만의 방법이 있다.

휴가가 좋은 것은 꽉 짜이고 명확한 목적이 있는 일상에서 벗어나게 해주기 때문이다. 하지만 그런 이유라면 꼭 휴가를 떠나지 않아도 가능하다. 잠시 업무를 제쳐두고 하고 싶은 일에 빠지는 것이다. 모든 것이 규칙과 근거에 따라 움직이는 비즈니스 세계에서 살다 보면 순수한 흥미와 열정을 발산하면서 얻을 수 있는 기쁨을 잊곤 한다. 취미, 관심사, 게임, 스포츠, 여가 활동, 그리기, 만들기 등의 활동은 만족감을 얻는 것 외에는 특별한 목적이 없다. 비록 그런 일들이 폼나는 시간 낭비에 그칠지라도, 심신 건강에 긍정적이라고 한다면 마다할 이유가 없다.

취미와 건강 사이에는 긍정적인 연관성이 있다. 꾸준히 취미 생활을 즐긴 사람은 나이가 많이 들어도 치매에 덜 걸리고 신체 기능도 좋아진다. 취미 생활을 많이 즐기는 과학자가 자기 영역에서도 더 성공적이라는 연구도 있다.

취미와 관심사가 다양하다는 것 자체가 높은 학습 민첩성, 창의력, 통찰력의 증거다. 스티븐 존슨Steven Johnson은 저서《탁월한 아이디어는 어디서 오는가Where Good Ideas Come From》에서 "벤저민 프랭클린Benjamin Franklin, 존 스노John Snow(영국의 내과의사), 찰스 다윈Charles Darwin과 같은 전설적인 혁신가들은 공통적으로 두뇌 회전이 빠르고 무한한 호기심을 가지고 있을 뿐 아니라, 취미가 다양했다"고 말한다.[16]

또 다른 사례가 빌 게이츠다. 그는 엄청난 독서광이자 매년 1주일의 '생각 주간Think Week'을 갖는 것으로 잘 알려져 있다. 생각 주간 동안 게이츠는 일상 업무로부터 완전히 벗어나 혼자만의 시간을 가지며 독서와 사색, 실험의 시간을 갖는다. 실제로 이런 은둔의 시간 동안 게이츠는 회사의 전략적 방향, 창의적 통찰, 제품 혁신에 관한 아이디어를 많이 만든 것으로 알려졌다.

재충전과 혁신적인 아이디어를 위해 모든 사람이 빌 게이츠처럼 긴 독서 휴가를 갖거나 찰스 다윈처럼 백개먼backgammon(2인용 전략 보드게임)을 즐겨야 한다는 말은 아니다. 베토벤 피아노 협주곡을 마스터하거나 바구니 짜는 기술을 배우고 싶은 사람도 많지는 않을 것이다. 하지만 그것이 아무리 사소하고 무의미해 보이더라도, 일단은 시도해보는 것이 좋다. 특정한 목적이나 결과를 원해서가 아니라 그 자체를 즐기는 것만으로 충분하다. 취미가 꼭 돈벌이가 되어야 한다는 생각도 필요 없다. 그런 활동이 직업적 목표에 직접 도움을 주지는 않더라도 예상치 못한 관점, 통찰, 활력을 주는 정도의 혜택은 반드시 있다.

몸을 움직여서 머리를 식힌다

때로는 몸을 쓰는 단순한 일을 하다 보면 자기도 모르게 스트레스가 사라지는 경우가 있다. 예를 들어 과중한 정신 노동으로 지쳤을 때 정원 가꾸기, 요리하기, 물건 만들기, 심지어 청소를 하면서 머리를 식히는 것이다. 홀푸드 전 공동대표였던 월터 롭Walter Robb은 업무의 중압감으로부터 벗어나 정신적 휴식이 필요할 때마다 매장에 내려가 고객들이 쇼핑한 식료품을 포장하는 일을 한 시간씩 하곤 했다. 이렇게 몸을 쓰는 일은 뇌와 신경계를 재설정함으로써 활력을 되찾는 데 도움이 된다. 고양이와 놀아주고 개를 산책시키는 등 반려 동물과 시간을 보내면서 비슷한 효과를 누리는 사람도 있다. 스트레스로 압도된 뇌와 신경계를 다시 설정하고 활성화해야 할 필요가 있을 때는 손발을 움직이는 일을 찾아본다.

자연 속의 힐링

자연 속에서 시간을 보내고 나서 자신이 완전히 달라졌다고 느낀 적이 있는가? 수풀로 둘러싸인 공원, 아름다운 꽃으로 가득한 정원, 모래밭이 눈부신 바닷가, 빨갛게 지는 석양 등 자연의 아름다움에 몰입하는 것은 육체적, 정신적, 감정적, 영적으로 활력을 되찾는 좋은 방법이다. 험난한 코스로 하이킹을 하거나, 사람의 발길이 닿지 않은 해변을 걷거나, 광활한 들판을 감상하거나, 침엽수가 빽빽이 들어찬 숲길을 거닐다 보면 철학자 존 뮤어John Muir의 표현대로 "자연의 평화가 당신 속으로 흘러들어갈 것이다."[17]

자연 속에서 시간을 보낼 때는 단순히 걷거나 경치를 관찰하는 것에 그치기보다 모든 감각을 동원하여 자연과 일체화하기 위해 노력하는 것이 좋다. 눈으로만 보지 말고 손을 뻗어 만지며 우둘투둘한 나무껍질이나 수천 년 동안 풍화작용으로 맨질맨질해진 돌 표면의 감촉을 느끼고, 휴식 삼아 걸을 때는 가급적 신발과 양말도 벗고 맨발로 땅의 촉감을 받아들여 보는 것도 좋다. 얼굴에 불어오는 산들바람을 인지하고, 새들의 노래 소리에 귀를 기울이며, 몸을 굽혀 키 작은 꽃의 은은한 향기와 갓 베어낸 풀향기를 맡아본다. 잎이 푸른 나무들이 자라는 숲의 풍성한 향기를 폐 속 깊이 들이마신다. 이름 모를 식물들의 절묘한 기하학적 구조와 꽃의 대칭성에 주목한다. 물의 소리에 주의를 기울이고 빛과 그림자가 뒤엉킨 모습을 비교해본다.

인간은 본능적으로 자연에서 시간을 보낼 때 기분이 좋아진다. 자연과 상호 작용하는 것이 건강을 개선하고 행복감을 높인다는 사실이 과학적으로도 검증되었다. 《자연이 마음을 살린다The Nature Fix》의 저자 플로렌스 윌리엄스Florence Williams는 "과학은 우리가 직관적으로 알고 있던 것, 즉 자연이 인간의 뇌에 좋은 일을 한다는 것을 증명하고 있다"고 말한다.[18]

디지털 디톡스

너무도 완벽한 디지털 시대에는 역설적으로 디지털과 어느 정도 거리를 두는 시간이 필요하다. 오늘날 우리의 삶은 스마트폰, 소셜 미디어, 인터넷에 빈틈없이 연결되어 단 1초, 단 1센티미터도 디지털 정보와 통신으로부터 벗어나기 어려우며, 우리의 정신은 주의를 잡아끄는 온갖 정보와 자극으로 인해 극도로 산만해져 있다. 리더의 가장 중요한 자산은 주의를 기울일 수 있는 여유다. 끊임없이 이 자산을 소모하는 온갖 디지털 장치에 정신을 모두 빼앗기지 않아야 한다. 디지털 혁명이 가져다준 이익이 큰 것도 사실이지만, 너무나 많은 사람이 디지털 중독에 빠져 살고 있다. 닐슨Nielson, 퓨 리서치 센터Pew Research Center, 스마트 인사이트Smart Insights 등이 실시한 연구에 따르면 2018년 기준으로 사람들은 하루 평균 4시간 동안 스마트폰을 사용한다고 한다.

스마트폰 사용 시간이 늘어나면서 의사소통 능력에서부터 인지 능력, 정신 건강에 이르기까지 많은 부분에 부정적인 영향이 커졌다. 예를 들어 마이크로소프트가 캐나다에서 실시한 연구에서는 2000년 기준 평균 12초 정도였던 사람들의 주의력이 최근에는 8초로 감소한 것으로 나타났다.[19] 중요한 것은 주의력 감소가 의사 결정 능력도 함께 떨어뜨린다는 사실이다. 2017년 〈소비자연구저널Journal of Consumer Research〉에 게재된 연구에 따르면 스마트폰을 끈 채로 지니고만 있어도 (스마트폰을 아예 가지고 있지 않은 것과 비교해) 주의력이 감소하고 인지능력이 떨어진다고 한다.[20]

이미 존재하는 디지털 기술이 순식간에 사라질 수는 없다. 깨어있는 리더는 디지털 중독으로부터 자신과 구성원을 지킬 방법을 꾸준히 찾아야 한다. 스크린 타임을 정해놓거나 '디지털 단식digital fasting'을 하는 방법을 고려할 수 있다. 아예 휴대폰 수신이 되지 않는 곳을 찾아 떠나는 사람들도 있다. 예를 들어 애팔래치아 트레일이나 태평양 크레스트 트레일에서 하이킹을 하며 휴식을 취하는 것이다. 런던에 본사를 둔 빅 데이터 및 AI 스타트업 기업 기아나Gyana의 CEO 조예타 다스Joyeeta Das는 매년 두 번의 '디지털 디톡스' 시간을 갖는다. 한 번은 조용한 휴양지를 찾고 다른 한

번은 심해 다이빙을 한다. 그녀는 "바닷물 속에 있으면 우주에 내 몸을 맡긴다는 느낌이 드는데, 그 덕분에 활력을 되찾을 수 있죠"라고 말한다.[21]

단번에 디지털 중독을 끊는 것은 효과적인 방법이 아닐 수 있다. 오히려 점진적으로 디지털 중독을 줄여나가는 것이 더 바람직하며, 그렇게 할 수 있는 접근 방법이 여러 가지 있다. 예를 들어 의류업체 토미 존Tommy John의 CEO 톰 패터슨Tom Patterson은 하루에 딱 두 번, 즉 출근 직후와 퇴근 직전에만 이메일을 확인하고 그 사이에는 절대 메일 수신함을 열어보지 않는다. 허핑턴 포스트Huffington Post의 CEO 아리아나 허핑턴Arianna Huffington은 침실에 핸드폰을 가지고 들어가지 않고, 아침에 기상 후 다른 일상적인 루틴을 모두 마치기 전에 핸드폰을 보지 않는다.

효과적인 디지털 디톡스 방식이 정해져 있지는 않다. 자신에게 맞는 것을 찾아서 실천하는 것이 핵심이다. 자신이 디지털 중독에 빠져 있다는 것을 인정하고 그것을 바꾸기 위해서 기꺼이 행동해야 한다. 그렇게 해야만 디지털 파도에 휩쓸려가지 않고 자신의 소중한 주의력을 지킬 수 있다.

학습

존재하는 것은 변화한다. 변화는 성숙하는 것이다.
성숙은 끊임없이 자신을 재창조하는 것이다.
—앙리 베르그송Henri Bergson (1859~1941, 프랑스 철학자)

1716년 미국 보스턴에 사는 열 살짜리 소년은 학교를 그만두고 아버지가 운영하는 가내수공업 공장에서 일하게 되었다. 그의 아버지 역시 초등학교를 2년 만 다녔고 공부도 곧잘 했지만, 비누와 양초 만드는 일을 하며 열일곱 명이나 되는 자녀를 부양해야 했다. 그리고 열다섯째 아들이 졸업할 때까지 다른 아이들을 학교를 보낼 여력이 없었다.

아버지 공장에서 2년 동안 일한 소년은 다시 삼촌의 인쇄소로 가서 견습공이 되었다. 숙련공이 되기 위해서는 오로지 일에만 매달려야 했지만, 소년은 달랐다. 배움에 대한 열정이 컸던 소년은 일해서 번 돈의 거의 대부분을 책 값으로 썼다. 꼭 사고 싶은 책이 있으면 식비를 줄였다. 그렇게 독학으로 많은 공부를 했고 유명한 작가가 되었다. 정규 교육은 채 2년도 받지 못했지만 그는 미국 역사상 가장 박식한 인물이 되었다. 바로 벤저민 프랭클린Benjamin Franklin의 얘기다.

벤저민 프랭클린은 역사상 가장 위대한 리더다. 끊임없이 학습하고 자기 계발에 헌신할 때 얼마나 대단한 성취가 가능한지를 보여주는 전형적인 사례이기도 하다. 그의 성취와 업적은 너무도 잘 알려져 있다.

'미합중국 건국의 아버지', '혁신적인 과학자이자 발명가', '탁월한 수완의 외교관', '성공한 사업가', '영감을 주는 작가', '진정한 르네상스인'. 이 모든 칭송은 그가 지식을 탐구하고 글을 쓰며 리더십을 배양하고 인성을 도야하기 위해 일생 동안 노력했기에 가능했다.

1726년 스무 살의 프랭클린은 자신이 평생 노력하겠다고 다짐한 열세 가지 덕목을 만들어 자기계발의 기반을 마련했다. 그는 이 덕목을 실천하고 강화해 나가면서 자신의 발전을 꼼꼼하고 체계적으로 기록했다. 그리고 이웃들과 매주 만나 의견을 나누고 토론하는 클럽을 만들기도 했다.

프랭클린은 자기계발 노력을 통해 리더십 역량도 꾸준히 성장시킬 수 있었다. 그는 기존의 성과에 안주하지 않고 계속해서 배우고 새로운 시도를 함으로써 자신을 키워갔다. 사업가이자 작가로서, 과학자이자 철학자로서, 그리고 종국에는 위대한 국가의 혁명 지도자로서 일생 동안 성장을 거듭했다.

프랭클린의 일생에서 가장 두드러진 교훈은 성공이 자기 비판과 점진적인 개선에 기반했다는 사실이다. 그는 자서전에서 "상상했던 것보다 훨씬 더 많은 결점이 있는 자신을 발견하고 놀랐다"고 말한다.[1]

하지만 그는 작은 것부터 점진적으로 개선했고 그런 노력을 오랜 시간 견지함으로써 결점을 극복할 수 있었으며 결국에는 모든 사람이 우러러보는 리더가 될 수 있었다. 학교도 제대로 다니지 못한 무명 견습공으로 시작하여 천재적인 리더로 성장한 그의 사례는 인간의 잠재력을 올바른 의도와 자세, 열정을 통해 발전시켰을 때 어떤 결과를 얻을 수 있는지를 잘 보여준다.

깨어있는 리더십의 본질은 프랭클린과 같은 사례를 본받아 배움과 성장의 여정에 나서는 것이다. 어떤 한계에 봉착했을 때 특별한 의지와 노력, 각오 외에는 별다른 방법이 없다는 사실을 인식하곤 한다.

물론 타고난 운명, 유전적인 우월함, 좋은 성장 과정도 중요하지만 이는 돌이키거나 회복할 수 있는 성질의 것이 아니다. 앞으로 어디로 갈지, 어디까지 갈 수 있을지, 또 어떤 사람이 될 것인지는 전적으로 자신에게 달려 있다.

함께 성장하는 모임

성장을 위한 영감과 동기를 부여할 수 있는 가장 좋은 방법은 성장에 관심이 있는 사람들과 함께 시간을 보내는 것이다. 프랭클린이 했던 것처럼 지인이나 동료들과 자기계발 모임을 결성하는 것이 도움이 된다. 자기계발 분야의 전설 나폴레옹 힐Napoleon Hill은 '마스터마인드 그룹mastermind groups'이라는 모임을 만들어 자기계발에 도움이 되는 유

익한 피드백과 격려를 주고받았다. 이 모임에 참석했던 사람들은 성
장에 도움이 되는 다양한 방법론과 지식을 공유한 것으로 알려졌다.

성인도 계속 성장할 수 있는가?

사람들은 발달이나 성장과 같은 개념을 성인보다는 유년기 아이 또는
학생에만 적용되는 것으로 알고 있다. 실제로 성장기 아이들에게서
관찰되는 변화와 성장의 속도는 놀랍다. 신체적, 정신적, 정서적, 사회
적으로 매년, 아니 매달 발달하고 성장한다.

그러다가 성인이 되면 사람들은 더 이상 발달과 성장이 이루어지
지 않는다고 생각한다. 하지만 심리학에서는 그런 생각에 도전적인
입장을 보인다. 지난 몇십 년 동안 수행된 발달심리학 분야의 연구를
보면 인간은 성인이 되어서도 성장할 수 있고 또 실제로 성장하는 것
으로 알려졌다.

일부 기업은 구성원의 평생 학습을 장려하고, 구성원은 퇴근 후에
도 개인적으로 학습한다. 인사부서를 '인재 개발팀'으로 부르는 추세
도 뚜렷하고, 구성원의 직무 지식과 소프트 스킬의 개선을 위해 사내
교육 프로그램을 운영하는 회사도 많다.

그럼에도 불구하고 과학적인 관점에서 보면 성인 발달에 대한 이

해는 아직 낮다. 하버드대학의 로버트 키건Robert Kegan은 "20세 이후에도 계속 심리적, 정신적, 영적 측면에서 질적으로 발전할 수 있는 기회가 있다는 인식이 형성된 것만 해도 발달심리학 분야에서는 대단한 성취다"라고 말한다.[2]

고대 로마 황제이자 스토아 철학자인 마르쿠스 아우렐리우스Marcus Aurelius가 《명상록》을 쓰고, 그리스 철학자 아리스토텔레스가 리케이온Lyceum에서 가르치고, 공자가 군자의 도를 권하기 시작했던 시대부터 이미 인류는 자기계발을 위해 노력해왔다.

신대륙 미국에서도 시민의 자기계발을 위한 투자와 헌신을 장려하는 다양한 문화 운동이 있었다. 1830~40년대 본격화된 산업혁명과 근대국가 전환기 사상개혁운동인 초월주의transcendentalists 운동, 19세기 후반에서 20세기 초반까지 활발하게 벌여졌던 셔터콰 운동the Chautauqua movement, 1960~70년대 저항문화에 기반한 휴먼 포텐셜 운동the human potential movement 등이 대표적이다.

현대에 들어서 자기계발에 과학과 심리학 및 뇌과학 등의 요소가 더해지긴 했지만, 성장과 발달에 대한 요구 자체는 유구한 철학적, 사상적, 종교적 역사 위에 있다. 지금의 사람들은 벤저민 프랭클린이 성장을 위해 찾아 다녔던 지식이나 정보와는 비교도 안 될 정도의 방대한 지적 자원을 클릭 몇 번이면 얻을 수 있는 시대에 살고 있다.

학습과 성장으로 가는 길에서 때로는 길을 잃고 방황하기도 하지만 그로 인한 일시적인 불안감은 변화와 성장을 위해 치러야 하는 수업료로 봐야 한다. 특히 사람들은 어려움을 견디고 이겨냈을 때 큰 보람과 가치를 경험한다.

남들이 가지 않는 길을 선택하여 스스로 변화하고 업그레이드함으로써 과거의 한계와 속박에서 벗어나 좀 더 성숙하고 지혜로우며 리더십을 갖춘 사람으로 거듭날 수 있다.

뇌를 바꾸는 평생 학습

성인이 되어 성장하고 발달한다는 것은 어떤 의미인가? 개인의 성장과 발달을 위한 기본적인 개념은 학습이다. 단순하게 표현하면 학습은 새로운 정보와 기술을 습득하는 행위다. 우선 자신이 종사하는 분야의 기술적·직업적 지식과 기술을 대상으로 해야 한다. 하지만 깨어있는 리더는 학습의 범위를 자신의 직업이나 업종과 직접적으로 관련된 분야로 제한하지 않는다.

깨어있는 리더는 열성적인 학습자이며, 언뜻 자신의 업무와는 무관해 보이는 분야에 관해서도 폭넓게 읽고 공부한다. 문학, 역사, 공상과학, 자서전, 만화책, 철학책 등 읽는 범위도 제한하지 않는다.

이와 관련해 자주 인용되는 표현이 있다. "책을 많이 읽는 사람reader이 모두 리더leader가 되는 것은 아니지만 리더 중에 책을 많이 읽지 않는 사람은 없다."(이 말은 미국의 33대 대통령이었던 해리 트루먼Harry Truman이 한 것으로 전해진다.) 단도직입적으로 학습과 관련된 얘기를 한 사람은 전설적인 투자가이자 버크셔 해서웨이 회장인 찰리 멍거였다.

"나는 박식함과 현명함을 갖춘 사람치고 엄청난 독서가가 아닌 사람을 단 한 명도 보지 못했다."[3]

일을 하며 얻는 성취도 있지만, 새로운 것을 익히고 배우면서 갖게 되는 성취도 크다. 학습을 하는 이유는 일차적으로 지식과 전문성 또는 숙련도를 향상하기 위해서지만 그것이 전부는 아니다.

학습은 뇌 자체를 바꾼다. 신경 과학의 획기적인 발전 덕분에, 인간은 살아 있는 동안 뇌가 계속 변한다는 사실을 알았다. 그것을 뇌가소성brain-plasticity이라고 한다. 최근에는 70대의 뇌에서도 새로운 뉴런이 생성될 수 있다는 연구 결과가 나오기도 했다.

뇌를 변화시키는 것은 무엇인가? 가장 중요한 요인은 바로 두뇌를 쓰는 것(또는 쓰지 않는 것)이다. 어떤 주제에 주의를 기울이거나 새로운 기술을 배울 때, 새로운 언어를 습득하거나 복잡한 퍼즐을 풀기 위해 씨름할 때, 인간의 뇌는 물리적·화학적 변화가 생긴다.

학습을 통해 성장한다는 말은 뇌 안의 회색질grey matter이 커진다는 의미이기도 하다. 뇌가소성 이론 전문가 마이클 머제니치Michael Merzenich 박사는 이렇게 말한다.

"사람들은 뇌가 변할 수 있다는 것이 얼마나 대단한 선물인지 잘 모릅니다. 다음 달의 내가 지금보다 더 똑똑하고 강해질 수 있고, 인생이 꼭 내리막길만이 아니라는 말이죠. 우리는 과거에 갇혀 있을 필요가 없어요. … 우리는 끊임없이 자기계발을 할 수 있도록 만들어졌습니다."[4]

머릿속에서 뉴런이 성장하는 것을 직접 느낄 수는 없다. 하지만 다른 방식으로 얼마든지 경험할 수 있다. 예를 들어 성인이 된 뒤 스키나 외국어를 배우거나, 코딩이나 피아노 연주를 시작해본 경험이 있다면 익숙지 않은 훈련에서 오는 불편함과 새로운 것을 배우면서 갖게 되는 짜릿함을 동시에 느꼈을 것이다.

이미 자기 분야에서 많은 지식과 경험을 쌓은 사람이 새로운 분야의 초심자가 된다는 것은 여러 가지 작은 굴욕을 견딤으로써 결국 승리를 쟁취하는 것인데, 그것이 결국 학습 경험을 구성한다.

이런 경험은 이미 최고의 자리에 오른 리더에게도 의미가 있다. 고정관념을 깨뜨리는 계기가 되고, 안주하고 자기만족에 빠지지 않도록 도와주며, 익숙한 습관에 갇히는 것을 막아 준다.

바로 불교의 선승들이 말한 '초심beginner's mind'으로 돌아가게 해주는 것이다. 초심은 무엇보다 선입견에서 벗어난 개방적인 태도를 의미하는데, 그런 태도를 자신이 잘 아는 분야에 적용할 때 함께 일하는 모든 사람들에게 강력한 본보기가 된다.

리더가 배우는 것에 주저하지 않고 새로운 기술과 지식을 탐구하며 실수를 두려워하지 않고 실수를 통해 배울 때, 구성원도 리더를 따라 한다.

배움의 폭을 넓혀 통합적으로 사고하기

스페셜리스트specialist는 "아무것도 아닌 것을 모두 아는 사람"이라는 농담이 있다. 오늘날 우리 사회는 기본적으로 전문가 사회로 불린다. 사람들은 점점 더 세분화된 전문성을 쌓는다. 그래서 오히려 지식에 대한 정반대 접근법에 관심을 가질 필요가 있다. 제너럴리스트generalist는 상대적으로 인기가 없지만, 리더는 스페셜리스트보다 제너럴리스트가 되는 게 좋다.

깨어있는 리더가 학습을 통한 성장에 관심을 갖는 이유는 통합하는 능력, 즉 합리적으로 광범위한 아이디어와 지식을 묶어내기 위함이다. 그 능력은 사회가 전문성을 강조할수록 더욱 절실해진다.

폭넓은 지식과 경험을 바탕으로 다양한 아이디어를 넘나들며 패턴을 찾고 '숲 전체를 보는' 능력은 세분화된 데이터로 포화된 시대에서 매우 중요한 자질로 꼽힌다. 특히 회사, 팀, 프로젝트, 조직을 지휘하는 사람이라면 더더욱 필요하다.

언론인이자 〈뉴욕 타임스〉 베스트셀러 작가인 데이비드 엡스타인David Epstein은 2019년 저서 《늦깎이 천재들의 비밀Range》을 준비하면서 스포츠, 과학, 군대 등 다양한 분야에 대한 실증 조사를 통해 제너럴리스트와 스페셜리스트 중 누가 더 궁극적으로 성공할 가능성이 높은지를 탐구했다. 그는 제너럴리스트의 성공 확률이 더 높다는 증거를 다수 발견했다.

어떤 분야에서 성공하려면 점차 증대되고 있는 사회의 복잡성을 잘 이해하고 해결할 수 있어야 하는데, 협소하고 디테일한 전문 지식은 오히려 불리하다는게 그의 말이다.

엡스타인은 "갈수록 한 분야의 지식을 새로운 상황과 다른 영역에 적용할 수 있는 능력이 중요해지고 있다"고 말하면서[5] 제너럴리스트가 급변하는 경제 및 사회 환경에 더 민첩하게 적용할 수 있다고 강조한다.

제너럴리스트는 또한 특정 방법론이나 편견에 얽매일 가능성이 낮고 의사 결정, 문제 해결, 미래 계획 등을 세울 때 광범위한 지식을 활용할 수 있다. 지식과 프로세스를 달달 외우기보다는 좀 더 근본적인 사고 능력을 배양하는 것이 제너럴리스트가 해야 할 일이다. 스페셜리스트에게 부족할 수 있는 통합적 사고 능력에 대해 엡스타인은 이렇게 말한다.

"이미 휴대전화 속에는 인류가 그동안 인류가 만들어낸 거의 모든 지식이 있지만, 대부분의 사람들은 그렇게 얻은 지식을 어떻게 이해하고 통합하며 활용할지를 잘 모른다. … 생각과 추론 훈련을 거의 받지 못했기 때문이다."[6]

스페셜리스트의 전문 지식을 폄훼해서는 안 되겠지만 통합적 사고 능력이 오늘날 리더에게 중요하다는 사실을 다시 강조한다. 통합적 사고 능력이 뛰어난 사람은 학습과 성장의 궁극적 목표인 '지혜'를 얻을 가능성이 높아진다.

배움의 깊이를 더해 지혜에 다가가기

콜로라도주, 와이오밍주, 네브라스카주를 지나는 플래트 강변의 정착

민은 "강 폭이 1마일, 깊이가 1인치라도 사람이 충분히 빠져 죽을 수 있다"고 말한다. 이 표현은 데이터가 넘쳐나고, 뉴스가 쏟아지며, 소셜 미디어에 중독된 우리 사회에 대한 비유다.

사람들은 '큐레이션'이라는 미명 하에 맥락 없이 디지털 콘텐츠를 조각내어 퍼트린다. 진정한 학습을 원한다면 정보의 질과 양을 명확히 구분해야 한다. 단 하나의 콘텐츠를 접하더라도 편폭이 있는 칼럼을 읽고, 비판적인 주제를 다룬 책이나 흥미진진한 다큐멘터리를 보며, 대화를 할 때도 서로가 통찰력을 얻고 깨달음을 줄 수 있도록 노력해야 한다. 즉 피상적인 수준을 넘어서 실질적인 내용과 의미에 천착해야 한다. 늘 빠른 피드백과 새로운 뉴스에 반응하는 세상에서, 깊이 있는 배움을 추구하는 게 쉽진 않다.

지식이 평준화되면서 리더의 지식 수준에 대한 요구는 높아졌고, 우리 사회에는 그냥 똑똑한 사람들이 넘쳐난다. 깊은 고민과 통찰 없이 하나 배워서 하나 써먹는 식의 학습 방식으로는 깨어있는 리더에게 요구되는 자질을 제대로 갖출 수 없다.

무조건 많은 양의 정보를 찾고 리더십과 관련된 책을 많이 읽는 것이 중요한 게 아니라, 호기심과 문제의식을 가지고 한 차원 높은 관점에서 정보를 이해하고 자기 것으로 만드는 것이 중요하다. 그래야만 맥락과 상황이 달라지더라도 거기에 적합한 역동적인 의사 결정을 할 수 있다.

사람들은 젊음 자체를 경배하는 경향이 있다. 젊은 사람일수록 고정 관념에 덜 얽매이고, 열정과 신선한 아이디어가 있으며, 위험을 기꺼이 감수하는 모험심이 많은 것은 사실이다. 그러다 보니 나이 많은 리더나 구성원은 열정이 부족하고 새로운 시도에 부정적이라는 생각이 퍼져있다. 하지만 지혜에 기반한 리더십은 젊은 시기에 갖기 어렵다.

프라사드 카이파Prasad Kaipa와 나비 라주Navi Radjou가 공저한《똑똑함에서 현명함으로From Smart To Wise》를 보면 심지어 훌륭한 리더조차 '똑똑함에서 현명함으로' 넘어가는 데 상당한 시간을 걸린다고 한다.

현명한 리더십은 사업적 혹은 전략적 탁월함 이상을 의미한다. 저자들이 설명하듯이 현명한 리더십은 "똑똑함을 활용하되 거기에 자기 성찰과 반추가 균형을 이루는 것이고 … 그렇게 함으로써 눈앞의 이익을 위해 계산적으로 행동하지 않고 더 높은 목적을 위해 새로운 가치를 창출하도록 돕는 것이다."[7]

요즘 같은 세상에 지혜라는 단어가 다소 구태의연하게 들릴 수도 있다. 심지어 리더십에서도 지혜의 가치가 상당히 저평가되어 있는 것이 현실이다. 하지만 지혜는 단순히 영리하고 머리가 좋은 것 이상이고, 지식을 초월하며, 경험이 쌓여야만 생기는 최상위 개념이다. 오랜 세월 배움과 성장에 헌신해야 얻을 수 있는 소중한 결실이 바로 지혜다.

성장을 위한 내면의 변화

깨어있는 리더에게 학습은 평생의 과업이다. 학습의 범주 또한 새로운 기술, 전문성, 정보를 습득하는 데 그쳐서는 안 되고 개인의 내면적 성장과 자기계발이 포함되어야 한다.

리더십 개발 컨설턴트 배릿 브라운은 "어떻게 아느냐는 최소한 무엇을 아느냐만큼 중요하다"라고 말한다.[8] 그리고 '어떻게 아느냐'는 지적·정서적·관계적 능력을 포괄하는 문제로, 주변 세상에 대해 생각하고, 느끼고, 이해하는 방식의 근본적 변화를 필요로 한다고 설명한다.

이런 설명은 로버트 키건Robert Kegan이 강조하는 '심리적·정신적·영적' 변화와 일맥상통한다. 변화의 여정은 오랜 시간을 거쳐 자연스럽게 펼쳐지지만, 브라운이 지적한 바와 같이 오늘날 리더는 전례 없이 빠른 속도로 모든 여정을 경험하고 있다.

캘리포니아 중부 빅서Big Sur 해안은 들쭉날쭉한 해안 절벽과 구불구불한 도로를 배경으로 한 편의 장대한 서사시 같은 아름다운 전망을 갖고 있지만 외부와는 고립되어 있다. 이 책의 앞 부분에서 (자연, 사회, 산업 등 분야의) 진화는 지리적 또는 문화적 가장자리에서 종종 일어난다고 언급했다.

가장자리의 사례 중 하나로 빅서 해안 지역만큼 극적인 곳도 흔치 않다. 오랫동안 많은 예술가, 시인, 작가, 그리고 온갖 종류의 보헤미안이 이 지역에 모여들면서, 에살렌Esalen이라고 하는 혁명이 시작되었다.

이 혁명을 주도한 사람은 캘리포니아주 살리나스 출신의 청년 마이클 머피Michael Murphy다. 그는 스탠퍼드대학 종교학 교수 프레더릭스피글버그Frederic Speigleberg로부터 영감을 받았다. 스피글버그는 폴 틸리히Paul Tillich(독일계 미국 신학자, 목사), 마르틴 하이데거Martin Heidegger(독일 실존주의 철학자), 카를 융Carl Gustav Jung(스위스 정신의학자, 분석심리학자)과 함께 공부했지만 히틀러의 압제를 피해 독일을 떠나 스탠퍼드대학으로 적을 옮겼다.

1950년대 후반 그는 스탠퍼드 학생이었던 젊은 머피에게 동양 철학을 배우기 위해 인도의 아슈람ashrams(힌두교 사제들이 스승으로부터 가르침을 받으며 수행하는 곳)에서 시간을 보내도록 권했는데, 머피는 그의 제안으로 인도에 갔다가 철학자이자 요가의 대스승인 아우로빈도 고시Sri Aurobindo Gosh를 만났다. 이런 만남과 깨달음 끝에 머피는 새로운 형태의 배움과 성장을 갈구하는 저항문화운동을 빅서 해안에서 시작했다.

에살렌은 미국 리더들의 요람이 되었고 많은 위대한 인물이 이곳을 거쳐갔다. 대표적인 이름만 언급하더라도, 에이브러햄 매슬로Abraham Maslow, 칼 로저스Carl Rogers, 프리츠 펄스Fritz Perls, 올더스 헉슬리Aldous Huxley, 앨런 왓츠Alan Watts, 헨리 밀러Henry Miller, 카를로스 코스타네다Carlos Castaneda, 아널드 토인비Arnold Toynbee, 켄 케시Ken Kesey, 라이너스 폴링Linus Pauling, 폴 틸리히Paul Tillich, 아이다 롤프Ida Rolf, 워너 에르하르트Werner Erhard 등이 있다. 에살렌은 미국 내 다른 지역에 유사한 학습 공동체의 탄생에 기여하면서 새로운 문화운동의 씨앗을 뿌린 것으로 평가된다.

인간은 지속적으로 성장하고 진화할 수 있는 잠재력이 있다는 게 머피의 생각이다. 그는 에살렌의 설립자로서 자신의 생각을 실현하기 위해 노력했다. 지금은 80대 후반의 노령임에도 불구하고 배움의 끈을 놓지 않고 작가, 마라토너, 학자, 싱크탱크 설립자, 골퍼, 외교관, 명상가 등 다양한 역할을 하며 재능을 발휘하고 있다. 그는 인간에게 얼마나 폭넓은 학습과 성장이 가능한지를 보여주는 모범 사례다.

에살렌과 같은 곳에서 실험을 거친 다양한 도구, 모델, 방법론이 지금은 미국의 주요 기업에서 리더의 성장과 변혁을 이끌어내기 위해 쓰이고 있다.

저항문화 전성기에 쓰였던 아이디어와 프로세스를 지금의 기업 리더십 워크숍에서 쉽게 찾아볼 수 있게 된 것이다. 많은 조직에서 임직원을 위한 명상 가이드북이 인사 관리 매뉴얼만큼이나 쉽게 찾아볼 수 있는 위치에 놓이고 있으며, 이런 형태의 새로운 리더십을 개발하고 전파하는 코치와 컨설턴트 등이 짭짤한 수익을 올리고 있다.

사실 이런 변화가 놀랄 만한 것은 아니다. 비즈니스란 어떤 이데올로기와도 상관없이 실용적인 가치를 추구하는 것이어서, 모든 리더는 인간의 잠재력을 확대할 수 있는 방법을 늘 찾는다. 결국 이런 노력 덕분에 새로운 형태의 배움과 성장에 대한 방법론이 나오는 것뿐이다. 물론 그 과정에서 학습 관행과 방식은 진화했다. 좀 더 현대적이고 기업체 리더의 취향에 맞게 다듬어졌다.

그렇다고 배움의 목표가 바뀌는 것은 아니다. 개인과 조직의 성장, 계발, 변화, 높은 수준의 몰입, 그리고 때로는 초월성 등을 포함하는 목표는 늘 한결같다.

성장은 새로운 관점의 발견과 낡은 관행의 폐기를 의미한다. 이제는 머피가 말한 '물려받은 교리'를 내려놓고 새로운 길을 선택하고, 새로운 진리를 찾고, 새로운 스승과 멘토를 찾아야 한다. 배움과 성장을 통해 자신이 누구인지를 다시 한번 생각하고, 세계와 상호작용하는 방법을 근본적으로 바꿀 수 있어야 한다.

어떻게 하면 더 훌륭한(더 성숙하고, 진화하고, 자각하는) 사람이 될 수 있을지, 어떻게 잠재력을 더 발휘할 수 있을지, 어떻게 내면을 충실하게 만들지, 인간으로서 더 나은 경험을 할 수 있을지 등에 대해 계속 생각해야 하는 것이다.

어떤 의미에서는 이 책 전체가 이러한 질문에 답을 하기 위한 것이라고 해도 과언이 아니다. 예를 들어 사랑하고 봉사하는 것은 내적 성장을 이루는 가장 좋은 방법이다. 정직함과 더 높은 목적을 추구하는 것 역시 더 나은 사람으로 성장하는 데 필요하다.

인간이 성장해나가는 길은 하나가 아니다. 산 정상에 이르는 길이 하나가 아닌 것처럼 성장에 대한 접근 방식을 고민하기보다는 성장에 대한 갈망을 갖는 것이 먼저다.

그런 의미에서 왜 성장하고 싶은지가 중요하다. 성장 과정에서 거치게 되는 경로를 전부 알 수는 없다. 중요한 것은 그 여정을 계속 이어나가는 것이다.

주체를 객관화하는 훈련

개인의 성장과 발전을 명확하게 정의하기는 어렵다. 하물며 기업 차원에서 개인의 성장과 발전을 정의하는 것은 더 까다롭다. 구글Google의 인력개발 담당 애덤 레너드Adam Leonard가 그런 일을 한다. 그는 실리콘밸리에서 가장 똑똑한 인재들을 대상으로 교육 및 개발 프로그램을 만들기 위해 발달심리학, 인간 잠재력 개발, 고대 신비주의, 신경과학 분야의 최신 이론까지 폭넓게 연구한다.

그런 역할에 레너드처럼 적합한 사람도 없어 보인다. 리더십 육성 분야의 전문가인 그는 에살렌 연구소에서 경험을 쌓았고 통합이론의 대가 켄 윌버Ken Wilber를 도와 통합 연구소Integral Institute, 스타겐 리더십 아카데미에서 일한 경력도 있다. 그는 풍부한 경험을 바탕으로 리더십 변화 프로그램을 어떻게 구성해야 하는지를 잘 알고 있다.

그가 만드는 프로그램은 독특하면서도 다양하다. 엔지니어 팀원에게 취약성vulnerability를 가르치는 프로그램이 있는가 하면, 임원들과 함께 전쟁으로 피폐해진 지역에 가서 시스템적 사고를 체험하는 프로그램도 있다. 그는 상황에 맞는 다양한 리더십 개발 도구를 갖고 있는데, 각종 도구 상위에는 '주체 객관화'라는 개념이 자리잡고 있다.

사람이 자기 자신에 대해 객관적이기는 쉽지 않다. 인간은 자신이 아닌 타인을 볼 때 훨씬 더 정확하고 냉정하게 본다. 인간의 경험이 본질적으로 주관적이기 때문이다. 그러나 발달심리학자 로버트 키건이 관찰한 것처럼, 자기 자신을 (감정, 성격, 오류, 편향, 믿음, 강점, 상처 등을 포함하여) 객관적으로 바라보는 능력이야말로 성장의 핵심 척도가 된다. 성장의 목표가 깨어있는 리더가 되는 것이라면 자기 자신의 주관적인(잠재의식적인 측면 포함) 측면을 객관화하는 것보다 중요한 것이 무엇이겠는가?

간단한 예로 분노라는 감정을 생각해보자. 미성숙한 사람은 분노가 끓어오르면 통제 불능 상태가 된다. 분노라는 감정을 있는 그대로 자기 것으로 받아들이기 때문에("아, 열 받아"), 분노의 경험과 분노로 인한 행동 사이에 간격이 없다. 즉 감정이 내키는 대로 분노를 표출한다.

반면 성숙한 사람은 분노가 생기는 것을 객관적으로 관찰한다. 먼저 분노라는 감정이 자기 안에서 일어나고 있다는 것을 눈치 챈다("분노가 올라오고 있군"). 그것은 부정적 감정을 대상화하여 자아 속으로 침투하지 못하게 하는 것이다. 이는 작지만 강력한 차이다.

관점이 주체에서 객체로 옮겨가면 행동에 대한 선택의 폭이 훨씬 넓어진다. 분노의 강도가 같더라도 객관화를 통해 감정이 더 이상 자신을 지배하지 못하게 한다. 관점을 주체에서 객체로 옮기는 방식을 우리 내면의 다른 감정과 변화에도 똑같이 적용할 수 있다.

애덤 레너드는 주체의 객관화라는 개념을 리더십 개발의 강력한 지렛대로 삼는다. 리더가 자신을 더 객관적으로 보는 법을 배울 수 있다면 더 나은 결정을 하고 구성원과 좋은 관계를 유지할 뿐 아니라 더 효과적으로 자기 계발을 할 수 있기 때문이다.

하지만 자신을 객관적으로 보는 것이 말처럼 쉽지만은 않다. 레너드는 그것을 가능하게 하는 기법들을 집중적으로 연구했다. 그중 하나가 '녹화 테이프 돌려보기'로, 프로 선수들이 경기 녹화 장면을 반복적으로 돌려보면서 고쳐야 할 부분을 연구하는 데서 가져왔다.

예를 들면 갈등 상황을 해결하는 리더의 역할극을 비디오로 촬영한 후 영상을 함께 시청하며 분석하는 것이다. 코치는 영상 속에 드러난 행동에 대해 의견과 질문, 그리고 피드백 등을 제공한다. 리더는 자신의 행동을 객관적으로 보면서 왜 그런 식으로 말하고 행동했는지를 되돌아보고, 자신도 몰랐던 문제점을 발견한다. 이런 방식이 참가자에게는 고통스러울 수 있지만 아주 효과적인 것으로 증명되었다.

"사람들은 비디오에 찍히는 것을 싫어하죠. 하지만 실제 화면으로 자신을 보는 것은 자신을 객관화하는 가장 좋은 방법입니다. 한 번 보면 절대 잊어버리지 못하거든요. 그러고 나서는 사람이 바뀝니다."

'깨어있다'는 말이 듣기에는 그럴싸하지만 실제로는 꽤나 불편한 경험이다. 불편함을 느낀다는 것은 성장의 증거로, 그 불편함을 기꺼이 감수할 수 있어야 한다. 반드시 비디오 촬영에 의존하지 않더라도 개인적인 사색, 코칭을 통한 도움, 동료들과의 피드백 등 자기 상황에 맞는 방식으로 자신을 객관화하여 바라보는 훈련이 필요하다.

깨어있는 리더라면 구성원에게도 객관화 연습을 적극적으로 권해야 한다. 자기 자신의 성공과 실패, 강점과 약점, 밝은 면과 어두운 면을 있는 그대로 인식한다는 것은 아주 뛰어난 능력이고, 깨어있는 리더로 성장하기 위한 중요한 자질이다.

인간의 여러 가지 지능

다중 지능 이론의 아버지로 여겨지는 심리학자 하워드 가드너Howard Gardner는 "인간은 다양한 방법으로 의미를 표현하며, 여러 종류의 지능을 가지고 있다"고 말한다.[10] 1983년에 쓴 기념비적인 저서 《마음의 틀Frames of Mind》에서 가드너는 분석 지능, 즉 IQ는 여러 가지 인간 지능의 하나일 뿐이라고 주장했다.

다중 지능 이론은 성장의 다면성에 대한 고찰에서 비롯되었다. 사람마다 선천적으로 타고나는 재능이 다양하다는 사실은 오래 전부터 알려졌지만, 20세기 대부분의 기간 동안 기업은 IQ를 곧 인재의 중요한 역량으로 생각해왔다.

하지만 다중 지능 이론이 확산되면서 기업의 인재 역량에 대한 관점은 크게 바뀌었고 IQ 하나만 강조하기보다 다양한 지능을 균형있게 갖추는 것이 전반적인 리더십에 중요하다는 판단을 하게 되었다. 그리고 '지능'의 범위에 인지적 능력을 넘어서는 다양한 측면이 포함되기 시작했다.

물론 IQ는 분석적 지능으로 리더십 역량에서 반드시 있어야 하는 요소이지만 그렇다고 해서 충분 조건은 아니다. IQ가 높다고 자신의 전반적인 재능과 능력을 과신하는 사람은 리더로서의 자질을 스스로 제약하는 셈이다. 이와 관련해서 버크셔 해서웨이의 찰리 멍거 회장은 "실제 IQ가 130이지만 자신을 120이라고 생각하는 사람을 고용하는 것이 실제 IQ가 150인데 170이라고 생각하는 사람을 뽑는 것보다 낫다"고 얘기한다.[11]

오늘날 다중 지능 이론은 기업에서뿐 아니라 대중적으로도 널리 수용되고 있다. '지능'을 키워드로 도서 검색을 해보면 '시각 지능visual intelligence', '재무 지능financial intelligence', '도덕 지능moral intelligence', '신체 지능physical intelligence' 등 수십 종의 책이 검색된다.

물론 그런 책들 중에는 엄격한 연구에 기반한 것도 있고 그렇지 않은 것도 있지만, 전체적으로 보았을 때 우리 사회가 지능을 이해하는 방식과, 학습과 성장을 받아들이는 관점에 큰 변화가 있었음을 알 수 있다.

가드너는 최초에 7가지 종류의 지능을 인정했고 이후 연구를 지속하면서 두 가지를 추가로 제안했다. 리더십 관점에서 볼 때 그 지능들은 서로 다른 중요도를 갖겠지만, 아마도 깨어있는 리더에게 가장 중요하고 또 이론적으로도 가장 잘 검증된 것은 지난 20년 동안 기업과 리더십 분야에서 큰 주목을 받은 '감성 지능emotional intelligence'이다.

1967년 하버드대학 교수였던 리처드 앨퍼트Richard Alpert는 인도 여행에서 힌두교 성자 님 카롤리 바바Neem Karoli Baba를 만나 제자가 되었고 람 다스Ram Dass라는 이름을 갖게 된다. 이 여행에서 얻은 깨달음을 바탕으로 1971년 출간한 영성spirituality, 요가, 명상에 관한 기념비적인 저작《지금 여기 머물라Be Here Now》는 미국 저항문화의 바이블이 되어 스티브 잡스를 포함한 많은 이들에게 영향을 미쳤다.

1968년 미국에 돌아온 람 다스는 우연히 하버드대학의 박사후 연구생 대니얼 골먼Daniel Goleman을 만난다. 람 다스의 영향을 받은 골먼 역시 인도 여행을 다녀오고, 인간의 무의식 속에 존재하는 다양한 가능성에 고무된 채 하버드로 돌아와 70년대 하버드 학생들 사이에서 큰 인기를 끈 '의식의 심리학The Psychology of Consciousness' 강좌를 개발하고, 1977년 첫 저서《다양한 명상 경험The Varieties of Meditative Experience》을 출간한다.

그 후 골먼은 몇 권의 책을 더 냈지만, 그를 스타로 만들어준 책은 1995년에 출판된《감성 지능Emotional Intelligence: Why It Can Matter More than IQ》으로, 수십 개국의 언어로 번역되어 전 세계적으로 500만 부 이상 팔렸다.

간단히 말해 감성 지능은 자신의 감정, 동기, 충동을 인식 및 이해하고 타인에 대해 공감하고 타인을 이해하는 능력으로 자기 지식self-knowledge과 자기 인식self-awareness에 기반한다. 자신의 감정과 내면세계를 좀 더 명확하게 인식할수록 감정을 잘 관리하고 리더로서의 목적에 맞게 행동할 수 있다.

자신의 감정적 경험에 책임을 지지 못하는 사람은 타인에게도 나쁜 영향을 미치기 쉽다. 내면적 혼란에 빠져 있으면서도 그것을 스스로 알아채지 못하거나, 자신의 부정적 감정을 적절히 조절하지 못하는 사람은 일을 그르치고 관계도 망가뜨리는 등 주변에 부정적 영향을 주기 일쑤다. 어쩌면 우리 모두 과거 한때 그런 사람이었을지 모른다. 압박과 스트레스 속에서도 업무는 뛰어나게 처리했지만 감정 관리에 있어서는 어린아이와 다름없는 사람들을 흔히 볼 수 있다.

자기 자신의 감정과 내면 세계를 정확하게 인식하는 사람일수록 다른 사람의 감정에 대한 감수성이 높고 상대를 유연하게 대할 수 있다. 우리는 무의식적으로 자기만의 생각과 관념의 필터를 통해 타인을 판단할 때가 많다. 그 필터는 종종 현실을 왜곡한다. 감성 지능이 높은 사람일수록 이런 왜곡이 덜해서 타인에게 더 진정성 있게 다가갈 수 있다. 또한 감정이입도 쉽게 할 수 있고 사람들의 표정, 몸짓, 목소리 톤 등 수많은 감정적 신호를 파악하여 이면에 숨은 감정의 실체를 잘 이해한다.

아주 높은 수준의 감성 지능을 갖춘 사람은 긴밀한 유대감을 바탕으로 구성원 간에 신뢰와 동료애를 이끌어내기도 한다. 그리고 구성원들이 감정적으로 영향을 받을 만한 일도 잘 예측하고 금방 알아차린다.

감성 지능이 사회적 영역에서 중요한 것은 사실이지만 그 본질은 내면에 있다. 예일대학 감성지능센터의 로빈 스턴Robin Stern은 감성 지능에 대한 흔한 오해를 명확히 지적한다.

"감성 지능을 일종의 소프트 스킬 또는 그냥 사람 좋은 것 정도로 오해하는 경우가 있다. 하지만 실제로 감성 지능은 지금 자기 자신에게 일어나는 일을 정확하게 이해하고 이를 바탕으로 어떻게 자신의 감정을 사용하고, 자신을 관리하며, 자신을 세상에 어떻게 보여줄지 의식적으로 선택하는 능력이다."[12]

감정에 이름 붙이기

감성 지능을 측정하고 개발하며 활용하는 방법은 다양하지만, 그 출발점은 지극히 단순해 보이는 '자기 감정 인식'('감정 이해도' 또는 '감정 숙련도'라고도 함) 훈련에서 시작된다. 감정을 인식한다는 것이 언뜻 간단해 보이지만, 진짜 한 시간 또는 하루 동안 자기 내면에서 일어났다 사라지는 수많은 감정을 제대로 알아차리고 거기에 일일이 이름을 붙이는 연습을 해보면, 이것이 보통 일이 아님을 알 수 있다.

예를 들면 어려운 안건을 둘러싼 회의가 전혀 갈피를 못 잡고 헛돌고 있는데도 어쩌지 못해서 답답하고 뭔가 꽉 막혀 있는 느낌이 들었다고 가정하자.

이때의 감정을 자세히 들여다보면 '무기력함'이라는 것을 알 수 있다. 이렇게 감정을 정확하게 식별하면 그 상황에 좀 더 제대로 반응할 수 있다. 잊어버리거나 기분을 전환하며 상황을 넘기는 것이 아니라 스스로 납득할 수 있는 해결 방법을 찾고 리더로서의 자기 효능감도 되찾는 것이다. 그런 의미에서 자기 감정 인식은 놀라울 정도로 강력한 리더십 개발 방법이다.

감성 지능을 사회 지능social intelligence과 혼용해서 쓰는 사람도 있다. 하지만 두 가지 개념을 모두 연구한 골먼은 그 차이를 지적한다. 즉 감성 지능과 달리 사회 지능은 좀 더 '외부'에 집중한 개념이라는 것이다. 사회 지능 측면에 초점을 맞출 때, "스포트라이트는 사람 사이의 상호 작용이 일어나는 짧은 순간으로 옮겨간다. 이러한 상호 작용이 쌓이고 관계를 통해 서로를 창조한다는 것을 깨닫는 것은 집단에 커다란 영향을 미친다."[13]

진심을 다해 팀을 이끌어본 리더라면 '우리는 서로를 창조한다'는 표현에 공감하지 않을 수 없을 것이다. 사회적 존재로서의 인간은 단지 겉으로 드러나는 말과 행동뿐 아니라 감정이나 신념처럼 쉽게 감지되지 않는 무형의 느낌까지도 공유하며 영향을 주고받는다. 리더로서 감성 지능과 사회 지능을 잘 개발하면 사람들과 폭넓게 상호 작용할 수 있고 기업을 포함한 다양한 조직 내에서 작용하는 인간관계와 조직 역학을 더 잘 이해하고 효과적으로 관리할 수 있다.

위에서 논의한 여러 가지 지능에 비해 훨씬 나중에 대두된 개념이지만 깨어있는 리더가 관심을 가지면 좋을 만한 또 다른 지능이 바로 '문화 지능cultural intelligence'이다. 큰 조직에서 종종 불거지는 문화적 갈등을 능숙하게 헤쳐나가기 위해서는 충돌하는 가치와 충돌의 원인이 되는 세계관을 정교하게 이해해야 한다.

이러한 갈등은 사회 곳곳에서 감지된다. 예를 들면 구글은 다양성 중시 정책을 비판한 내부 메모를 유출했다는 혐의로 엔지니어를 해고했고, 이로 인해 소송에 휘말리게 되었다.

스타벅스는 필라델피아의 한 매장에서 음료를 주문하지 않고 앉아 있던 두 명의 흑인을 경찰에 신고하여 쫓아낸 사건 영상이 인터넷에 전파되며 항의가 빗발치자 매장을 일시적으로 폐쇄하고 긴급 내부 교육을 실시했다.

치킨버거 체인점 칙필레이는 CEO가 공공연하게 동성애 반대 입장을 표명한 것 때문에 불매운동에 직면하기도 했다.

사회 공동체의 가치와 조직의 정체성에 관련된 문제는 아주 민감하여 기업 리더에게는 지뢰밭이나 다름없다. 그런 갈등과 충돌은 단순히 개인의 문제가 아니라 문화적 가치 체계 사이에서 생기는 충돌이기 때문이다.

문화 지능을 함양하는 방법은 많지만 가장 중요한 것은 상반된 가치관을 조화롭게 통합하는 것이다. 예를 들어 '의무', '신앙', '희생'과 같은 전통적인 가치와 '개인의 자유'와 같은 현대적인 가치와의 충돌을 인지하고 받아들여해야 한다.

'다양성', '지속 가능성', '사회적 정의' 등 포스트모더니즘적 가치가 비즈니스에 미치는 영향과, 그로 인해 발생하는 업무 방식의 변화를 이해하는 것도 중요하다. 개인적으로 중요하게 여기는 가치를 옹호하면서도, 그렇게 하는 것이 다른 사람에게는 혼란을 줄 수 있다는 것도 인정해야 한다.

상대의 가치관이 가져오는 해악을 비판하면서도 반대로 긍정적인 측면도 존중할 줄 알아야 한다. 바로 이런 능력과 행동이 깨어있는 리더를 차별화시키는 요인이다. (문화 지능에 대한 보다 자세한 설명은 288페이지, 부록 '문화 지능을 키우는 방법에 관해'를 참조.)

> ### 학습 조직 만들기
>
> 이 장에서는 주로 개인 차원의 학습과 성장에 관해 논의했지만 팀이나 회사 차원의 학습과 성장도 중요하다. MIT 교수이자 시스템 과학자인 피터 센게Peter Senge는 《제5경영The Fifth Discipline》에서 '학습 조직 learning organization'을 강조했다.
>
> 학습 조직은 구성원들의 성장을 통해 조직 자체를 끊임없이 변화시키면서 경쟁 압력에 대응하는 조직을 말한다. 조직 자체가 학습할 수 있다는 인식이 전파되면서 팀 학습이 광범위하게 확산되고 있다. 팀 학습은 구성원 간의 협업을 통해 개인과 조직의 역량을 동시에 향상시킨다는 특징이 있다. 팀 학습 방식은 이제 대부분의 경영대학원에서 가르치고 있다. 로버트 키건 역시 '직원의 성장을 중심에 두는 조직 deliberately developmental organizations: DDO'에 대한 연구를 통해 학습 조직 개념의 발전에 기여했다.

영적으로도 성숙한 리더

인간이 어떻게 성장하고 발전하는지에 대한 논의를 하다 보면 자연스레 영성spirituality에까지 이르게 된다. '영적 성장은 어떤 의미인가?', '영적인 측면에서 진전을 이루었는지 어떻게 알 수 있는가?' 이는 인류의 가장 위대한 스승과 리더들이 수천 년 동안 고민한 질문이기도 하다. 한때는 영적 성장이 영리를 추구하는 기업의 관심사와는 거리가 먼 것으로 여겨졌다.

하지만 표현과 용어에서 조금식 차이는 있겠지만, 지금은 기업의 많은 리더가 자신의 영적 경험을 공개적으로 밝히기도 한다. 그럼에도 영적 성장이라는 주제는 복잡하고 난해해서, 다른 리더십 스킬처럼 쉽게 개념화하기 어렵다는 문제가 있다.

영적 성장을 지적 성장의 한 측면으로 묘사하는 사람도 있다. 물론 그 관점도 완전히 틀렸다고 할 수는 없지만, 영적 측면을 지적 측면으로 환원할 수 없다는 사실도 분명하다. 필연적으로 영성의 문제는 받아들이는 사람마다 각기 다른 의미를 가질 수밖에 없다.

이 책의 저자들은 저마다 영적 실천과 성장에 관해 나름 평생 동안 헌신해왔지만, 구체적인 방식은 저마다 달랐고 고유의 특색이 있었다. 독자들도 마찬가지일 것이다. 그것을 어떻게 정의하든, 자신의 영적 성장을 위해 노력하는 것은 깨어있는 리더에게 반드시 필요하다. 깨어 있다는 것 자체가 영적 성장과 밀접한 관계에 있기 때문이다.

영적 성장은 마음속에 있는 지렛대와 같다. 영적 성장은 정신과 마음의 성장에 기여하고, 다른 지능의 발달에도 영향을 주어 결과적으로 효과적인 리더십을 발휘하도록 하기 때문이다. 리더십 전문가 스티븐 코비Stephen Covey는 "영적 지능은 가장 중심적이며 다른 모든 지능의 근원이다. 다른 사람을 이끄는 데 필요한 가이드가 되기 때문이다."[14]라고 말한다.

'우리는 누구인가?', '개인과 조직 모두가 성장하기 위해서는 어떻게 해야 하는가?', '가치와 목적을 어떻게 추구할 것인가?', '인류 문화의 진화에 기여하고 건강한 지구를 위해 어떤 일을 할 수 있는가?' 짧은 생을 살아가는 인간이라면 결국 이런 본질적인 질문에 대한 진정한 답을 찾고, 최선을 다해 그 답에 맞춰 살아가야 한다.

영적 성장의 방법은 다양하지만, 결국은 자신의 의식을 보다 넓은 세상으로 확장하는 데 초점을 맞추는 것이 가장 좋다. 이는 전통적인 수행 방식이나 현대적인 영성 운동의 방법론을 막론하고 마찬가지다. 영적 성장을 추구하는 사람 가운데 존재의 의미를 탐구하고, 내적 세계를 사색하며, 의식을 심화하고 확장하여 자신이 갖고 있는 한계를 초월할 수 있도록 내면에 집중하는 사람들도 있다. 그들은 산에서의 명상, 동굴에서 은둔 생활, 고행과 자각을 위한 칩거 등의 방법을 활용하기도 한다.

오히려 외부 환경에 집중하는 사람들도 있다. 이 경우 '봉사와 헌신', '인류애 추구', '배려와 자기희생' 등을 핵심 가치로 추구한다. 위대한 성인과 치유자들이 그 길을 걸었고, 봉사를 통해 영적 고양과 삶의 의미를 찾는 실천가들이 그 뒤를 따르고 있다. 이런 종류의 영성 개발에는 슈바이처Albert Schweitzer 박사가 대표적인데, 그는 이와 관련하여 의미심장한 말을 남겼다.

"봉사의 길을 선택한 사람만이 진정한 행복을 누릴 수 있습니다."[15]

소명과 초월적인 목적에 대한 귀의와 헌신을 강조하는 방식도 있다. 자신을 더 위대한 어떤 것(종교, 사상, 문화, 인류 공헌 등)에 완전히 맡기는 것은 영적 신념을 표현하는 또 다른 방법이다.

많은 역사적 영웅이 이런 위대한 목적을 자신의 영적 추구의 길로 선택했고, 이는 목적 지향적 삶을 추구하는 (비즈니스 또는 비영리 단체의) 깨어있는 리더에게도 충분한 가치가 있다.

이 책의 제1부에서부터 탐구했던 목적, 사랑, 정직이라는 세 가지 덕목은 모두 영적 성장의 통로가 되기 때문에 깨어있는 리더는 이 각각의 덕목을 자신의 것으로 만들어야 한다. 이 책을 쓴 이유는 독자들이 이런 가치와 관련한 심도 있는 질문을 던지고 스스로 고민할 계기를 갖게 하기 위해서이기도 하다.

배움과 성장의 여정이 어디에서 끝나든 간에, 깨어있는 리더는 일상의 행동 속에서 자신의 가장 깊은 신념과 소명을 드러낼 수 있어야 한다. 물론 모든 일상이 숭고할 수는 없다. 조직에서 일어나는 평범한 현실을 무시해서도 안 된다.

매일 내리는 크고 작은 수백 가지 선택이 모두 깨어있는 리더의 깊고 높은 열망에 영향을 받지 않을 수도 있다. 그러나 정직, 목적, 사랑을 지키며 창의성과 상호 이익이라는 정신으로 일에 접근하고, 그 과정에서 자신과 구성원 모두를 충분히 배려한다면, 깨어있는 리더십의 본질을 발견할 수 있다. 그리고 우리의 삶과 우리를 둘러싼 세상은 더 나아진다.

문화 지능을 키우는 방법에 관해

마지막 장에서 소개한 '문화 지능'은 상호 충돌하는 다양한 가치관을 조화 또는 통합시키는 데 필요한 것이지만 이를 중립이나 중도의 관점을 추구하거나 유지하는 것으로 인식해서는 안 된다. 문화 지능의 관점은 상호 충돌하는 가치관을 감싸안으면서 더 높은 차원에서 통합을 시도하는 것이다.

문화 지능은 문화적 가치 프레임으로 알려진 세 가지 세계관을 명확하게 인식하는 데서 출발한다. 이는 국가나 민족별로 다양하며 그 사회의 기본적인 가치를 반영한다. 국가 혹은 문화적 차이로 인한 논의 상의 오류를 피하기 위해, 여기서는 미국 사회의 맥락에 한정하여 소개한다.

세계관은 한 사회 안에서 여러 세대에 걸쳐 지속적으로 추구하는 가치와 이상理想의 집합이다. 세계관은 현실에 의미를 부여하고 정체성의 기반을 제공한다. 세계관은 문화를 구성하는 기본 단위이기도 하기 때문에 깨어있는 리더라면 이를 반드시 이해해야 한다. 세계관이 한 사회 문화에서 결정적으로 중요하다는 사실은 (종교적 가치에 기반한) 전통적 세계관과 근대적 세계관의 극명한 차이를 통해서 쉽게 이해할 수 있다. 근대성(모더니즘)은 진보, 번영, 개인의 자유, 과학적 합리성 등의 가치를 표방한다. 반면 전통적인 세계관은 믿음, 가족, 책임, 명예, 애국심과 같은 가치를 중시한다.

물론 이런 일련의 가치 사이에는 중복되는 부분도 있지만, 근대적 세계관과 전통적 세계관 사이에 뚜렷한 문화적 차이는 주류 담론 내에서 충분히 받아들여지고 있다. 이와는 대조적으로 미국 문화의 지평을 대변하는 또 다른 진보주의적 세계관에 대한 이해는 아직 충분하지 않다. 기성 논객들은 진보주의자들이 주로 관심을 보이는 환경문제나 사회 정의 등의 안건에 대해서는 어느 정도 인정하면서도, 진보주의 자체가 하나의 영향력 있는 세계관이라는 사실에는 큰 의미를 두지 않는다. 다음 페이지의 표는 전통적 세계관, 근대적 세계관, 진보적 세계관이라고 부르는 미국의 3대 세계관을 여러 각도에서 정리한 것이다.

전체 인구에서 차지하는 대략적인 비중을 보면, 오늘날 미국에서 근대적 세계관은 50%, 전통적 세계관은 30%, 진보적 세계관은 20% 정도를 차지한다.¹ 진보적 세계관은 아직 소수이지만 학계와 미디어 및 엔터테인먼트 산업의 상당 부분을 지배하고 있어서 그 영향력을 평가절하할 수는 없다. 최소한 향후 몇십 년 동안 이 세 가지 주요 세계관 간의 경쟁은 미국 사회 전반뿐 아니라 기업 내 조직 문화의 흐름을 좌우할 것이다.

미국의 3대 세계관 비교

	전통적 세계관	근대적 세계관	진보적 세계관
긍정적인 면	· 신앙, 가족, 국가 · 전체를 위한 자기희생 · 의무와 명예 · 법과 질서 · 신의 의지	· 경제적, 과학적 진보 · 자유와 법치 · 개인적 성공과 번영 · 부의 축적 · 사회적 지위, 고등 교육	· 사회적·환경적 정의 · 다양성과 다문화주의 · 자연주의적 · 라이프스타일 · 로컬 중심 · 지구 생태계 치유
진리	· 성서 · 종교적 율법과 관행 · 권능에 의한 지시	· 과학 · 이성, 객관성, 사실, 증거 · 철학과 논리	· 주체적 관점 · 사회 의식(인종, 계급) · 권력 구조 파헤치기
상징적 인물	· 로널드 레이건 Ronald Reagan · 윈스턴 처칠 Winston Churchill · 에드먼드 버크 Edmund Burke · 교황 바오로 2세 Pope John Paul II · 빌리 그레이엄 목사 Billy Graham · 윌리엄 버클리 William Buckley · 필리스 슐래플리 Phyllis Schlafly · 안토닌 스칼리아 Antonin Scalia	· 토머스 제퍼슨 Thomas Jefferson · 존 F. 케네디 John F. Kennedy · 프랭클린 루즈벨트 Franklin D. Roosevelt · 앨버트 아인슈타인 Albert Einstein · 토머스 에디슨 Thomas Edison · 애덤 스미스 Adam Smith · 칼 세이건 Carl Sagan · 밀턴 프리드먼 Milton Friedman · 프랭크 로이드 라이트 Frank Lloyd Wright	· 마하트마 간디 Mahatma Gandhi · 넬슨 만델라 Nelson Mandela · 존 레논 John Lennon · 존 뮤어 John Muir · 마거릿 미드 Margaret Mead · 베티 프리단 Betty Friedan · 조안 배즈 Joan Baez · 오프라 윈프리 Oprah Winfrey
부정적인 면	· 증오, 인종주의, 성차별 · 동성애, 외국인 혐오 · 종교 근본주의 반과학주의 · 해묵은 가치 고수 · 권위주의	· 오만한 엘리트주의 · 이기적인 착취 · 과학 맹신, 종교 비하 · 패거리 자본주의 · 내부자 거래	· 반모더니즘 · 반애국주의 · 정체성 분열 조장 · 도덕적 단죄 · 비합리적 사고와 나르시시즘

	전통적 세계관	근대적 세계관	진보적 세계관
오늘날 주요 인물	· 로스 두탓 Ross Douthat · 패트릭 드닌 Patrick Deneen · 로드 드레어 Rod Dreher · 릭 워런 Rick Warren · 터커 칼슨 Tucker Carlson	· 힐러리 클린턴 Hillary Clinton · 스티븐 핑커 Steven Pinker · 토머스 프리드먼 Thomas Friedman · 빌 게이츠 Bill Gates · 셰릴 샌드버그 Sheryl Sandberg	· 버니 샌더스 Bernie Sanders · 타네히시 코츠 Tanehisi Coates · 메리앤 윌리엄슨 Marianne Williamson · 나오미 클라인 Naomi Klein · 빌 맥키번 Bill McKibben

기업은 다양한 세계관을 가진 이해관계자를 상대한다. 진보적인 밀레니얼 직원, 근대적 성향의 투자자 그리고 세 가지 세계관을 모두 포함하는 고객을 상대한다. 세계관이 다르면 서로 불편하다. 하지만 굳이 그런 불편함에 휘말릴 필요는 없다. 상충되는 가치를 넘어서 통합하는 법을 배우면 문제를 해결할 수 있다. 우선 서로 다른 가치관에는 긍정적인 면과 부정적인 면이 모두 모두 존재한다는 것을 인정하는 것에서 가치관의 통합이 시작된다. 어떻게 하면 좋은 것을 인정하고 나쁜 것을 버릴 수 있을까? 바로 이 질문에 답을 찾기 위해 필요한 것이 문화 지능이다.

문화 지능 관점에서 보면 각각의 세계관은 긍정적인 면과 부정적인 면이 명확하다. 각 세계관이 가진 명암을 뚜렷이 인식해야만, 그것이 사회에 어떤 영향을 미칠 것인지 이해하고 활용할 수 있다.

예를 들어 사회적 악과 폭력에 맞서야 할 때는 윈스턴 처칠 같은 저항 정신이 필요하고, 포용을 통해 갈등과 대립을 극복해야 하는 상황에서는 마하트마 간디의 비폭력주의가 필요하다. 이렇게 깨어있는 리더는 세 가지 세계관이 갖고 있는 긍정적인 측면을 모두 받아들여 자신만의 의식세계를 구축해야 한다.

그렇다고 자기 정체성에 맞는 세계관을 버리라는 말은 아니다. 문화 지능에 기반한 리더십은 하나의 주된 세계관을 유지하면서 실천할 수 있다. 경영서 분야로 예를 들면 밥 채프먼Bob Chapman과 라젠드라 시소디아Rajendra Sisodia가 공저한《모두가 중요하다Everybody Matters》는 보수적인 전통주의 관점에 기반한 깨어있는 리더십의 사례로 볼 수 있다.

반대로 폴 호켄Paul Hawken의《자연 자본주의Natural Capitalism》는 진보적이고 포스트모더니즘 관점에서의 깨어있는 리더십을 보여준다. 주류 모더니즘적 시각에서 깨어있는 리더십은 레이 달리오Ray Dalio의 저서《원칙Principles》에 잘 드러나 있다.

문화 지능이라는 관점 자체는 제4의 세계관에 기초한다. 그것은 이전의 모든 세계관의 긍정적 가치와 필요성을 인정하는데, 진보적 세계관에서는 불가능했다는 점에서 후기진보주의적post-progressive이라 할 수 있다. 이 새롭고 통합적인 세계관은 이전 세계관들을 끌어안으면서 완성된다.[2] 통합적 세계관은 또한 그 자체로 독특한 가치를 추구하기도 한다. 예를 들면 과학과 영성을 조화시키고자 하는 열망, 문제에 대한 강한 책임의식, 상반되는 진실과 변증법적 추론에 대한 인식, 그리고 진화의 의미에 대한 중시 등이 그것이다.

다음 표는 통합적 세계관의 주요 특징을 잘 보여준다.

통합적 세계관의 특징

긍정적인 면	진리	병리적 측면	상징적 인물
· 세계 중심적 도덕 · 의식과 문화의 진화 · 모든 세계관의 긍정적인 측면 포용 · 문제 해결 위한 개인적 책임 수용	· 변증법적 발전 · 포용적 평가 · 과학과 영성의 조화	· 무감각하거나 인내심이 부족 · 엘리트주의적이고 초연해 보임	· 피에르 테야르 드 샤르댕 Pierre teilhard de chardin · 알프레드 화이트헤드 Alfred N. Whitehead · 스리 아우로빈도 Sri Aurobindo · 장 게브서 Jean Gebser · 클레어 그레이브스 Clare Graves

　　문화 지능은 아직 필수 리더십 스킬로 인정받지 못하고 있다. 그러나 산업 현장에서 문화적 갈등이 커질수록 충돌하는 세계관을 조율할 깨어있는 리더가 더욱 절실해질 것이다.

서문—깨어있는 리더십에 눈뜨다

1. "Business Roundtable Redefines the Purpose of a Corporation to Promote 'An Economy That Serves All Americans,'" Business Roundtable, August 19, 2019, https://www.businessroundta ble.org/business-roundtable-redefines-the-purpose-of-a-corporation-to-promote-an-econ omy-that-serves-all-americans.

1장—목적을 우선시하라

1. Roy Spence, "We Don't Have to Have Legs to Fly," Conscious Capitalism CEO Summit, Austin, TX, 2017, https://www.youtube.com/watch?v= gDGU5WUNiAY.

2. Richard Branson, "Setting Goals with Virgin Media at Southampton FC," Virgin.com, May 20, 2019, https://www.virgin.com/richard-branson/setting-goals-virgin-media-southampton-fc.

3. William McDonough and Michael Braungart, *The Upcycle: Beyond Sustainability— Designing for Abundance* (New York: North Point Press, 2013), 7.

4. Lydia Denworth, "Debate Arises over Teaching 'Growth Mindsets' to Motivate Students," Scientific American, August 12, 2019, https://www.scientificamerican.com/article/debate-arises-over-teaching-growth-mindsets-to-motivate-students/.

5. Kristin Kloberdanz, "Ideas to Action San Francisco: UVA Darden Professors Tell the 'New Story of Business,' " Darden Report, University of Virginia, July 23, 2018, https://news.darden.virginia.edu/2018/07/23/ideas-to-action-san-francisco-uva-darden-professors-tell-the-new-story-of-business/.

6. John Mackey and Raj Sisodia, *Conscious Capitalism: Liberating the Heroic Spirit of Business* (Boston: Harvard Business Review Press, 2014), 52.

7. Nancy Atkinson, *Eight Years to the Moon: The History of the Apollo Missions* (Salem, MA: Page Street Publications, 2019), 41.

8. Bert Parlee, "Polarity Management," Bert Parlee (website), http://bertparlee.com/training/polarity-management/.

9. Barry Johnson, *Polarity Management* (Amherst, MA: HRD Press, 1996), xviii.

10. Quoted in Max Delbrück, *Mind from Matter? An Essay on Evolutionary Epistemology* (Palo Alto, CA: Blackwell Scientific Publications, 1986), 167.

2장-사랑의 리더십

1. Steve Farber, *Love Is Just Damn Good Business* (New York: McGraw-Hill Education, 2019).

2. Andrew S. Grove, *Only the Paranoid Survive: How to Exploit the Crisis Points That Challenge Every Company* (New York: Currency, 1999).

3. 빈스 롬바르디(Vince Lombardi)가 이 말을 처음 했다고 종종 잘못 인용된다. 위키피디아에 따르면, 이 말을 처음 한 사람은 UCLA대학교 브루인스(Bruins) 풋볼팀의 헨리 러셀 샌더스(Henry Russell ['Red'] Sanders)다. 그 증거로 두 가지가 있다. 한 가지는 1950년 캘리포니아 폴리테크닉 주립대학 워크숍에서 샌더스는 선수들에게 "솔직하게 말하면, 이기는 것이 전부는 아니야"라고 뱉어놓고, 한참 생각하더니, "아니야, 이기는 게 전부야!"라고 말했다는 것이다. 이 말은 로스엔젤레스헤럴드앤드익스프레스(Los Angeles Herald and Express) 지의 버드 푸릴로(Bud Furillo)가 샌더스에 관해 쓴 3부작 연재 기사의 부제로도 쓰인 바 있다. 또 다른 하나는 푸릴로가 써놓고 출간하지 않은 샌더스 회고록에 따르면 1949년 UCLA 팀이 USC 팀에 패한 뒤 처음 그렇게 말했다는 것이다. 이 내용에 대한 근거는 위키피디아에서 찾을 수 있다. "Winning isn't everything; it's the only thing," https://en.wikipedia.org/wiki/Winning_isn't_everything;_it's_the_only_thing (2020년 2월 10일 최종 수정)

4. Game of Thrones, season 1, episode 7, "You Win or You Die," directed by Daniel Minahan, aired May 29, 2011, on HBO.

5. Game of Thrones, season 5, episode 7, "The Gift," directed by Miguel Sapochnik, aired May 24, 2015, on HBO.

6. Jonathan Keyser, *You Don't Have to Be Ruthless to Win* (Lioncrest Publishing, 2019), 50.

7. Keyser, *You Don't Have to Be Ruthless to Win*, 14.

8. D. H. Lawrence, *Apocalypse* (New York: Viking, 1966), 149.

9. Krystal Knapp, "George Will to Princeton Graduates: The Antidote to the Overabundance of Anger in America Is Praise," Planet Princeton, June 3, 2019,

https://planetprinceton.com/2019/06/03/george-will-to-princeton-graduates-the-antidote-to-the-overabundance-of-anger-in-america-is-praise/.

10. Molly Rubin, "Full transcript: Tim Cook delivers MIT'S 2017 Commencement Speech," Quartz, June 9, 2017, https://qz.com/1002570/watch-live-apple-CEO-tim-cook-delivers-mits-2017-commencement-speech/.

11. Sri Mata Amritanandamayi Devi, *May Your Hearts Blossom: An Address to the Parliament of World's Religions, Chicago, September 1993*, trans. Swami Amritaswarupananda (1993; Kerala: Mata Amritanandamayi Mission Trust, 2014), 54.

12. Lewis B. Smedes, *Forgive and Forget: Healing the Hurts We Don't Deserve* (1984; New York: Plus/HarperOne, 2007), x.

13. Edward Freeman, "What Is Stakeholder Theory?" Business Roundtable Institute for Corporate Ethics, Darden School of Business, University of Virginia, October 1, 2009, https://www.youtube.com/watch?v= blRUaLcvPe8.

3장—정직하게 행동하라

1. Thomas Jefferson to Nathaniel Macon, January 12, 1819, Manuscript Division, Thomas Jefferson Papers, Library of Congress.

2. Bill George, "Truth, Transparency & Trust: The 3 Ts of True North Leaders," Bill George (website), July 8, 2019, https://www.billgeorge.org/articles/truth-transparency-trust-the-3-ts-of -true-north-leaders/.

3. Elizabeth Haas Edersheim, "Alan Mulally, Ford, and the 6Cs," Brookings Institute blog, June 28, 2016, https://www.brookings.edu/blog/education-plus-development/2016/06/28/alan-mulally-ford-and-the-6cs/.

4. S. Cook, R. Davis, D. Shockley, J. Strimling, and J. Wilke, eds., *Do the Right Thing: Real Life Stories of Leaders Facing Tough Choices* (Create Space, 2015), xxvii.

5. Stephen M. R. Covey, *The Speed of Trust* (Free Press, 2006), 247.

6. Zach Hrynowski, "What Percentage of Americans Are Vegetarian?" Gallup, September 27, 2019, https://news.gallup.com/poll/267074/percentage-americans-vegetarian.aspx.

7. Robert Solomon, *A Better Way to Think About Business: How Personal Integrity Leads*

to Corporate Success (Oxford and New York: Oxford University Press, 2003), 42.

8. Solomon, *A Better Way to Think About Business*, 41.

9. Ken Wilber, Terry Patten, Adam Leonard, and Marco Morelli, *Integral Life Practice: A 21st-Century Blueprint for Physical Health, Emotional Balance, Mental Clarity, and Spiritual Awakening* (Boston: Integral Books, 2008), 43.

4장—원—원—원 솔루션

1. *Glengarry Glen Ross*, directed by James Foley, screenplay by David Mamet.

2. *Shark Tank*, season 1, episode 1, directed by Craig Spirko, starring Kevin O'Leary, aired August 8, 2009, on ABC.

3. Alexander McCobin, "Listening to Adam Smith, Gordon Gekko, and Dilbert: A Human Approach to Capitalism," *The Catalyst: A Journal of Ideas from the Bush Institute* no. 16 (Fall 2019), https://www.bushcenter.org/catalyst/capitalism/mccobin-conscious-capitalism.html.

4. "Declining Global Poverty: Share of People Living in Extreme Poverty, 1820 - 2015," Our World in Data, https://ourworldindata.org/grapher/declining-global-poverty-share-1820-2015.

5. Stephen Covey, *The 7 Habits of Highly Effective People* (New York: Simon & Schuster, 2013), 213 - 16.

6. Peter Senge, *The Fifth Discipline: The Art and Practice of the Learning Organization* (New York: Doubleday, 1990), 6 - 7.

5장—혁신을 통한 가치 창출

1. Deirdre McCloskey, *Why Liberalism Works: How True Liberal Values Produce a Freer, More Equal, Prosperous World for All* (New Haven, CT: Yale University Press, 2019).

2. Hans Rosling, *Factfulness: 10 Reasons We're Wrong About the World—and Why Things Are Better Than You Think* (New York: Flatiron, 2018), 52.

3. Deirdre McCloskey, *Bourgeois Equality: How Ideas, Not Capital or Institutions, Enriched Our World* (Chicago: University of Chicago Press, 2017), xiii.

4. Fred Turner, *From Counterculture to Cyberculture: Stewart Brand, the Whole Earth*

Network, and the Rise of Digital Utopianism (Chicago: University of Chicago Press, 2008), vii.

5. Bob Dylan, vocalist, "Brownsville Girl," composed by Bob Dylan and Sam Shepard, track 6 on *Knocked Out Loaded*, Columbia Records, 1986.

6. Al Ramadan, Dave Peterson, Christopher Lochhead, and Kevin Maney, *Play Bigger: How Pirates, Dreamers, and Innovators Create and Dominate Markets* (New York: Harper Business, 2016), 3 - 4.

7. Robert D. Hof, "How Google Fuels Its Idea Factory," *Bloomberg BusinessWeek*, April 28, 2008, https://www.bloomberg.com/news/articles/2008-04-28/how-google-fuels-its-idea-factory.

8. Robert Greifeld, *Market Mover: Lessons from a Decade of Change at Nasdaq* (New York: Grand Central, 2019), 242 - 43.

9. Carlota Perez, "An Opportunity for Ethical Capitalism That Comes Once in a Century," United Nations Conference on Trade and Development, https://unctad.org/en/pages/newsdetails.aspx?OriginalVersionID= 2077.

10. John Chambers with Diane Brady, *Connecting the Dots: Lessons for Leadership in a Startup World* (New York: Hachette, 2018), 41.

11. Claire Cain Miller, "Arthur Rock, Legendary V.C., Invested with Bernard Madoff," *BITS* (blog), *New York Times*, February 5, 2009, https://bits.blogs.nytimes.com/2009/02/05/arthur-rock-legendary-vc-invested-with-bernard-madoff/.

12. Arthur Koestler, *The Act of Creation* (1964; London: Hutchinson, 1976), 96.

13. Ray Dalio, "Billionaire Ray Dalio on His Big Bet That Failed: 'I Went Broke and Had to Borrow $4,000 from My Dad,' " Make It, CNBC, December 4, 2019, https://www.cnbc.com/2019/12/04/billionaire-ray-dalio-was-once-broke-and-borrowed-money-from-his-dad-to-pay-family-bills.html.

14. Steven Johnson, *Where Good Ideas Come From: The Natural History of Innovation* (New York: Penguin, 2010), 31.

15. "The Adjacent Possible: A Talk with Stuart A. Kauffman," Edge, November 9, 2003, https://www.edge.org/conversation/stuart_ a_ kauffman-the-adjacent-possible.

6장—장기적 관점

1. Gary Hamel, quoted in Seth Kahan, "Time for Management 2.0," *Fast Company*, October 6, 2009, http://www.fastcompany.com/blog/seth-kahan/leading-change/hamel-hypercritical-change-points-radical-changes-required-management.

2. Jay Coen Gilbert and Alexander McCobin, "How to Build and Protect Your Purpose-Driven Business," Medium, November 12, 2018, https://bthechange.com/how-to-build-and-protect -your-purpose-driven-business-a2bc51557180.

3. Simon Sinek, *The Infinite Game* (New York: Portfolio, 2019), 9.

4. Peter Diamandis, "What Does Exponential Growth Feel Like?," Diamandis Tech Blog, https://www.diamandis.com/blog/what-does-exponential-growth-feel-like.

5. Salim Ismail, "Adapting to the Changes of the New World," Elevate Tech Fest 2018, Toronto, https://www.youtube.com/watch?v=FuXeh0Ymnog.

6. Kevin Kelly, *What Technology Wants* (New York: Viking, 2010), 73.

7. *William Gibson: No Maps for These Territories*, directed by Mark Neale, Mark Neale Productions, 2000.

8. Pierre Teilhard de Chardin, *The Future of Man* (1959; New York: Image Books/Doubleday, 2004), 186.

9. Attributed to Twain, in Alan Goldman, *Mark Twain and Philosophy* (Lanham, MD: Rowman & Littlefield, 2017), 127.

10. Philip Tetlock, *Superforecasting: The Art and Science of Prediction* (New York: Broadway Books, 2016), 32.

11. Attributed to Napoleon Bonaparte, in Jules Bertaut, *Napoleon in His Own Words*, trans. Herbert Edward Law and Charles Lincoln Rhodes (Chicago: A.C. McClurg, 1916), 52.

12. Kai Weiss, "The Importance of Entrepreneurs: An Interview with Deirdre McCloskey," Austrian Economics Center, n.d., https://www.austriancenter.com/importance-entrepreneurs -mccloskey/.

13. See Steven Pinker, *Enlightenment Now: The Case for Reason, Science, Humanism, and progress* (New York: Penguin, 2018).

14. Phil Lebeau, "Relax, Experts Say It's At Least a Decade Before You Can Buy a Self-Driving Vehicle," CNBC, July 30, 2019, https://www.cnbc.com/2019/07/29/experts-

say-its-at-least-a-decade-before-you-can-buy-a-self-driving-car.html.

7장—끊임없이 진화하는 팀

1. *Jerry McGuire*, directed by Cameron Crowe (TriStar Pictures, 1996).

2. Marcel Schwantes, "Warren Buffett Says Look for This 1 Trait If You Want to Hire the Best People," Inc., August 26, 2019, https://www.inc.com/marcel-schwantes/warren-buffett-says-look-for-this-1-trait-if-you-want-to-hire-best-people.html.

3. Larry Page and Sergey Brin, "2004 Founders' IPO Letter: 'An Owner's Manual' for Google's Shareholders," Alphabet Investor Relations, https://abc.xyz/investor/founders-letters/2004-ipo-letter/.

4. Gregg Thompson, *The Master Coach: Leading with Character, Building Connections, and Engaging in Extraordinary Conversations* (New York: SelectBooks, 2017), 34 - 35.

5. Dan Schawbel, "Denise Morrison: How She Became the First Woman CEO at Campbell Soup Company," Forbes, November 6, 2017, https://www.forbes.com/sites/danschawbel/2017/11/06/denise-morrison-how-she-became-the-first-woman-CEO-at-campbell-soup-com pany/#3529be286be4.

6. Rand Stagen, "You're Doing It Wrong . . . How Not to Give Feedback," July 27, 2018, https://stagen.com/youre-doing-it-wrong-how-not-to-give-feedback/.

7. Linda Berens, "Typologies," Linda Berens Institute, n.d., https://lindaberens.com/typologies/. 8. Berens, "Typologies."

8장—활력 되찾기

1. "The Kiril Sokoloff Interviews: Stanley F. Druckenmiller," Real Vision, September 28, 2018, https://www.realvision.com/shows/the-kiril-sokoloff-interviews/videos/the-kiril-sokoloff-interviews-stanley-f-druckenmiller.

2. Dee Hock, "The Art of Chaordic Leadership," *Leader to Leader* no. 15 (Winter 2000), 20 - 26, http://www.griequity.com/resources/integraltech/GRIBusinessModel/chaordism/hock.html.

3. "Do American Workers Need a Vacation?New CareerBuilder Data Shows Majority Are Burned Out at Work, While Some Are Highly Stressed or Both," CareerBuilder,

May 23, 2017, http://press.careerbuilder.com/2017–05–23–Do–American–Workers–
Need–a–Vacation–New–CareerBuilder–Data–Shows–Majority–Are–Burned–Out–at–
Work–While–Some–Are–Highly –Stressed–or–Both.

4. Eric Garton, "Burnout Is a Problem with the Company, Not the Person," *Harvard Business Review*, April 6, 2017, https://hbr.org/2017/04/employee–burnout–is–a–problem–with–the–com pany–not–the–person.

5. Leslie Kwoh, "When the CEO Burns Out," *Wall Street Journal*, May 7, 2013, https://www .wsj.com/articles/SB10001424127887323687604578469124008524696.

6. Richard Feloni, "The Founder of the B Corp Movement Celebrated by Companies Like Danone and Patagonia Explains How Overcoming Cancer Taught Him a Lesson That's Made Him a Better Leader," *Business Insider*, November 20, 2019, https://www.businessinsider .com/b–lab–cofounder–jay–coen–gilbert–shares–best–productivity–advice–2019–11.

7. Matthew Walker, *Why We Sleep: Unlocking the Power of Sleep and Dreams* (New York: Simon & Schuster, 2017), 8.

8. Walker, *Why We Sleep*, 8.

9. Rasmus Hougaard and Jacqueline Carter, "Senior Executives Get More Sleep Than Everyone Else," *Harvard Business Review*, February 28, 2018, https://hbr.org/2018/02/senior–executives –get–more–sleep–than–everyone–else.

10. Walker, *Why We Sleep*.

11. Andrei Codrescu, *An Involuntary Genius in America's Shoes (And What Happened Afterwards)* (Boston: David R. Godine, 2001), 130.

12. David Katz, "Diets, Doubts, and Doughnuts: Are We TRULY Clueless?" *Huffington Post*, August 13, 2016, http://www.huffingtonpost.com/entry/diets–doubts–and–doughnuts–are–we–truly–clueless_us_57af2fe9e4b0ae60ff029f0d.

13. Michael Pollan, *Food Rules: An Eater's Manual* (New York: Penguin, 2009), xv.

14. Dan Buettner, *The Blue Zones: Lessons for Living Longer from the People Who've Lived the Longest* (Washington, DC: National Geographic, 2010).

15. Nisargadatta Maharaj, *I Am That* (Bangalore: Chetana, 1973), 15.

16. Steven Johnson, *Where Good Ideas Come From: The Natural History of Innovation*

(New York: Penguin, 2010), 172.

17. John Muir, *Our National Parks* (Boston and New York: Houghton, Mifflin, 1901), 56.

18. Florence Williams, "This Is Your Brain on Nature," *National Geographic*, January 2016, https://www.nationalgeographic.com/magazine/2016/01/call-to-wild/.

19. Kevin McSpadden, "You Now Have a Shorter Attention Span than a Goldfish," *Time*, May 14, 2015, https://time.com/3858309/attention-spans-goldfish/.

20. Adrian F. Ward, Kristen Duke, Ayelet Gneezy, and Maarten W. Bos, "Brain Drain: The Mere Presence of One's Own Smartphone Reduces Available Cognitive Capacity," *Journal of the Association for Consumer Research* 2, no. 2 (April 2017), https://www.journals.uchicago.edu /doi/abs/10.1086/691462.

21. Alison Coleman, "Six Business Leaders Share Their Digital Detox Strategies," *Forbes*, November27,2018,https://www.forbes.com/sites/alisoncoleman/2018/11/27/six-business-leaders-share-their-digital-detox-strategies/#46ee6ebf1456.

9장-계속 배우고 성장하라

1. *Autobiography of Benjamin Franklin* (1791; New York: Henry Holt, 1916).

2. Elizabeth Debold, "Epistemology, Fourth Order Consciousness, and the Subject-Object Relationship," interview with Robert Kegan, *What Is Enlightenment* 22 (Fall/Winter 2002), 149.

3. Charlie Munger at the 2003 Berkshire Hathaway Annual Meeting, quoted in Barton Biggs, *Hedgehogging* (2006; Hoboken, NJ: John Wiley & Sons, 2011), 198.

4. Peter Hartlaub, "SF Scientist Tells You How to 'Hack Your Brain' on Science Channel," *San Francisco Chronicle*, September 17, 2014, https://www.sfgate.com/tv/article/SF-scientist-tells -you-how-to-hack-your-brain-5762523.php.

5. David Epstein, *Range: Why Generalists Triumph in a Specialized World* (New York: Riverhead, 2019), 45.

6. Epstein, *Range*, 277.

7. Prasad Kaipa and Navi Radjou, *From Smart to Wise: Acting and Leading with Wisdom* (San Francisco: Jossey-Bass, 2013), 12.

8. Barrett C. Brown, "The Future of Leadership for Conscious Capitalism," MetaIntegral

Associates, https://www.apheno.com/articles.

9. Andrew Marantz, "Silicon Valley's Crisis of Conscience: Where Big Tech Goes to Ask Deep Questions," *New Yorker*, August 19, 2019, https://www.newyorker.com/magazine/2019/08 /26/silicon-valleys-crisis-of-conscience.

10. Howard Gardner, "An Education for the Future: The Foundation of Science and Values," paper presented to the Symposium of the Royal Palace Foundation, Amsterdam, March 14, 2001, in *The Development and Education of the Mind: The Selected Works of Howard Gardner* (Abingdon, UK: Routledge, 2006), 227.

11. Jimmy Aki, "Billionaire Charlie Munger Destroys Elon Musk's Hyperinflated Sense of IQ," CNN, February 28, 2019, https://www.ccn.com/charlie-munger-rips-elon-musk-high-iq.

12. Quoted in Erin Gabriel, "Understanding Emotional Intelligence and Its Effects on Your life," CNN, July 26, 2018, https://www.cnn.com/2018/04/11/health/improve-

13. Daniel Goleman, *Social Intelligence: The New Science of Human Relationships* (New York: Bantam, 2006), 5.

14. Stephen Covey, *The 8th Habit: From Effectiveness to Greatness* (New York: Free Press, 2004), 53.

15. Albert Schweitzer, in a speech to the students of Silcoates School, Wakefield (along with "a number of boys and girls from Ackworth School"), on "The Meaning of Ideals in Life," at approximately 3:40 p.m. on 3 December 1935, "Visit of Dr. Albert Schweitzer" (as translated from the French of the address by Dr. Schweitzer's interpreter), *The Silcoatian*, New Series No. 25 (December, 1935): 784 - 85 (781 - 86 with 771 - 72; "Things in General").

부록―문화 지능을 키우는 방법에 관해

1. 이러한 대략적인 추정치는 세계가치관조사(World Values Survey) 및 기타 사회과학 연구의 데이터를 기반으로 하며, 자세한 내용은 다음의 자료를 참고하기 바란다. Ronald Inglehart, *Cultural Evolution: People's Motivations Are Changing, and Reshaping the World* (Cambridge, UK: Cambridge University Press, 2018); Ronald Inglehart, ed., *Human Values and Social Change* (New York: Brill, 2003); Christian Welzel, *Freedom Rising:*

Human Empowerment and the Quest for Emancipation (Cambridge, UK: Cambridge University Press, 2013); Paul Ray and Sherry Anderson, *The Cultural Creatives: How 50 Million People Are Changing the World* (New York: Harmony, 2000). See also Robert Kegan, *The Evolving Self: Problem and Process in Human Development* (Cambridge, MA: Harvard University Press, 1982); M. Commons, F. A. Richards, and C. Armon, eds., *Beyond Formal Operations*, vol. 1: *Late Adolescent and Adult Cognitive Development* (New York: Praeger, 1984); Don Beck and Chris Cowan, *Spiral Dynamics* (New York: Blackwell, 1995); Jenny Wade, *Changes of Mind: A Holonomic Theory of the Evolution of Consciousness* (Albany, NY: SUNY Press, 1996); and Jeremy Rifkin, *The Empathic Civilization* (New York: Tarcher Putnam, 2009).

2. '통합적(integral)'이라는 단어가 미국 철학자 켄 윌버(Ken Wilber)의 연구와 특히 연관 있는 것은 사실이지만, 윌버의 연구 범위를 훨씬 뛰어넘는다. 통합철학은 인류의 진화론적 발전 이면의 구조와 그 의미에 초점을 맞춘다. 이 철학은 게오르크 헤겔에서 시작되었지만 엄밀히 말하면 헤겔 철학 자체는 아니다. 인간의 의식과 문화의 진화를 이해하려고 시도했고, 따라서 통합철학에 기여한 유명한 철학자들로는 앙리 베르그손(Henri Bergson), 알프레드 노스 화이트헤드(Alfred North Whitehead), 피에르 테야르 드 샤르댕(Pierre Teilhard de Chardin), 스리 아우로빈도(Sri Aurobindo), 장 게브서(Jean Gebser), 위르겐 하버마스(Jürgen Habermas) 등이 있다. 통합적 세계관과 그 이면의 철학에 대한 자세한 내용은 다음의 자료를 참조하기 바란다. Steve McIntosh, *Integral Consciousness and the Future of Evolution* (St. Paul, MN: Paragon House, 2007), and *Developmental Politics: How America Can Grow into a Better Version of Itself* (St. Paul, MN: Paragon House, 2020).